Amigos

Biblioteca Enrique Rojas

Enrique Rojas

Amigos

Adiós a la soledad

ESPASA

Obra editada en colaboración con Editorial Planeta – España

Diseño de la portada: Booket / Área Editorial Grupo Planeta
Ilustración de la portada: Shutterstock

Bajo el sello editorial BOOKET M.R.
Avenida Presidente Masarik núm. 111,
Piso 2, Polanco V Sección, Miguel Hidalgo
C.P. 11560, Ciudad de México
www.planetadelibros.com.mx

Primera edición impresa en España en esta presentación: septiembre de 2025
ISBN: 978-84-670-7864-0

Primera edición impresa en México en Booket: noviembre de 2025
ISBN: 978-607-39-3695-8

Impreso en los talleres de Corporación en Servicios Integrales de Asesoría Profesional, S.A. de C.V.
Calle E#6, Parque Industrial Puebla 2000, C.P. 72225, Puebla, Pue.
Impreso en México - *Printed in Mexico*

Biografía

Enrique Rojas es catedrático de Psiquiatría y Psicología Médica y director del Instituto Rojas-Estapé de Psiquiatría de Madrid. Fue Premio Extraordinario del Doctorado por un trabajo de investigación sobre el suicidio. Premio Conde de Cartagena de la Real Academia de Medicina de Madrid. Médico Humanista del Año en España. Premio Pasteur de la Asociación Europea de Competitividad por su trayectoria clínica. Sus libros ofrecen dos vertientes: los clínicos, dedicados a la depresión, la ansiedad y las crisis de pánico, los trastornos de la personalidad y las enfermedades obsesivas; y los libros humanísticos y de ensayo, centrados en la voluntad, la inteligencia, las crisis de pareja o la felicidad. Ha vendido cerca de tres millones y medio de libros. Su obra ha sido traducida a numerosos idiomas, desde el inglés hasta el ruso, pasando por el alemán, el italiano, el portugués o el polaco. Ha impartido conferencias en distintas ciudades del mundo, desde Madrid y Barcelona hasta Buenos Aires, Lima, México, Santiago de Chile o Guayaquil, Londres, Múnich, Milán, Roma, Viena, Nueva York, Sídney o Vancouver.

ÍNDICE

Para Almudena, mi hija,
abogada de causas perdidas,
el corazón más grande de Madrid,
de la que quiero ser siempre su mejor amigo

INTRODUCCIÓN

Quiero ser tu amigo... Las notas y la letra de una canción de mi juventud me inspiraron a escribir sobre la amistad, ese concepto del que todos hablamos y, sin embargo, del que tan poco se ha escrito a lo largo de los años. En efecto, cuando ya esta idea se había convertido en una firme decisión, me encontré con una escasísima bibliografía al respecto. Me extrañaba que un tema de tal trascendencia hubiera acaparado tan poca atención. ¿Será —me preguntaba yo incesantemente— que le estoy otorgando a la amistad un papel en la vida desorbitado? ¿Será —me repetía— que la amistad ha pasado a un segundo plano en la sociedad? ¿Será que los amigos se han convertido en héroes medievales o en figuraciones del romanticismo? ¿Cómo se explica si no que todos aquellos que nos dedicamos a bucear en los entresijos de las personas, de sus afectos, de sus pasiones, en suma, de su personalidad, escribamos con mayor o menor fortuna sobre las distintas formas de alcanzar la felicidad (sobre el amor, sobre la sexualidad, sobre la personalidad) y, sin embargo, hayamos dejado de lado una figura sin la que el ser humano no habría podido subsistir a lo largo de la Historia? Y no exagero, ya que incluso los monjes han necesitado contar con amigos para seguir adelante.

La respuesta a todas estas preguntas se me antojaba compleja y sobre todo contradictoria a tenor de dos datos que yo consideraba de indudable interés. Por un lado, en todas las encuestas sociológicas a las que tan acostumbrados nos tiene la cultura moderna aparecen siempre los amigos como la faceta de la vida más valorada, en especial entre los jóvenes. ¡Cuántas veces los padres escuchamos frases como: «Mi íntimo amigo piensa o dice tal cosa» (padres afortunados a los que sus hijos confían sus vivencias)!

El otro dato que me sorprendía y a la vez me ratificaba en la necesidad de adentrarme en la amistad era y es la certeza de que, desgraciadamente, en gran parte de la sociedad occidental avanzada la amistad ha sustituido a la familia. Me remito a datos empíricos: cada vez son más las familias monoparentales, las parejas que no tienen hijos o las que a lo sumo tienen uno o dos. ¿En quién se van a apoyar, a quién van a confiar sus vidas (por cierto, cada vez más longevas gracias a los avances científicos), en quién van a descansar o incluso con quién se van a enfadar llegado el caso? Pues en las personas que tengan más próximas, sobre todo en aquellas a las que por distintos motivos hayan elegido para ser sus amigos. Y volvemos así a la conocida canción: la existencia humana carece de sentido sin la amistad. Y de ahí la necesidad de profundizar en la misma.

A la vista de estas consideraciones preliminares, lo lógico sería que todos contásemos con muchos amigos. Sobre todo teniendo en cuenta que la institución de los hermanos se está extinguiendo en la sociedad occidental, ya que su concepto se diluye porque muchas familias cuentan sólo con un hijo. Así, la idea de hermandad se va perdiendo. Asimismo cada vez hay menos parejas estables, por lo que cabría suponer que todos nosotros deberíamos tener más amigos... Sin embargo, ¡qué pocos amigos íntimos tiene el común de los mortales! Más adelante nos adentraremos en los distintos tipos de amistad, pero adelanto ya que de lo que solemos disfrutar es de muchos conocidos —más que nunca—. No obstante, si preguntamos a nuestro alrededor, la mayoría nos contestará que pocos son los que forman parte de su círculo más íntimo. Me replicarás, amable lector, pero ¿quién es realmente un amigo íntimo? Pues detente un momento y contesta a estas tres preguntas:

1. ¿A quién le prestarías dinero sin preguntarle nada sobre el destino del mismo?
2. ¿Por quién serías capaz de perder tu prestigio y buena fama a la hora de ayudar a una persona a salir hacia delante?
3. ¿Sin qué amigo no podrías concebir la vida? (Aquí nos adentraríamos en el terreno que se relaciona con la muerte de un ser querido.)

A estas preguntas me contestarás: «Cuán exagerado es usted, doctor Rojas». Exagerado o no, al final la vida es un juego de preguntas y respuestas. Si se ha sido sincero en las contestaciones, probablemente no habrás encontrado más de dos o tres personas de tu entorno por las que contestarías de forma afirmativa a los tres interrogantes. Ello sería debido, y seguimos en las consideraciones iniciales, a dos aspectos: el individualismo atroz que se ha ido apoderando de la sociedad actual y el materialismo, que sólo aprecia y valora lo que se ve, se toca y se palpa, y que tiene en el dinero, el sexo y el poder sus componentes más destacados.

Lo importante es tener en cuenta que para combatir la soledad y conocer la verdadera amistad es necesario primero estar bien con uno mismo antes de poder estar con alguien. Existen vidas cuyo eje se basa en la inestabilidad afectiva. Saber estar con uno mismo es saber lo que uno quiere, tener ideas claras sobre los temas capitales de la existencia. Este tipo de personas son las que realmente saben tener amigos y evitan la soledad. Llegados a este punto, es cuando cobra importancia la compañía del otro, del verdadero amigo que nos ayuda en los momentos de tristeza, y cuya presencia exigimos no sólo en estos instantes de abatimiento, sino también cuando llega la hora de los éxitos y las alegrías.

El título del libro ha seguido una travesía zigzagueante y traviesa. En ella ha participado toda la familia Rojas Estapé, desde Isabel, mi mujer, a mi hija Almudena, la más pequeña, así como el círculo más íntimo de nuestros amigos.

Madrid, diciembre de 2008

capítulo

uno La amistad

¿Qué es la amistad?

Resulta apasionante adentrarse en la riqueza de este concepto. Vamos a ir descubriendo un rico paisaje en cuya extensión nos iremos proyectando. Como el fluir galopante del viento en una mañana de primavera, que nos trae los aromas del campo y sus verdores, la amistad asoma en el paisaje de la vida humana y a medida que observamos con más detalle, descubrimos vertientes, páramos, zonas intransitables y vericuetos por donde transitar y adentrarnos.

Veremos cómo funcionan nuestras amistades y qué intensidades tienen. Ante todo, la amistad es *un sentimiento positivo entre dos personas* que se inicia a través de una *simpatía* y *estimación mutua*. Quiero desglosar esta definición explicando sus principales términos. El que sea un *sentimiento positivo* significa que es un estado afectivo, interior y subjetivo que nos empuja a buscar a esa persona. Se va produciendo una especie de magnetismo, de atracción, que nos conduce con frecuencia a estar con ella, a dialogar y compartir. Los sentimientos hacen de puente entre los instintos y la razón. Por ellos la vida alcanza unas notas de humanidad especiales.

La *simpatía* es una sintonía recíproca, un estar en la misma onda. Esas dos personas, a medida que van conociéndose, descubren que existen unos lazos. Tenues unas veces y fuertes otras, nos descubren de pronto a alguien con quien podemos entablar una relación que tiene futuro, que puede ser duradera. Es una sorpresa agradable desde los contactos iniciales. Por eso la amistad es alegría, nos colma, nos apacigua y serena.

El *respeto* es uno de los principales pilares de la amistad. El respeto implica atención, amabilidad, aceptar ideas diferentes a las propias, afecto y consideración. El amigo valora la dignidad del otro y lo aprecia en todo lo que vale. La tolerancia es la clave, como ya reseñaba Voltaire. El respeto queda de manifiesto en la capacidad de diálogo, en ese saber escuchar que a veces resulta tan difícil. El sosiego a la hora de establecer un coloquio sobre los argumentos, pudiendo estar en desacuerdo sin que ello desemboque en una batalla, constituye un elemento clave de la amistad desde sus primeros momentos. El que sabe dialogar siempre es tolerante y tiene amplitud de miras. Saber hablar sin ofender ni descalificar. En resumen, el amigo sabe aceptar al otro como es, y lo valora de forma benévola.

También descansa la amistad sobre una *estimación respectiva*. Los dos valoran al otro en alguna parcela concreta. Puede ser la trayectoria, el modo de pensar, el haber pasado por situaciones difíciles parecidas… Hay algo especial que conduce al aprecio del otro.

La amistad es una forma de amor sin sexualidad. En el amor conyugal se combinan los dos aspectos: afecto y sexualidad, pero en la amistad es, ante todo, afecto. No hay amor duradero si nace de la carencia. Si ocurre así, arranca descompensado y puede generar oscilaciones tan fuertes que los avatares o dificultades pueden llevarse la amistad por delante.

He hablado alguna vez de *amor de amistad*. Es una relación de simpatía que se produce hacia otra persona. Tiene cierta intensidad y supone un determinado nivel de entendimiento. Este tipo de amor constituye uno de los mejores regalos que nos ofrece la vida, pues da a la relación humana su dimensión de proximidad y comprensión. La amistad, en este sentido, sería componente fundamental de las cuatro vivencias afectivas más importantes que podemos experimentar: *sentimiento*, *emoción*, *motivación* y *pasión*. Invirtiendo los términos, podemos considerar que lo que comúnmente conocemos por amor es en realidad una forma excelsa de amistad, sólo que incluyendo en esta ocasión un componente sexual. En ambos sentimientos hay *donación* y *confidencia*, conocemos a alguien por dentro y nos entusiasmamos con lo que vemos, con sus palabras, sus gestos y sus actitudes. El halo misterioso del amor también aparece, con otros matices, en la amistad.

He dicho que la amistad es un afecto positivo entre dos personas. La afectividad constituye uno de los capítulos más importantes de la psicología y la psiquiatría. Las dos funciones psíquicas principales en el comportamiento humano son la *inteligencia* y la *afectividad*. Según predomine la una o la otra, se derivarán dos tipologías humanas: el individuo cerebral por un lado y la persona esencialmente afectiva por otro. Entre ambos extremos se encuentran estilos y formas de ser intermedios.

No resulta fácil definir la afectividad, pues trazar un perfil claro y bien delimitado en este campo presenta muchas complicaciones. Todos sabemos algo sobre ella, pero pocos se atreven a emitir una noción rotunda y nítida, capaz de sintetizar la grandeza de los fenómenos que se producen en su interior, y que son:

—Se trata de un *estado subjetivo*, interior, en el cual el protagonista es uno. Por medio de tal estado todo se percibe como un cambio que recorre la intimidad y la modifica.
—Es una *experiencia personal*, que conocemos por nosotros mismos y no por lo que nos cuentan otras personas. Cada individuo es el único protagonista de su afectividad.
—El contenido de la vivencia de la afectividad es un *estado de ánimo* que se manifiesta a través de las principales expresiones del individuo.
—Cualquier vivencia *deja una huella*. Su impacto lega un rastro, una especie de vestigio en la personalidad. Y la significación del mismo dependerá del tema, la intensidad y la duración que tenga.

Es difícil explicar la afectividad con palabras, pero resulta más sencillo aprehenderla con un ejemplo práctico: tres personas vienen a verme a la consulta. Se trata de un paciente, su mujer y un amigo. El paciente sufre una depresión que le hace sentir triste, decaído y sin ganas de hacer nada. Habla poco, aunque dice que quiere morirse. La mujer, que le acompaña, siente el problema como suyo, es actora esencial del cuadro que presenciamos: no lo contempla, lo vive. El amigo, sin embargo, se muestra más distante. Algo de lo que ocurre allí le afecta, por supuesto (porque si no, no estaría allí), pero su vivencia está más alejada. Por último, hay un cuarto actor presente, el médico, que ve la faceta como profesional, fuera de la vertiente cordial. Este planteamiento nos muestra de forma práctica cómo la afectividad puede moverse a diferentes niveles.

La afectividad ofrece una amplia panoplia de posibilidades dentro de una cierta unidad. La palabra *afecto* procede del latín, *affectatio, -onis*. Es la impresión interior que se produce por algo. La afectividad está constituida por un conjunto de fenómenos de naturaleza subjetiva, diferentes de lo que es el puro conocimiento, que suelen ser difíciles de expresar con palabras y que provocan un cambio interior físico, psicológico y mental (cognitivo). Lo físico lleva y conduce a encontrarse con el amigo. Lo psicológico, a un intercambio de vivencias. Lo mental no es otra cosa que experimentar que hay compenetración y que existen unas ideas y creencias que se compaginan bien. Voy a tratar de explicar cada uno de los cuatro planos que, como indicamos más arriba, componen la afectividad.

1. *Sentimientos*: es la forma más frecuente de vivir la afectividad. Igual que el modo habitual para ir de Madrid a Nueva York es el avión. Es la manera más asidua de experimentar amor, cariño, soledad, desprecio, odio y toda la escala de manifestaciones positivas y negativas que pueden darse en la condición humana. El análisis de los sentimientos nos lleva de la mano a ver cómo nace la amistad, qué claves se dieron para que ésta fuera prosperando y cómo poco a poco se fue afianzando. El sentimiento es siempre interior, privado, subjetivo, pero conduce a un acercarse a esa otra persona hacia la que se siente un cierto magnetismo. Por tanto, tiene dos caras, una interior y otra exterior. La primera nos lleva a descubrir que esa persona podría ser alguien interesante para nosotros por su forma de hablar, por lo que dice y por lo que transmite. La segunda pone de relieve que la vida es siempre proyectiva, hacia delante, inventada, que tira, empuja, arrastra y nos lleva hacia ese otro que aparece en el paisaje cercano y que la casualidad nos ha puesto

delante. Nuestro temple anímico nota, percibe algo especial que puede conducir a una conversación sugerente, que nos es grata y nos depara un momento positivo. Ahí empieza la amistad. Decimos: «He conocido a una persona agradable, que merece la pena y con la que me he encontrado a gusto, he disfrutado. Ha habido conversación y un intercambio fértil de opiniones y puntos de vista».

El sentimiento positivo es una proximidad afectiva, nos sumergimos en otra persona que nos llama la atención y con la que descubrimos el primer rasgo que va a definir a la amistad: la afinidad. En los sentimientos vivimos, nos instalamos. Nos dan una rica información de lo que percibimos en general ante la gente y en particular ante alguien que se eleva ante nosotros como valioso. Los sentimientos son el envolvente de la vida ordinaria. Se experimentan de forma más pausada, duran más tiempo y constituyen el nudo gordiano de la afectividad.

Los sentimientos son bloques informativos sobre la afectividad reposada. Son un termómetro de nuestra vida privada. Un ordenador que evalúa y nos ofrece la cuenta de resultados de nuestro mundo afectivo. Decimos: «Esa persona me llena, me gusta, quiero llamarla y hablar y conversar y conocerla... Pienso que de ahí podría surgir en el futuro una amistad fuerte».

El campo magnético de la afectividad forma una telaraña compleja en la que los conceptos se cruzan, entremezclan y avasallan. Entran unos en el campo de los otros, giran y se esconden. Mi pretensión de poner orden no es nada fácil. Todo ello da lugar a una tupida red de significados en la que la imprecisión está a la orden del día. No olvidemos además que el lenguaje de la calle lo confunde todo, pues empleamos la palabra «amigo» sin matices, en bloque. En consecuencia, las sorpresas y malentendidos están ahí, a la espera.

2. *Emociones*: en este aspecto la afectividad presenta dos características precisas. Es más intensa que la generada por los sentimientos y se acompaña de sensaciones físicas. Cuando alguien se está enamorando, al estar con esa persona percibe taquicardia, inquietud gustosa, nerviosismo. Esto en la amistad sólo se da cuando uno se fija en alguien a quien admira mucho, al que se tiene por muy superior a uno mismo, o con el que realmente le gustaría a uno llegar a tener una relación más cercana, de más trato. Muchas veces me he planteado una lista de personas de las que me habría gustado ser amigo, haber podido hablar con ellos de los temas fundamentales de la vida: Tomás Moro, santa Teresa de Ávila, Leonardo da Vinci, Freud, Ortega y Gasset, etcétera. En esas circunstancias hipotéticas uno está tenso, especialmente atento, sin perder nada de la escena, como queriendo parar el reloj y disfrutar cada minuto. Las emociones son más fugaces, mientras que los sentimientos son más permanentes: constituyen nuestra instalación afectiva.
3. *Pasiones*: representan la forma intensa y vehemente de la afectividad, que lleva a dejar de lado o en un tercer o cuarto plano la razón. En la pasión uno padece un estado psicológico en el que se ve arrastrado hacia otra persona, como en la pleamar del oleaje. Decimos: «Soy un apasionado de esta persona, me tiene muy cogido, es como un imán». Esto en la amistad sólo se da al principio, pues luego las cosas discurren por un camino más normal y

menos tumultuoso. Puede haber pasión por el trabajo, por una tarea en concreto, por conocer algo que descubrimos como valioso. Hegel, en sus *Lecciones sobre la filosofía de la historia*, nos dice: «Nada grande se realiza sin pasión».

4. *Motivaciones*: un amigo bueno puede ayudarnos a elevar el vuelo hacia lo mejor, descubriéndonos una parcela de la vida que nos había pasado desapercibida. Motivar es mover en positivo, empujarnos a mejorar. Este cuarto elemento se da en las amistades cultas, en aquellas en las que la inteligencia tiene peso y medida.

El sentirnos motivados a conocer más a alguien implica una sorpresa positiva, sentirnos atraídos por alguna faceta específica. Es un mar encrespado en el que casi todo se mezcla. Lo he dicho antes y lo volveré a subrayar mas adelante: las palabras muestran una plasticidad difusa. Así, en el terreno de la amistad tenemos, por ejemplo, al «conocido», a aquel con el que tenemos buena relación, al otro que vemos de forma intermitente, ese otro con el que coincidimos a menudo, los familiares cercanos con los que nos llevamos más o menos bien... Y así hasta llegar al «amigo», que también presenta niveles, desde cierta proximidad hasta el amigo íntimo: la perla difícil de encontrar, pero a la que todos de algún modo aspiramos.

En los grados altos de amistad hay seducción y un cierto nivel de admiración. La seducción es sorpresa agradable, un imán que nos empuja hacia esa dirección. Encontramos un atractivo que cautiva. La admiración es asombro que entusiasma y conduce a poner a esa persona en cierto pedestal, el cual puede mostrar diferentes aspectos. Podemos desear la amistad de alguien por los motivos más variados: por la coherencia de su vida o por su simpatía, sencillez, naturalidad, generosidad, cultura, el modo de tratar a la gente... Lo normal es que se trate de una suma de varios de estos aspectos.

Los grados de la amistad

Me parece esencial destacar que cuando hablamos de amistad mostramos una cierta tendencia a elogiarla tanto, a exaltar su concepto, que no distinguimos como debiéramos entre las diferentes gamas e intensidades que pueden darse. Hay que entender que pocas amistades llegan a ser íntimas. Y, por el contrario, la gran mayoría se mueven en un conocimiento recíproco bueno, pero en el que la entrega y la confidencia se quedan a medio camino. Admitir esto es ser realistas.

La amistad es cultivo de los sentimientos. Trabajo psicológico que exige correspondencia, no puede ser unilateral. Cuando lo es, se trata de admiración, de tener un ídolo a quien uno tiene devoción y eleva de nivel, pero puede que el otro ni lo sepa o, si se trata de un famoso, quizá se forme parte de la corte de personas que se arremolinan en torno a esa figura.

La amistad no es un sentimiento estático, sino dinámico: puede ir a más, pero también, por diferencias, enfados y tensiones, enfriarse, ir a menos. Esto lo observamos a menudo. Dos personas que se han tenido un enorme afecto se distancian por algo negativo que ha sucedido, un malentendido, un día en el que discutieron con dureza o cuando uno esperaba más del otro y quedó al descubierto que no se daba la respuesta prevista.

Por eso me parece importante tener las ideas claras sobre el grado de amistad que tenemos con alguien. La palabra *amistad* la utilizamos con demasiada licencia, sin precisión. Es obvio que el lenguaje coloquial es así: faltan los necesarios matices para saber, en la escala de la amistad, a qué nivel se encuentra. Uno lo sabe en su interior, pero puede ser difícil expresarlo con palabras, hasta que llega el momento de la prueba y entonces se cae en la cuenta de dónde estamos en verdad.

A veces ponemos a prueba a un amigo cuando le pedimos un favor. En ese momento él tiene la palabra y va a decantarse con una actuación concreta: volcarse para poder cumplir ese encargo o echarlo en saco roto y olvidarse, o no hacer lo necesario para que se pueda alcanzar el objetivo.

Repetiremos a menudo que *la amistad es una forma de amor* y, como tal, encierra una pasión por lo absoluto. Hoy, con la degradación a la que se encuentra sometida la vida afectiva, llamamos amistad a cualquier relación superficial. Sin embargo, debemos tener el valor de llamar a las cosas por su nombre. En los tiempos actuales los eufemismos lo llenan todo, una nueva situación en la que influyen de manera negativa muchos factores, particularmente los medios de comunicación y, en especial, el cine y la televisión. Frente a esto tenemos la opción de seguir las lecturas adecuadas. A este respecto ya Pascal dijo aquello tan célebre de «el corazón tiene razones que la Razón desconoce», lo cual es perfectamente extrapolable a la amistad. En todo caso, remito al amable lector al magnífico libro *Los cuatro amores*, de Clive S. Lewis, en el que nos habla de las cuatro experiencias que controlan todos los sentimientos de la vida. Al afecto, el eros y la caridad, Lewis une el concepto de amistad, que define así:

«La amistad es el plato fuerte en el banquete de la vida [...] Los hombres que tienen verdaderos amigos son menos manejables y menos alcanzables. La amistad es el instrumento mediante el cual Dios revela a cada uno las bellezas de todos los demás».

Y es que, para Lewis, «los amores humanos merecen llamarse amor siempre que se parezcan a ese amor que es Dios» (*Los cuatro amores*, 4, 27).

También hay en la amistad, en su proceso, un contenido místico. Y recordemos que, como decía santa Teresa de Jesús, «quien a Dios tiene, nada le falta: sólo Dios basta». Es decir, en la amistad no debemos esperar nada, sino disfrutar de la sabiduría del desprendimiento, de ese kilómetro cero de los deseos en el que debe basarse una relación verdaderamente intensa y profunda. La felicidad se apoya en la amistad como un trato personal y cercano, que convierte en amor la conducta. La amistad se basa en la esperanza y también en una desnudez de espíritu en la que hallamos quietud y descanso. Cuando nada se codicia del otro, la amistad alcanza su completa madurez y desarrollo. Es una idea expresada a lo largo de los siglos en las grandes obras del pensamiento universal. Esta gama de amistades forma un crisol de diversidades. Quiero alejarme de los oropeles y los fuegos artificiales que consisten en exaltar la amistad de forma acrítica, como algo maravilloso, que funciona sin más. No quiero seguir ese sendero, una especie de feria de las vanidades, conocer a mucha gente y codearse con ella, pero todo epidérmico, superficial, liviano. Nos quedamos en la cáscara de la relación humana. Eso no es amistad, eso es conocer gente, tratarse con ella... O es un grado muy elemental, que se sitúa en la falda de lo que debemos entender por una *amistad verdadera*. En ella hay intimidad, uno se arriesga, cuenta su vida, abre su corazón y deja que el oro se adentre por los pasadizos de la vida privada y conozca lo que allí hay, existe, se mueve, circula...

Es maravilloso el proceso de ir descubriendo cómo nos hacemos amigos de una persona. Luego, cuando pasa el tiempo, se recuerdan los momentos iniciales y cómo se fue produciendo aquel chispazo. El campo atractivo de la amistad forma una telaraña compleja en la que se cruzan y entremezclan, entran y salen, suben y bajan sentimientos, aspiraciones, deseos e ilusiones. Todo ello va a dar lugar a una tupida red de significados en la que el vaivén de los movimientos va a estar a la orden del día. Nos damos cuenta de cómo se va desarrollando ese arranque positivo, el cual necesita, si se desea consolidarlo, proximidad, cercanía, diálogo, conversación, intercambio de pareceres... En una palabra: *tratarse*. Y tratarse es intimar, buscarse, llamarse, quedar, tener una progresiva necesidad de ver a la otra persona.

El desarrollo de la amistad puede dar lugar, en ocasiones, a sucesos inesperados. Hoy en día, con la falta de tiempo que caracteriza a cualquier profesional de un cierto nivel, *las amistades se dan mucho entre matrimonios*, con lo cual hay que buscar un acuerdo para que ambas parejas se acepten, se valoren y sepan acortar las diferencias que puedan surgir entre ellos. El hombre es amigo del otro hombre y las mujeres hacen lo mismo entre ellas. Esto puede implicar un peligro. A veces, cuando varias parejas tienen una intimidad muy cercana, puede suceder que se intercambien las parejas, pues el hombre se enamora de la mujer de su amigo y viceversa. ¿Por qué puede suceder esto? Son varias las respuestas que se pueden dar en este sentido. La primera, la novedad: uno descubre ciertos atractivos en otra persona, que le empujan a estar con ella, a hablar y a darse ciertas confidencias. O también el sentir que la otra persona admira y valora a uno: si en su relación conyugal la otra parte ha dejado ya de reconocer las cosas positivas y se ha ido entrando en una cierta monotonía, el peligro puede ser evidente. He asistido en ocasiones a estos hechos y desde fuera se ven mejor las cosas. Si se posee un espíritu observador, uno pronostica que aquellos dos matrimonios, tan íntimos amigos, se pueden acabar rompiendo. Sin embargo, si la amistad entre matrimonios funciona bien, es fructífera, rica y amable, si sabe situarse en un espacio psicológico sano, estos problemas no deberían aparecer. Una prudencia sensata y un saber guardar las distancias hombre-mujer colocan estas amistades en el segmento adecuado.

Estamos hablando de un grado de amistad distinto al que se da entre hombre y hombre o mujer y mujer. Y lo es porque permite conocer al otro sexo. El mundo de los hombres tiene sus notas: trabajo, política, idas y venidas de la vida profesional, con las mujeres como telón de fondo. Por su parte, el mundo de las mujeres son los hijos, la vida real de la familia, los estudios, las dificultades de la convivencia conyugal y en menor medida, los hombres. En la amistad hombre-mujer cabe el flechazo, el descubrimiento súbito de que esa otra persona nos atrae, nos interesa, nos gusta. Si eso va a más, se produce en el interior la pregunta: ¿vale más que mi marido (o esposa)? Esto va conduciendo a una situación peligrosa, de cierto riesgo, ya que por ese vericueto uno se encanta con el otro, lo disfruta. E incluso aunque se tengan cuarenta años o más, se puede idealizar al otro y aparece un enamoramiento con todas las de la ley, como en plena etapa juvenil. Si el matrimonio de esas personas languidece, la ruptura está servida. Vivir con carencias afectivas serias dentro de la vida conyugal es un peligro evidente.

Dante decía que la relación afectiva hombre-mujer es algo refinado. En su texto *La vita nouva* insiste en la expresión «el intelletto d'amore», es decir, la inteligencia del amor. En este terreno suele ser la mujer la que lleva la voz cantante y se ordena alrededor de esta fina idea[1].

Los grados de amistad están condicionados por conocer intimidades recíprocas y haber compartido hechos positivos y negativos de importancia. Por tanto, son dos los aspectos clave en esos gradientes: intimidad y compartir. Una deliciosa comida o cena de fin de semana, con tiempo, sin las prisas de tener que levantarse temprano al día siguiente para ir a trabajar, con no mucha gente, en donde se comparten uno o dos temas, y más si se cuenta con alguna persona especialmente culta, que pone unas notas ilustradas en la misma, constituye un escenario perfecto. Soy muy partidario de que exista un moderador que evite dos o más conversaciones a la vez o la dispersión en una frivolidad de esas que a veces se cuelan sobre los temas de siempre: separaciones, rupturas afectivas, nuevos enganches o dinero.

Los temas de conversación le dan tono e interés al encuentro. Es más: uno procura buscar a esa persona que tiene más formación porque su punto de vista es más rico, presenta más densidad y ofrece un ángulo de los hechos que merece la pena ser escuchado. Si no hay intensidad, ni temas interesantes, todo se desliza hacia cuatro banalidades y poco más. He comprobado algo que quiero dejar sobre el tintero de estas páginas: mucha gente se vuelve frívola cuando está en un grupo numeroso. Entonces no se habla de nada, todo es superficial y

1. La amistad hombre-mujer es siempre sexuada, lo que quiere decir que la feminidad de la mujer atrae y la masculinidad ejerce el mismo influjo para la mujer. Esto tiene un atractivo especial, con muchas sugerencias en su seno. Aquí hay que saber buscar la distancia justa para evitar que esa relación sea invasiva y traspase unas fronteras que pueden dar lugar primero a una fijación y más tarde a un cierto enamoramiento que es menester cortar.

epidérmico y deja un sabor hueco y vacío. Y esas mismas personas, en un encuentro de tú a tú, con dos o tres parejas solamente, presentan un comportamiento más rico que genera un auténtico intercambio de pareceres y puntos de vista.

En la amistad de cierta intensidad se produce la comunicación de dos vidas y dos realidades. De ese modo *uno asiste a la existencia del otro y viceversa*. Es dejar entrar en la ciudadela interior, en los pasadizos del propio castillo para que el otro vea y observe lo que allí hay. Lo he apuntado antes. Este proceso empieza por dejar que el amigo venga a nuestra casa y vea cómo nos comportamos en el hogar y cuál es el estilo de vivir que tenemos allí. No podemos exagerar el valor de la amistad cuando es ligera y se queda sobre todo en la periferia. En ese caso, tener clara la perspectiva nos hace saber qué somos para ese otro y qué es él para uno mismo. Es una manifestación de madurez: saber el grado de amistad que tenemos con alguien, sin agrandarlo y sin minimizarlo. Porque la amistad exige correspondencia, no puede ser unilateral, ya que entonces debería recibir otro nombre: admiración.

La amistad es una de las grandes fuerzas de la vida, que eleva nuestro corazón por encima de tantas circunstancias que tiran de nosotros hacia abajo, pero al mismo tiempo nos ayuda a mantener los pies en la tierra. La amistad se encuentra enraizada en el alma, pero, como hemos visto, *hay una gradación de la amistad* que va desde las más superficiales a las más íntimas. Las diferencias entre unas y otras se establecen de acuerdo a circunstancias que ya hemos comentado, pero no olvidemos que incluso la mejor amistad pasa por horas bajas y distantes. Es algo normal, fisiológico, que forma parte del guión.

Como forma de amor que es, la amistad requiere cuidados y atención. Los campos no se riegan a base de trombas de agua, sino de fina lluvia que empapa poco a poco la tierra. Esta humedad cala, perfora, se cuela y penetra en la tierra, empapando hasta las raíces mismas: éste es el modo de cultivar una amistad intensa.

Cabe preguntarse: ¿es posible tener un verdadero amigo en los tiempos que corren? La respuesta es sin duda afirmativa, pero no hay que olvidar que la amistad profunda implica el riesgo de abrirse al otro, de dejar que nos conozca tal y como realmente somos. La amistad es una forma de amor que va de un máximo a un mínimo, hasta un afecto sereno, transparente, hecho de confianza y entrega que se pule con el tiempo, se corrige y se va perfeccionando.

Las tres notas de la amistad

La amistad es una sintonía positiva que se abre ante otra persona y que presenta tres ingredientes clave: afinidad, donación y confidencia. La amistad es una relación íntima de persona a persona, hecha de trato, respeto y complicidad. La amistad verdadera significa un encuentro profundo con la parcela más privada de otro ser. Y va a situarse en un marco que podríamos resumir de este modo: amistad es contar con alguien en quien merece la pena confiar. Voy a ir adentrándome en esos tres puntos básicos en los que la amistad se hace firme y sedimenta.

1. En primer lugar, *la afinidad*. Este término se refiere a ideas, criterios y orientaciones de vida parecidos. No tienen que ser iguales, ya que eso sería incluso un poco utópico, sino que existe entre esas personas un puente

de comunicación similar, que puede tener que ver con la forma, el contenido o ambos. Está claro que lo que establece este hecho es el contenido, que no es otra cosa que la sustancia de las personas, lo que llevan dentro y defienden.

2. *Donación* es capacidad para entregarse. No es sólo dar uno lo que tiene —dinero, tiempo, comprensión—, sino aquello que es más propio y personal: uno mismo. Quiero ser muy realista a la hora de exponer todo el tejido que construye la amistad. Nunca olvidemos que hay grados, diferentes intensidades, y en ese sentido se puede describir un arco amistoso que va desde la amistad superficial (lo que habitualmente llamamos un conocido, que sería el término más correcto) a la profunda (que es el amigo íntimo, aquel con el que el grado de conocimiento recíproco es de gran densidad). La capacidad para darse depende de la generosidad que uno tenga. El egoísta no puede entregarse fácilmente, pues está muy pagado de sí mismo. Él mismo es el centro de todo y hacia sí mismo dirige toda su conducta. Como indica la palabra «egolatría», idolatra a su yo, es su propio ídolo, y en esas circunstancias es difícil que salga de sí mismo para dirigirse con afecto al otro, preocupado y ocupado por circunstancias ajenas.

3. *Confidencia* es capacidad y confianza para contar cosas íntimas, personales, auténticos secretos, con la certeza de que aquello es materia reservada, que no saldrá de allí. Hacer confidencias siempre es un riesgo, sobre todo cuando la relación se está iniciando o no hay todavía unas bases sólidas de esa amistad. En las personas poco maduras éste suele ser un síntoma frecuente: contar cosas

demasiado personales a otro al que casi se acaba de conocer, sin saber medir las distancias propias entre conocer a alguien de inmediato o haber mantenido un trato de años. Los hermanos vienen impuestos, pero los amigos se eligen. En esa elección nos retratamos, ponemos las cartas sobre la mesa y dejamos entrever a lo que aspiramos y lo que realmente buscamos. ¿Cuáles son los temas confidenciales? Pues los grandes asuntos de la vida: el mundo afectivo, la economía, los problemas familiares, una enfermedad grave que acaba de ser descubierta, la profesión, las dudas e inquietudes sobre cuestiones que pueden dar lugar a una derrota seria. Puede ser un hijo que está pasando un momento delicado o grave, una crisis conyugal que no acaba de ser superada o, simplemente, ideas concretas que se han ido colando en nuestra mente y que nos llevan de aquí para allá, a cambiar seriamente nuestra visión de la realidad personal y familiar. Todos estos temas pueden determinar la naturaleza de una amistad.

Cómo conservar la amistad

La amistad no llega a ser verdadera si no es trabajada con *artesanía* y *dedicación*. De no hacerlo así, se apaga y desdibuja. *Artesanía* es delicadeza, suavidad, saber decir las cosas negativas con suavidad en las formas y cuidando los detalles, sabiendo estar pendientes del otro. *Dedicación* es tiempo, estar ocupado por la otra persona, atenderle en sus inquietudes y necesidades, procurar vivir sus temas y preocupaciones desde cerca, hacer que esa persona se sienta querida, comprendida, con una atención fina y concreta hacia sus temas y cosas.

Algunas amistades nacen prontas, no se cultivan y se van volatilizando con el paso de los días. Luego desaparecen y el tiempo se las lleva. Voy a ofrecer una serie de reglas que me parecen importantes para conservar y aumentar la intensidad amistosa, evitando su decadencia y descenso paulatino:

1. Que nazca con una *fuerte afinidad*. Ésta es una de las bases esenciales. Acabo de insistir en ello. Si esas dos personas son parecidas en gustos, aficiones e ideas, la cosa arranca bien. Como he mencionado antes, la afinidad puede ser no sólo de contenido, que es lo ideal, sino también de forma. Es estilo, modo, aspecto exterior, porte, fachada, estampa. Lo ideal es que la amistad brote de ideas y creencias comunes o parecidas. Las ideas se tienen, se expresan; las creencias nos sustentan, son nuestra base. Puede darse una amistad entre un cristiano convencido y culto y un agnóstico que lucha por ser coherente con su forma de pensar y que busca algo que le devuelva una fe verdadera. En ese caso, a los dos les une la pretensión de que entre la teoría y la práctica, entre lo que piensan y lo que hacen, exista una buena relación.
2. Al principio alguien nos parece sugerente y una de las características de ello es que nunca se manifiesta enteramente, sino que asoma en alguna de sus parcelas y sentimos *una curiosidad sana y positiva* por lo que empezamos a descubrir. Es como una ventana que se abre, pero no del todo, y eso nos invita a entrar y a ver cómo es esa persona por dentro. Si esto se da entre el hombre y la mujer, el posible enamoramiento va a estar a la vuelta de la esquina.

3. Es delicioso ver cómo surge la amistad en sus albores. Se va manifestando gradualmente, se descubren velos, la intimidad aparece. Este proceso de apertura se prolonga y se dilata, abriendo ante nosotros un horizonte lleno de promesas. La *exploración recíproca* encuentra su apoyo en la sintonía que ambos ofrecen. Es una expedición en toda regla hacia el misterio y hacia las claves del otro: debe haber una mezcla de fascinación y ternura, de entusiasmo y sentimientos diversos. Nos sentimos bien y fijamos la mirada y la atención en todo lo que se ha ido diciendo, las cosas reservadas que hemos sido capaces de exponer, los lazos que empezamos a cruzar y la promesa de que allí, junto a ese otro, puede nacer una amistad buena, grande, firme, sólida, llena de gratificaciones y aprendizajes positivos.
4. Para estar bien con alguien hace falta estar primero *bien con uno mismo*. Éste es un principio necesario para que una relación interpersonal funcione. Podríamos decir lo mismo de cara a la vida conyugal, aunque en esta última podemos indicar que todo es más rico: la vida en pareja es la convivencia de las convivencias. En ella uno se examina de todo. Alguien que no tenga un cierto equilibrio personal verá difícil establecer una amistad seria y duradera. Una de las características de la madurez de la personalidad consiste en tener capacidad de compromiso, buen conocimiento personal, saber aprender de la experiencia, encerrar una buena dosis de generosidad, pensar bien de los demás y ser capaz de rectificar y corregir errores y defectos propios. Cuando no hay madurez, puede haber amiguetes, conocidos, gente con la que uno se relaciona, pero una verdadera amistad no es fácil que se produzca.

5. *El respeto*. El amigo es una realidad sagrada. Hay que dejar que sea él mismo. Debemos aceptar las diferencias y apreciar los matices en lo que no esté en consonancia con uno mismo. *Al amigo no se le puede pedir fidelidad, pero sí lealtad*. La fidelidad implica una fe ciega, y eso se lo debemos sólo a Dios; la lealtad sí que es nobleza, honradez, sinceridad, veracidad en una palabra. El respeto es rectitud ante el otro. Franqueza que nunca se convertirá en cinismo[2].
6. *La verdadera amistad se hace de confidencias y se deshace con indiscreciones*. La confidencia es siempre un riesgo, sobre todo cuando la amistad está en sus comienzos: algo muy personal que sale de uno y entra en el archivo privado del otro. Contamos algo que sólo ofreceríamos a un interlocutor válido, al que damos una prueba de confianza. Hay un tipo especial de amistad, que es la que se da en dos situaciones muy concretas: la relación médico-enfermo por una parte y la que se da entre el abogado y su cliente. ¡Cuántas veces esas dos relaciones terminan convirtiéndose en algo muy estrecho, y como además existe el secreto profesional, aquello se afianza! Así, lo que se inició como una relación puramente profesional se convierte en una interacción próxima, que puede llegar a ser una amistad con todos sus principales ingredientes. La confidencia es una forma privilegiada de hablar, en la que lo más privado es transmitido al otro. El análisis de la confidencia nos lleva de la mano a dar a conocer la intimidad, lo más interior, aquello que por sus contenidos no

2. La hipocresía es el homenaje que rinde el vicio a la virtud.

debe saber casi nadie. Perdemos el pudor y abrimos las compuertas del territorio más escondido. Los psiquiatras estamos acostumbrados a la liberación de contenidos íntimos por parte de nuestros pacientes. Es un acto sellado por el secreto profesional, que bien podríamos llamar casi secreto militar, lo que produce una enorme paz en el consultante. A esto le llamaba Freud la transferencia, que no es otra cosa que una comunicación profunda y reservada que produce un beneficio psicológico enorme. Esto se da dentro de lo que es la psicoterapia: tratamiento mediante lo que el paciente dice y lo que escucha decir a su médico. La intimidad es lo más interior que tenemos, cosas que sólo conoce uno mismo y que, muchas veces, son inconfesables.

La intimidad es el lugar reservado donde las vivencias se guardan con muchos cerrojos. Abrir esa zona no transitada significa dejar pasar a alguien, dándole toda la confianza del mundo. Me atrevo a decir que la relación médico-enfermo, en especial la que se produce entre el psiquiatra y su paciente, tiene una importancia decisiva. Por eso, por la especial cercanía, por la transmisión de una información privilegiada, la psiquiatría es una rama de la amistad. Desarrollaré más ampliamente esta idea en un próximo capítulo.

La confianza es una esperanza bien fundada de que aquello que uno ha dicho no saldrá al exterior bajo ningún concepto. Con estas premisas la amistad se hace fuerte, rocosa, y revitaliza a los que están bajo su techo. *Si no se cuentan intimidades, la amistad no es tal.* Si no sale la verdad de uno mismo, con sus alegrías y tristezas, sus aciertos y errores, estamos hablando de otra cosa. ¿Qué es? Un conocimiento del otro hecho de verse de vez en cuando y hablar de temas generales, sin entrar en lo privado.

La amistad se acrecienta cuando perfecciona a esas dos personas. Uno da lo mejor de sí mismo al otro. Sin donación, no hay amistad. Y eso es generosidad. Y también tiempo, un bien cada vez más escaso en esta época que nos ha tocado vivir. Se mezclan en este terreno amores diversos, clásicamente etiquetados: amor de benevolencia y amor de beneficencia. La amistad exige estar dispuesto a trabajarla, dando pasos sucesivos para consolidarla. *Ser benevolente es pensar bien y disculpar*. Y a la vez, ser capaz de dar y recibir todo lo que habita en el interior de cualquier persona. Son muchos los que no están realmente preparados para tener amigos de verdad. Si alguien no tiene una cierta posesión de sí mismo, no está equilibrado o es presa de fuertes contradicciones internas, es difícil que genere relaciones prósperas.

Y al revés: a medida que la formación es mayor, la amistad es más posible. El arte de intimar, de entrar con destreza, sigilo y los ojos bien abiertos en la vida de alguien, te puede llevar muy lejos y descubrirte paraísos insospechados.

La amistad es proyección y cierto deseo de exclusividad: por eso cuesta compartir una amistad bastante íntima, porque en el fondo uno quiere a ese otro muy cerca y en exclusiva. La amistad, cuando tiene notas de autenticidad, se dirige al núcleo más reservado de la persona y es una sinfonía de sabores afectivos: es amor, comprensión, diálogo, confianza, búsqueda de consejo, alegría común, capacidad para sintonizar y discrepar. Se detiene el tiempo y se degusta lo humano sorbo a sorbo.

Hay que *labrar sus ingredientes con artesanía*: afinidad,

donación, confidencia, tiempo compartido, fidelidad (que es más que lealtad) y, por supuesto, cultura. Quiero mencionar una nota que me parece esencial llegados a este punto. Cuando se da entre ambas personas una espiritualidad coherente, vivida y sin dogmatismos, la amistad se eleva de plano y sobrevuela las mil y una dificultades que puedan darse en su seno. ¿Por qué es esto así? Lo espiritual es grande, excelente, y se dirige a la trascendencia, al mejor amor que pueda darse en la condición humana[3].

La amistad necesita tiempo compartido. Decía Aristóteles que «la amistad precisa un almiz de sal». El almiz era una medida de su tiempo, de varios kilogramos. Es una forma de decir que la amistad necesita del trato. Es costoso llegar a establecer una comunicación continuada. Hoy en día, casi por exigencias del tipo de vida moderna, el que los amigos se vean una vez al mes parece suficiente, dado lo ocupado que está todo el mundo. Por ese motivo muchas buenas relaciones se disuelven y no llegan a más. *La amistad quiere cercanía, proximidad, tocarse, verse a menudo, que exista un hablar continuado.* En muchos países de Europa la gente se agrupa en torno a la comida, el vino, el folclore, la tertulia política o cultural, el senderismo, la

3. Los tres grandes libros que explican lo espiritual son la Torá judía, el Evangelio y el Corán. A ellos debemos añadir los célebres textos orientales como los Avestas o colección de libros sagrados de la religión enseñada por Zaratustra (1400-1200 a. C.), los Vedas, que corresponden al hinduismo (del 800 al 500 a. C.), obras de transmisión oral que culminan con los denominados Upanishad, así como el Tripitaca del budismo (es el canon budista, del siglo VI a. C.), además del Popol Vuh de los mayas. Nosotros, en Occidente, nos quedamos con los que corresponden a las tres grandes religiones monoteístas: judaísmo, cristianismo e islam. De las tres, el cristianismo tiene —con diferencia— las mejores respuestas sobre esta vida y la otra en la figura de Jesús, que es mucho más que un libro.

historia y un largo etcétera. En el País Vasco español son muy habituales los orfeones musicales o las cuadrillas de amigos de la buena mesa. En esas agrupaciones colectivas suele darse una buena dosis de amistad, que crece más adelante según las preferencias y elecciones que se van dando con el paso de los años. Trato y correspondencia de ida y vuelta. La amistad verdadera es difícil conseguirla, pero hay que buscarla y trabajarla para que llegue a un buen nivel. Es más duradera que el amor, pero menos viva e intensa, por lo general[4].

Estas siete notas nos conducen a mejorar la amistad. Cada punto se encuentra con otro y forman una tupida red que la consolida y la hace fuerte y resistente al tiempo, al cansancio e incluso al hecho de espaciar el verse y encontrarse.

La importancia de la discreción

Debemos tener claro un principio: *no hablar nunca mal de nadie*. Yo pondría esta frase, como una leyenda, en la cabeza mía y en la de los más cercanos. Bajo ningún concepto. Ojalá que el ser humano de cierta madurez tuviera siempre esta idea en su mente. De la idea a la práctica. Es estupendo ver a un conocido nuestro al que nunca hemos oído decir nada contra otro que, si se ha visto en un aprieto o en una pregunta capciosa en la que debía

4. ¡Hay tantos matices que se le escapan al autor de este libro! Dejo caer esta idea: la amistad es la camaradería de los que comparten el mismo cuarto y del que asiste a la suerte de otro. Pero, insisto, para que la amistad tenga firmeza, debe darse entre iguales. Los griegos decían: «philôtes, -isôtes», es decir, identificaban la amistad con la igualdad.

mojarse, ha tenido la habilidad y el arte de no decir nada negativo. Si no puedo hablar bien del otro, me callo.

El respeto al otro es clave. En las relaciones superficiales hay más laxitud y se puede escapar algo nocivo o descalificante. Hay mucho correveidile frívolo y fuera de lugar. Esto hay que cuidarlo si uno quiere tener una personalidad bien madura. También en esas ocasiones se ve el temple y la calidad: debemos negarnos a participar o a asentir con nuestro silencio en que se maltrate de palabra a un tercero que, lógicamente, no está allí. ¡Cuántos disgustos y malentendidos se evitan siguiendo esta línea! El cotilleo, el correveidile, la trapisonda, la descalificación sin fundamento, el traer y llevar chismes y dichos negativos, indican, entre otras cosas, poca vida por dentro y mucha necesidad de entrar y salir en la existencia ajena.

La reciprocidad es necesaria en la discreción y en saber guardar un secreto del amigo. Amar es alegrarse con el amigo y sufrir con sus pesares. Aquí asoma otro medidor del grado de amistad. Si el silencio es el guardián de nuestra intimidad, también lo debe ser en el otro. Alegría y tristeza recíprocas. Ser feliz consiste en poseer lo que uno desea[5].

Stendhal, en su célebre *Rojo y negro*, llama a esos dos estados las intermitencias del corazón. Es evidente que todos podemos movernos entre esas dos oscilaciones: desear y conseguir, aspirar a algo noble y haberlo obtenido. En la madurez, ambos

---

5. Sólo podemos desear aquello que aún no tenemos. Schopenhauer nos dice, siguiendo esta línea argumental: «De ese modo nuestra vida oscila como un péndulo, del sufrimiento al hastío» (*Estética del pesimismo*). Yo diría: sufrimos porque hay algo que deseamos y aún no hemos conseguido, pero es un sufrimiento gozoso, que lleva a la motivación; aunque también puede generar hastío, porque podemos cansarnos una vez alcanzada esa meta… Hay que evitar esa reacción, valorando el esfuerzo hasta llegar a la cima, deteniéndonos arriba mientras miramos desde lo alto los obstáculos vencidos.

estados de ánimo tienen peso y medida y son apreciados en lo que cada uno vale. Ni se pierde la esperanza cuando uno está en la pelea para llegar a algo, ni se adocena cuando aquélla ya está con uno. Aristóteles dice en la *Ética a Eudemo* que amar es alegrarse. Y Benito Spinoza en su *Ética* nos recuerda que «el amor es una alegría que se acompaña de una causa exterior». Yo lo diría de esta manera: *amar es alegrarse con*. Amar a Mozart es alegrarse de estar oyendo uno de sus conciertos y celebrar que un hombre así existiera. Amar un paisaje de Castilla es recrearse la vista con aquella visión. Amar de veras a un amigo es alegrarse de que lo hayamos encontrado y querer estar a menudo con él. *Amar es placer con alegría*.

Porque la amistad sirve para el cultivo de los sentimientos. Debemos darnos cuenta de que somos egoístas tantas veces... Dejar de pensar en nosotros mismos y volcarnos de algún modo con los demás evita preocupaciones innecesarias y descubre que las inquietudes sanas —y las no sanas— las pasamos todos. La diferencia está en el modo de afrontarlas, en la manera de irlas superando. *La afectividad es el espacio donde uno vive y se mueve*.

Insisto: la prudencia en el hablar es síntoma de buen dominio de uno mismo. Hay que tener claro que la palabra ociosa es dañina. Que hablar por hablar, diciendo cosas negativas, vale de poco. Ensucia a quien practica ese ejercicio y dice poco y mal de esa persona. Prudencia, discreción, cordura de juicio, benevolencia con los defectos ajenos y en todo caso, ser capaz de decirle a esa otra persona algo negativo sólo si es con el fin de ayudarle a mejorar. Si el príncipe azul no existe desde dentro de la vida conyugal, el mejor amigo visto de cerca es tan vulnerable como cualquiera. El verdadero ídolo es el santo o el que tiene una coherencia de vida bien ajustada. La persona ejemplar es aquella que, mirada desde cualquier ángulo, presenta la belleza de la rectitud de un corazón sano. Nuestras convicciones sobre la dignidad se ennoblecen cuando nos encontramos con alguien así. La persona coherente es un ser humano verdadero.

Ante todo: ser siempre uno mismo

La vida humana es abierta y argumental. Y si bien las amistades son fundamentales, el proyecto personal de cada uno responde a la pregunta: ¿qué hago yo en la vida? El otro gran interrogante es: ¿quién soy yo? Cada uno es alguien que está en un cuerpo, que reside en una estructura física con unas dimensiones determinadas. Pero además tenemos un estilo propio, una forma de ser, unas características específicas que definen la personalidad. Como personas, poseemos unos matices que nos definen, que nos son peculiares y nos retratan.

No se puede establecer verdadera amistad, sana y enriquecedora, si no se es primero uno mismo. Para llegar a ello, el ser humano va adquiriendo un perfil de personalidad adecuado y un bloque de operaciones marcadas por la vitalidad de cada uno. Ambas cuestiones conducen a la meta, como señalaba Píndaro, que consiste en llegar a ser el que uno tiene que ser. Es un objetivo alto, por eso los medios tendrán que estar en consonancia. Eso es la vida: una trayectoria en la que se va describiendo un recorrido, una línea que nace en el pasado, pero que apunta siempre al porvenir.

La vida es como un juego, caleidoscópico y variado, en el cual todo se reduce a la larga a un cuadro de luces y sombras, de alegrías y tristezas, esperanzas e inquietudes, proyectos y realidades. Cada trayectoria es única, dinámica, viva y amplia.

Otra forma de ver la vida es como un problema que hay que ir resolviendo poco a poco. Como ocurre con todo problema, lo importante es plantearlo bien. De este modo el enfoque y las soluciones serán los más adecuados posibles. No obstante, no podemos dejar de lado los imprevistos. El punto de partida es esencial, pero también teórico. Para que pueda ponerse en marcha han de estar cubiertas las necesidades básicas. Si no, todo es irreal y carece de solidez.

Para llevar adelante este camino son imprescindibles las relaciones humanas, empezando por la familia y continuando con los verdaderos amigos. La familia es donde se empieza a aprender la forma de plantear correctamente la vida. Hay familias muy hábiles para esto, con un planteamiento correcto, con orden, realismo y exigencia personal. No obstante, también hay familias en las que todo va a la deriva, sin orden ni concierto, improvisando sobre la marcha, siempre sin ideas previas y sin plan.

Para llegar a ser uno mismo hay que partir de posiciones realistas envueltas en optimismo y afán de superación. En algunas ocasiones el planteamiento que se hace es incorrecto porque los juicios sobre las posibilidades y valores propios son defectuosos. El desconocimiento personal y la exageración de los aspectos negativos es un buen exponente de esta tendencia. Conocer nuestras aptitudes y limitaciones es saber nuestra geografía y nuestras fronteras.

Debemos aprender a apresar la riqueza y complejidad de lo que significa vivir, atravesando ese laberinto de hechos, sucesos y acontecimientos que cruzan la vida a diestro y siniestro. Para llevar a cabo esta importante tarea es necesario disponer de buena información. Esto es más difícil de lo que parece. Es cierto que nunca hemos tenido a nuestra disposición más datos que en la actualidad. Sin embargo, el ciudadano se ve sometido a una lluvia de estímulos informativos, en su gran mayoría negativos, que debe saber cómo discriminar. Esta información actual, milimétrica y minuciosa, abrumadora a veces, es informativa, pero no formativa. No viene acompañada de notas positivas que ayuden al ser humano a enriquecerse interiormente, a ser más completo, más sólido. El conocimiento adecuado del exterior es la base de un buen autoconocimiento.

Dos ópticas de la amistad: Oriente y Occidente

El tiempo es el gran escultor que pule y perfila a la persona. Spengler habló de la decadencia de Occidente, Arnold Toynbee, de un Occidente perdido, y Ortega, de la rebelión de las masas. Los cambios habidos en los últimos años del siglo XX y los principios de este nuevo milenio son de enorme calado: la caída del muro de Berlín y el derrumbamiento de casi todos los sistemas comunistas; la fuerte economía del gigante chino, que se despierta con fuerza; la globalización que se expande en economía y cultura de manera rotunda; el crecimiento exponencial del islam; la fatiga o depresión de Occidente, etc.

Oriente y Occidente entienden la amistad de modo muy distinto. Y lo hacen porque parten de filosofías y concepciones del mundo muy dispares. En el mundo oriental el ser humano vive hacia dentro y cultiva la idea de la renuncia, de la pasividad, del crecimiento interior y la introspección. Mientras que en el mundo occidental se vive hacia fuera y se cultiva el consumo desenfrenado, la actividad, el crecimiento económico y el volcarse hacia fuera. Lo diría de otro modo:

Oriente es concéntrico, centrípeto y cíclico, vive mirando hacia su mundo íntimo, va de dentro afuera y muestra ondulaciones que van buscando paisajes de armonía y serenidad. Occidente es excéntrico, centrífugo y lineal: vive mirando hacia lo que está fuera de él, va de fuera adentro y se ofrece como un tiempo que busca la lógica y los instrumentos de la razón. Son dos inventarios bastante opuestos. En Oriente sigue latiendo a fondo la filosofía del nirvana como paz interior. En Occidente están el progreso y la técnica y los avances de la modernidad.

Sin embargo, las cosas son más complejas de como las presento. Recomiendo al respecto el libro de Luis Racionero *Oriente y Occidente*, en el cual establece la dialéctica entre ambos estilos de vida. El pensamiento oriental está representado por los cambios de las leyes naturales del movimiento, cuya metáfora es el agua. También por la unidad en la diversidad, el yoga y sus tres principales filosofías: hinduismo, taoísmo y zen. El pensamiento occidental, en cambio, está atenazado por el ego, el antagonismo a la naturaleza, el individualismo, la libertad y la culpabilidad. Las comunicaciones modernas, tan vertiginosas, han influido recíprocamente en uno y otro, pero mientras en Oriente la filosofía no busca la verdad, sino alcanzar un estado de ánimo equilibrado y sereno, en Occidente la información actúa cambiando las condiciones técnicas en pos del avance científico que lleva al bienestar y a conseguir un mejor nivel de vida. Son dos caminos distintos en su origen y en su destino, y esto se refleja también en la diferente forma de entender la amistad en uno y otro universo.

Ambas culturas nos ayudan a recorrer la geografía del amigo y ese delicado silencio que se hace diálogo tras los mundos que habitan más allá de las palabras. *Oriente es la delicadeza de los sentimientos y Occidente, la lógica de la razón argumental*. Ambas facetas se pueden complementar y dar lugar a una relación vibrante, fuerte, con capacidad para recuperar la luz desde las tinieblas y la paz desde la ansiedad. Los vaivenes de la vida se reposan y serenan en la amistad verdadera[6].

---

6. Noam Chomsky, uno de los intelectuales más finos e influyentes de Estados Unidos, ha dedicado media vida a enseñarnos la importancia del lenguaje y sus significados. Me quema la impaciencia por decir que este autor quería reservar la palabra «amistad» para las relaciones que tienen profundidad, cuantitativa y cualitativa, extensa e intensa.

capítulo
dos

Los problemas de la amistad: la soledad

¿Por qué algunas amistades se rompen?

La amistad es una forma sublime de amor en la que los detalles pequeños tienen una enorme importancia. Una de las cosas que hacen más rico al ser humano es el estilo. Tener estilo es tener clase, calidad, categoría, saber perdonar y aceptar el perdón que otro nos da, cuidar las formas, decir las verdades con moderación y sencillez, asumir una crítica sin aspavientos... Toda amistad, como todo amor, está sujeta a los vientos exteriores y a las vicisitudes y altibajos de cada día. La vida casi nunca es rectilínea, sino que su curso habitual es curvo, serpenteante, desigual, inesperado a pesar de que tratamos de poner orden en cada recodo de ella.

Igual que el amor conyugal está sujeto a padecimientos y debilidades, la amistad sigue los mismos derroteros. Pueden ser la envidia, el dinero, los malentendidos, comentarios desafortunados, falta de delicadeza, olvidos o simplemente algo mucho más habitual: que dos amigos empiezan a verse menos por el motivo que sea y se van distanciando, de forma que poco a poco los intereses de cada uno no son participados al otro. Cultivar al amigo quiere decir verle, llamarle, conversar con frecuencia, salir y entrar. En una palabra, *tratarse*. Los que vivimos en grandes ciudades —como es mi caso, en Madrid— sabemos que resulta más difícil ver a los amigos con la continuidad que uno quisiera. En las ciudades más pequeñas todo es más fácil y las relaciones son mucho más cercanas.

También debo señalar el factor de la tolerancia para que la amistad no se rompa. Ser tolerante no significa aceptarlo todo. Quiere decir transigencia, respeto a opiniones distintas de la propia, siempre que no se trate de un asunto de vida o muerte. En suma, flexibilidad y capacidad para aceptar otras interpretaciones de la vida y de los hechos que nos suceden. Las matemáticas no necesitan tolerancia. Una tolerancia absoluta traduce una grave falta de criterio: no hacer pie y carecer de una filosofía de vida. Por eso, aunque la tolerancia es importante para la amistad, debe darse dentro de unos ciertos límites. Gracias a esto pueden ser amigos una persona de derechas y otra de izquierdas en lo político; o un creyente y un ateo en lo religioso. Quizá sería más difícil la amistad entre alguien muy culto y un inculto radical, o entre dos personas separadas por grandes desigualdades socioeconómicas.

Y es que de este tipo de diferencias pueden surgir roces, enfados o discusiones fuertes que vienen acompañadas de descalificaciones, envidias y comparaciones basadas en el dinero, el tipo de vida, los signos externos o las amistades conyugales. En este último caso no es rara la intervención desafortunada de algún cónyuge que echa por tierra una relación positiva. Otras veces asoma el rencor: sentirse dolido y no olvidar. También está el no hablar las cosas a tiempo, el dejarlas correr de tal forma que el paso de los días y de los meses termina por abrir una brecha. Así se dejan los amigos de ver y de hablar y todo se dispone como en una especie de rampa deslizante que enfría esa amistad. Hay que evitar esos derroteros mediante la disposición de volver al amigo y pedir perdón. Hay que aceptar al otro como es y aprender a puntualizar los hechos con explicaciones, para que los ánimos se serenen y las aguas vuelvan a su cauce. Igual que sucede tantas veces en la vida en pareja: después de un disgusto, mal rato, discusión o malentendido, hay que ser capaz de tender un puente de comunicación, y aquí no ha pasado nada.

La urbanidad entre los amigos es la primera pieza para una comunicación estable. Es insuficiente en sí misma si se queda en la fachada, en la forma, en la apariencia, en un adorno educado debajo del cual no hay nada. Un cínico refinado no tiene el más mínimo interés, porque en él la urbanidad no llega al grado de virtud: le falta contenido. *La urbanidad es anterior a la moral.*

Cuando la urbanidad está presente en la amistad en sus distintos grados, se agradece. Kant decía en su *Antropología* que «la urbanidad transforma la animalidad en humanidad». Las buenas maneras son anteriores a los buenos hechos. Nada de lo que hay de valioso en el ser humano es natural, sino que es necesaria su adquisición mediante la práctica y la repetición de actos en tal sentido: uno se hace ordenado poniendo orden en sus cosas, en su habitación, en su horario, en su cabeza... Y eso necesita tiempo; la constancia se alcanza luchando por ser perseverante en lo iniciado; la voluntad firme es la suma de un trabajo personal por hacer no lo que a uno le apetece, sino lo que es mejor y nos hace crecer como personas; practicando la justicia llegamos a ser justos. La urbanidad en la amistad hace que una persona aparezca por fuera como debería ser por dentro.

Remedios a la ruptura de la amistad

A veces la amistad se rompe o atraviesa, como mínimo, dificultades graves. A continuación ofrezco una serie de procedimientos para evitar el deterioro de la amistad, curar las heridas e incluso restaurar las rupturas:

1. Borrón y cuenta nueva.
2. No sacar la lista de agravios.
3. Saber estar con uno mismo.
4. Evitar discusiones innecesarias, pero sí a la polémica fructífera.
5. Aprender a dialogar.
6. Usar el sentido del humor.
7. Aprender a remontar los momentos difíciles.
8. Saber que la vida tiene activos y pasivos.
9. Frenar el lenguaje interior negativo del otro.
10. Saber pedir perdón cuando sea necesario y aceptarlo.

El primer remedio, *borrón y cuenta nueva*, tiene un nombre bastante elocuente, y representa un excelente punto de partida. Para arreglar una situación delicada es necesario esforzarse por asumir y digerir los asuntos pasados. Si se desea mantener la amistad, hay que hacerlo a toda costa. En el transcurso de una amistad, sobre todo si es profunda, es inevitable que se produzcan roces, situaciones tensas y pequeños enfrentamientos. A veces empezar de nuevo es la mejor solución. Esta capacidad de mirar con distancia permite a la persona adoptar posiciones moderadas y conciliadoras que, a la larga, le hacen más grande. Es necesario saber perdonar, olvidar el resentimiento. Además hay que aprender a olvidar, tarea que necesita tiempo y una profunda elaboración interior. No hay perdón verdadero si no viene acompañado de un sincero olvido. Ésta es la forma de volver a empezar.

Muy relacionado con lo anterior está lo de *no sacar la lista de agravios* a la menor oportunidad. Si hemos aprendido a perdonar sinceramente, esta lista ni siquiera existirá. La lista de agravios es inventario de pequeños y grandes errores, fallos, defectos y fracasos que se acumulan a lo largo de una amistad. Es algo que tiende a dificultar el diálogo, ya que en cuanto se produce algún choque, resulta casi natural sacar a relucir todas las quejas acumuladas. Es una muestra de resentimiento que hiere, recordando todo lo que de negativo puede haber sucedido. He comprobado en mi experiencia cómo a menudo este catálogo brota con fuerza, desea salir y desparramar su influjo destructivo. De no controlarlo, se abre una vía de ruptura grave que terminará por echarlo todo a perder, agriando los caracteres e impidiendo superar experiencias antiguas.

Saber estar con uno mismo guarda relación con la inestabilidad afectiva. Hay personas que aseguran tener muchas amistades, pero siempre son superficiales y poco duraderas. Es un síntoma de personalidad poco madura, por lo que se hace necesario el replanteamiento de esta conducta, y ello pasa por una organización de las características de la propia personalidad y el deseo de cambiar. No resulta fácil modelarse a uno mismo, por eso no está de más contar con ayuda especializada si es necesario. La persona que no sabe lo que quiere es la que no está consigo misma. Es una persona que no tiene ideas claras sobre los temas capitales de la vida, que se apunta a todas las modas, a lo último de lo que oye hablar, sin criterio ni plan. Tiene gran facilidad para perder el control y por eso no sabe asumir relaciones sólidas.

Evitar discusiones innecesarias es un epígrafe que habla por sí solo. Es preciso darse cuenta de que las discusiones no son fuente de verdad ni mejoran la relación amistosa. Es entonces cuando se valora lo importante que es saber callar en ciertos momentos difíciles. Hay que distinguir entre diálogo, diferencia de criterios y discusión. Dialogar es conversar. A veces, cuando se expresan opiniones, se producen diferencias de criterio que pueden debatirse. La discusión implica un fondo de desacuerdo, por lo que es necesario esmerarse en la forma para saber emplear los argumentos y el razonamiento. No hay que plantear un debate como una forma de vencer al otro, sobre todo si se usan la fuerza o la descalificación. *Las batallas dialécticas, plagadas de matices y acusaciones respectivas, no llevan a ningún sitio*. Hay que intentar frenar esa dinámica, obviarla. Poner empeño en un objetivo indica el interés que hay en conseguirlo.

Saber dialogar implica, por tanto, una serie de reglas. En primer lugar, es necesario que ambas partes conciban de la misma manera la relación amistosa. Y, por supuesto, hay que saber escuchar: mirada atenta, atención puesta en el discurso del otro, de forma que aprendamos de lo que estamos escuchando. No hay que interrumpir, en especial si no estamos de acuerdo con lo que el otro dice: ya habrá tiempo para exponer nuestra propia argumentación. También debemos evitar las expresiones radicales, absolutas, dicotómicas. Cuando nos toque hablar, debemos esforzarnos por centrarnos en un tema concreto. Éste es un principio fundamental cuando existe alguna dificultad o diferencia de opinión. Hay que delimitar el asunto a tratar, sin irse por las ramas. En suma, se trata de hacerse entender al mismo tiempo que captamos todo lo que nos están diciendo. Ésta es la esencia de una comunicación verbal positiva, y funciona cuando el emisor y el receptor aprecian el mismo contenido, para lo cual hay que ser claro y conciso. No podemos pretender que el otro adivine lo que tenemos en la cabeza.

Está claro que para alcanzar todo lo anterior son necesarias grandes dosis de tolerancia y, por supuesto, de *sentido del humor*. Muchos amigos se pasan el día dramatizando, agrandando cualquier suceso, sacándolo siempre fuera de su perspectiva real. Se vive la amistad de un modo trágico y parece que todo está predestinado al desastre. Por ello es necesario dar un giro en sentido contrario. Cultivar el sentido del humor no es otra cosa que ver el lado divertido de la vida. Hay que ejercitar la risa, la ironía y la gracia para tomarse las cosas con filosofía y desdramatizar las pequeñas y grandes incidencias de la vida. De esta forma se combate con eficacia el desaliento. Unos amigos con buen sentido del humor alcanzarán un elevado nivel de higiene mental. Frente a las contradicciones, reveses y percances, la filosofía del humor nos ayuda a superar esas situaciones mediante una evasión elegante. Cuando se tiene sentido del humor, se pueden superar las adversidades y se domina la vida.

Por otra parte, es necesario saber cómo *remontar los momentos difíciles*. Es imposible que nunca se den días malos. Por eso hay que aprender y adquirir ciertas destrezas poco a poco. Debemos saber cómo comunicarnos en esos momentos negativos y tener claro que con esfuerzo todo puede superarse.

Llegados a este punto, debe quedar claro que *la vida es una suma de activos y pasivos*. Cualquier evolución biográfica tiene notas positivas y negativas, luces y sombras. Una concepción distinta significaría no estar en la realidad, no pisar la tierra firme. Así pues, es interesante hacer balance de la propia vida para ilustrar el futuro y llevar a cabo cierta educación retrospectiva. Las personas muy apasionadas, con tendencia a dramatizar o con una visión sesgada de su vida, son incapaces de reconocer todo lo bueno que ha circulado por su existencia.

Por último, es necesario que la otra persona asuma todo lo antedicho. En particular, es preciso que sepamos *frenar el lenguaje interior negativo de la otra persona*. Es un fenómeno frecuente, pero no por ello hay que pasarlo por alto. El lenguaje interior se centra en hacer generalizaciones negativas, obsesionarse con los detalles negativos y agrandarlos, llevar las cosas a los extremos, elaborar un pensamiento absolutista basado en dicotomías e incluso en lo que denominamos «adelantarse en negativo». Cada uno de estos procesos mentales distorsionados genera ideas erróneas acerca del otro e influye en la relación de forma negativa. Son equivocaciones intelectuales, confusiones interpretativas que producen una visión parcial y negativa del otro y generan relaciones incorrectas. Surge un esquema malo de la otra persona y se le escamotea todo plano positivo.

Y es que fomentar lo positivo es clave en las relaciones humanas. Para poner los medios adecuados e intentar resolver un problema en una relación amistosa no sólo hay que esquivar algunas conductas concretas, sino impulsar otras, más constructivas, que sirvan de puente para lograr poco a poco un acercamiento. Hay varias trayectorias a seguir para alcanzar este objetivo.

—*Poner buena cara*. Como se suele decir, la cara es el espejo del alma. En ella se reflejan los paisajes de nuestro espíritu, todo lo que hay dentro y sucede en nuestro interior. El rostro es programático, anuncia la vida como proyecto. La cara forma parte de ese lenguaje no verbal que tiene gran relevancia en lo que a la comunicación entre personas próximas se refiere. *El lenguaje no verbal es tan importante como el hablado*. Las personas con escasos recursos psicológicos descuidan sistemáticamente este aspecto, lo que a largo plazo genera problemas en las relaciones. El lenguaje verbal se expresa en todo: desde la forma de andar a los gestos. No obstante, la cara y las manos son las partes protagonistas. La primera tiene luz propia: los ojos, la mirada, los guiños, los gestos, la sonrisa, el tono de voz... Es como un semáforo de señales que manifiestan el estado de la afectividad. Es el mejor transmisor de emociones que existe. Dentro de la psicoterapia, el control facial forma parte de los mecanismos para aprender a tener un mayor autocontrol general. Recordemos que el punto de vista define la realidad. La felicidad depende de la visión que tengamos, y en este aspecto el control de nuestras expresiones, ese poner buena cara, puede ayudarnos mucho.

— *Utilizar palabras amables*. Debemos suavizar el lenguaje y evitar frases duras y cortantes, expresiones hirientes o irreconciliables. *Hay que aprender a utilizar el lenguaje como un medio de comunicación*, no como un arma arrojadiza. Se debe mantener la cabeza fría, sobre todo cuando el diálogo se caldea. Esto denota una personalidad bien regida, controlada, con un trasfondo de serenidad. Hay que supervisar los propios pasos para acaudillar la ira y las pasiones cuando se desbordan. Es el camino para superarnos como personas, para ordenar la conducta y mejorar nuestra forma de ser.
— *Compartir vivencias y experiencias de cierta intimidad*. Esto resulta especialmente útil cuando la relación se encuentra muy deteriorada. Compartir, actuar en común, genera amistades profundas y de confianza en las que uno puede ampararse siempre que sea necesario.

—*Pedir perdón es un gran acto de amor*. Reconocer que uno se ha equivocado, que no actuó bien, que estuvo desafortunado... Y por el otro lado, aceptar esas disculpas de buen grado.

Obstáculos de la amistad

A menudo, para establecer una amistad existen obstáculos que surgen tanto del exterior como de nosotros mismos. En este último caso cabe destacar un trastorno psicológico relacionado con la afectividad que recibe el nombre de *alexitimia*, o dificultad grave para expresar sentimientos positivos. Se define como la incapacidad o dificultad grave para expresar sentimientos. La primera descripción fue hecha en 1972 por el doctor Peter Sifneos, profesor de Psiquiatría en la célebre Universidad de Harvard. Las personas alexitímicas muestran las siguientes manifestaciones: frialdad, distancia, corrección en el trato aunque desprovista de afecto, graves problemas para mostrar cariño o cordialidad... El alexitímico es cortante, escasamente sensible y poco dispuesto a cultivar esa parcela que tiene que ver con el cuidado de las emociones del otro. Resulta evidente que una persona de estas características experimentará dificultades para establecer relaciones amistosas normales.

Entre otras razones, porque la convivencia con un alexitímico resulta imposible a medida que pasa el tiempo, ya que carece de habilidad para ensayar lo que hoy se conoce como inteligencia emocional: la capacidad para aunar en una misma ecuación cabeza y corazón, inteligencia y vida afectiva. No se trata de personas que no sienten, sino que resultan poco expresivas, nunca se sabe lo que piensan y sus manifestaciones afectivas son tan mínimas que se reducen a lo justo: el saludo, la despedida, una frase correcta... Suelen rayar en la descortesía.

No tener palabras para expresar sentimientos es una carencia que se acaba pagando cara, especialmente en el plano de la amistad. El resultado de un comportamiento así suele ser la ruptura en el trato, si es que ha llegado a establecerse, y llega entonces la inevitable soledad. Es imposible mantener una amistad (o una relación de pareja) si no puedes expresar con palabras y gestos aquello que está sucediendo en tu interior. Por el contrario, si puedes manifestarlo, tienes mucho terreno ganado, pues es el primer paso para lograr una afectividad madura y estructurada.

En este posible descuido de los sentimientos tiene mucho que ver la falta de educación afectiva, como demuestran expresiones del tipo «los hombres no lloran». Esto explica también por qué la alexitimia es mucho más frecuente en hombres. La mujer ha sido siempre y es todavía mucho más afectiva, entre otras razones, porque en nuestra cultura es ella la transmisora de los valores relacionados con los sentimientos.

Sin embargo, desde la década de 1990 estos conceptos se están disolviendo en un remolino agónico que lo cifra todo en el deseo de ganar dinero. Se han reagrupado las ideas y empezamos a valorar más lo material que lo espiritual. Las estadísticas más recientes sobre rupturas conyugales en los países ricos son muy significativas de esta tendencia, y sin duda ocurre lo mismo en el plano de la amistad. Tendemos hacia una sociedad de personas solas, ricas en lo material, pero carentes de lo que verdaderamente da sentido a la vida.

Precisamente una de las parcelas en las que mejor se observa la pésima situación de la sociedad actual es la relacionada con la inmadurez afectiva. En nuestro mundo, tan tecnificado y lleno de avances científicos, se ha ido descuidando lo humano. Ofrezco a continuación un decálogo de puntos a observar y tendencias a evitar, para que sirva como guía frente a la inmadurez afectiva:

1. *No saber qué es el mundo sentimental.* Hay que aprender a separar lo accesorio de lo fundamental si se quiere evitar el analfabetismo de los sentimientos, tan característico de la sociedad actual.
2. *Edificar la vida sentimental sobre una base poco sólida e incoherente.* Cuando una relación se fundamenta y construye con materiales de derribo, el resultado será endeble y poco duradero.
3. *Divinizar el amor y la amistad.* La persona inmadura idealiza las relaciones interpersonales. Esto es un error porque no se profundiza en el análisis de lo que las relaciones encierran.
4. *Convertir al otro en un absoluto.* Es un signo de inmadurez que se suele pagar caro, ya que es muy difícil que la otra persona cumpla las expectativas que se le atribuyen.
5. *Desconocer que los sentimientos no son estáticos, sino dinámicos.* Los sentimientos que acompañan a cualquier relación evolucionan con el tiempo y las circunstancias. La mejor amistad se pierde si no se cuida. Pasa igual con el amor conyugal: la dejadez, el abandono, la desidia, el todo vale... terminan arruinando el amor.
6. *No saber dar ni recibir afecto.* Los sentimientos constituyen un camino de ida y vuelta. La persona poco madura cree que no merece recibir afecto y se extraña cuando se lo dan. Los inmaduros abren su afectividad hacia dentro,

la cierran y pierden la llave. La puerta de la felicidad, como decía Kierkegaard, se abre hacia fuera.

7. *Ser incapaz de elaborar un proyecto común de amistad con los cercanos.* El inmaduro no contempla meter a nadie en su proyecto de vida. No siente las cosas del otro como propias ni sabe afrontar o valorar los conflictos que puedan surgir.
8. *Desconocer la metodología de una relación.* Tanto el amor como la amistad se basan en la inteligencia, la voluntad y el compromiso. No reconocer esto implica andar a ciegas, sin mapa de la vida.
9. *No saber mantener una relación.* Con frecuencia lo difícil no es establecer una relación, sino mantenerla. Que la amistad dure en el tiempo requiere esfuerzo, comprensión, visión clara y voluntad. Entran en juego muchos elementos: complicidad, compañerismo, sentido del humor, espiritualidad, cultura, entrega, donación, mirar por el otro...
10. *Pensar que no se pueden gobernar los sentimientos.* La persona inmadura cree que los sentimientos son como un viento tempestuoso que no se puede gobernar. Pensar de este modo conlleva someterse a la tiranía del capricho y a la filosofía del «me apetece». La persona madura sabe controlar sus sentimientos.

La inteligencia debe servirnos para dar la vuelta a los reveses y a los obstáculos. Si no es así, la nueva inteligencia que nos proponen desde fuera no vale, no convence. La amistad requiere una conducta inteligente, que mezcle talento y conocimiento, ingenio e ilustración, capacidad y formación. Es una operación subjetiva, personal e intransferible para gobernarse uno mismo y para gobernar las relaciones con los demás.

Para tener amistad con otra persona hay que olvidarse un poco de uno mismo y saber decirle al otro que se le quiere, con realismo y esfuerzo, con suavidad y ternura, con palabras y gestos positivos. El que no entienda esto tiene un serio problema para concretar la amistad.

La convivencia amistosa es un arte de la vida diaria. Todas nuestras ideas se ponen a prueba en el momento de enfrentarlas a los demás. La amistad requiere tomar parte en la vida ajena y hacer al otro partícipe de nuestros propios contenidos. Es una prueba complicada que nos hace mostrar muchos aspectos concretos de nuestra personalidad.

Tengamos siempre presente que la convivencia, amistosa o sentimental, es uno de los grandes temas de la vida, porque la vida diaria sigue siendo la gran cuestión. Todas nuestras ideas, argumentos y planteamientos psicológicos se ponen a prueba frente a la relación cotidiana con otras personas. Convivencia es, ante todo, compartir. Es, por supuesto, un fenómeno mucho más estrecho en la vida de pareja, pero se da también, de modo parcial, en pequeños paquetes, en la relación con los amigos. Para convivir debemos estar dispuestos a hacer partícipe a la otra persona de nuestras vivencias. Al mismo tiempo hemos de saber participar de la vida ajena. Es un acto complicado, en el que ponemos a prueba muchos aspectos de nuestra personalidad.

El resentimiento, incluso el rencor, constituye otro de los grandes obstáculos de la amistad. La antesala del resentimiento radica en la envidia, tan corriente a veces entre supuestos amigos. Sin embargo, mientras la envidia se centra más en la interioridad del sujeto, el resentimiento encierra un afán reivindicativo, un impulso potente con tendencia al desquite y la venganza.

El resentimiento es un dolor moral que se produce como consecuencia de haber sido maltratado —de forma real o distorsionada—. Viene acompañado de hostilidad progresiva hacia la persona o personas causantes de ese daño. Por tanto, el resentimiento implica sentirse dolido y no saber olvidar. No obstante, la persona que tiene la vista puesta en un futuro provechoso debe aprender a superar las dolencias, los problemas y los traumas, como elementos no productivos que deben quedar en el pasado. Mirar hacia delante implica saber aceptar y asumir el pasado. La vida se mueve hacia delante. La neurosis, como indicó Freud, consiste en gran medida en almacenar todos los problemas, todas las frustraciones, sin darles salida, sin exteriorizarlos ni superarlos, lo que da como resultado una mentalidad y una personalidad enfermizas, neurotizadas.

El sufrimiento es necesario para madurar en lo personal, pero no se trata de acumularlo para siempre, sino de aprovechar sus enseñanzas. El neurótico acumula resentimiento y hace que su vida se organice en torno al resentimiento. Para este tipo de personas la vida se vuelve cuesta arriba, y la amistad, lejos de ser una ayuda para superar los obstáculos, se convierte en un problema más y en una fuente añadida de rencor a la menor oportunidad. Sin embargo, es en esos momentos de dificultad cuando debemos reaccionar, reconducir nuestro argumento de la vida y relanzarlo, disolviendo todo el dolor, la traición y las incomprensiones que hayamos podido experimentar.

En los principios del nuevo siglo XXI la amistad representa uno de los principales problemas objetivos para el ser humano, que suele vivir en equilibrio inestable. Es en este campo tan intrincado de las relaciones personales donde se percibe con mayor claridad el hecho real de buscar soluciones y alternativas para hacer posible la convivencia.

Mantener una amistad no es fácil. Implica un esfuerzo de la voluntad y tener capacidad suficiente como para aceptar la forma de ser de otras personas. En mi opinión, existen tres puntos cardinales que resultan decisivos a la hora de *establecer y mantener una amistad* (y cualquier tipo de relación profunda y serena):

— *Conocerse a uno mismo.* Es el principio de todo. Hay que conocer las cualidades y características de la propia psicología. Esto implica enfrentarse con el propio yo y ser capaz de solucionar los problemas. Si conocemos nuestras capacidades y limitaciones, será más fácil controlar las borrascas emocionales a las que podemos vernos enfrentados en una relación con un amigo.
— *Saber pulir los aspectos negativos de la personalidad.* Hay que luchar para desterrar lo negativo, lo insano. Es una tarea que debemos acometer de forma suave pero continua, con firmeza y decisión, con sosiego y determinación al mismo tiempo. Sin tales propósitos concretos es imposible generar cambios que faciliten una mejor relación con otras personas. Entre las asperezas a limar se incluyen los «prontos» o reacciones desproporcionadas, la pérdida del autocontrol, los esquemas mentales rígidos e intransigentes, la susceptibilidad, los cambios de humor bruscos e inmotivados, la falta de consideración ante las opiniones ajenas, etc.
— *Conocer los parámetros de nuestra relación con cada persona.* Cada amistad es un universo único. Hay que analizar su diversidad, su perímetro, su estructura, y valorar de forma adecuada la realidad, alejándose de idealizaciones y falsas expectativas, lo que evita sentirse defraudados.

La amistad revela muchas cosas de nuestra interioridad. De ahí la importancia de cultivarla adecuadamente, de poner pequeños granitos de arena para facilitarla. Al mismo tiempo, es fundamental un profundo conocimiento de lo ajeno. Hay que conocer a las personas con las que uno se relaciona para entenderlas, en primer lugar, y luego comprenderlas. «Entender» es ponerse en el lugar del otro, situarse en su espacio vital, adoptar su perspectiva. «Comprender» implica un paso adelante: es abrazarse, unirse al otro, hacer que sus intereses formen parte de los propios. No es una tarea fácil, pero es imprescindible en el establecimiento de verdaderas amistades, enriquecedoras y fértiles.

Comprender es aliviar. Cuando le decimos a otro «comprendo lo que te pasa», y se lo decimos de corazón, estamos yendo a su encuentro para ayudarle con todas nuestras capacidades. La amistad bien estructurada y desarrollada incluye saber cómo son nuestros amigos, en un proceso de evolución diaria que nos permite ir adaptándonos, ensayando formas de trato y convivencia cada vez más adecuadas.

La amistad, entendida así, debe ser argumental, es decir, debe ir más allá del mero contacto superficial. La compañía que los amigos se otorgan entre sí debe ser tanto externa como interna. Los *argumentos* que llenan una amistad afectan positivamente, con su mensaje, el panorama de una convivencia. Todo este concepto se basa en una idea muy simple, aunque muy profunda: deben existir respeto y estimación recíprocos en una amistad. El *respeto* es atención, consideración, deferencia, tener en cuenta la dignidad de la otra persona y saber apreciar a cada uno según su valía. Para Voltaire el respeto es la gran herramienta de la vida en común, la que permite la coexistencia pacífica en las sociedades, incluso si se dan profundas discrepancias ideológicas. Íntimamente relacionada con el respeto tenemos la estimación, vía para lograr una apreciación mutua en medio de las distintas formas de ser y pensar. Ambas expresiones abren el camino al diálogo, que constituye una de las facetas principales de la convivencia. Tenemos que aprender a escuchar, algo muy difícil en el mundo ególatra en el que nos ha tocado vivir. Escuchar y, al mismo tiempo, argumentar, porque el diálogo es corriente de pareceres en dos sentidos, mutuamente enriquecedora y no excluyente. Uno debe en todo momento saber expresar su punto de vista, pero sin ofender ni descalificar al otro, incluso si se muestra disconforme con nuestra opinión. Los buenos amigos no siempre están de acuerdo.

No saber aceptar estos aspectos de la amistad conduce a la incomprensión y la ruptura. De lo que se trata, en definitiva, es de saber aceptar la pluralidad de la creación. Si logramos tener esta visión ancha de las cosas, el horizonte se expande, la vida es más plácida y las leyes que la gobiernan se hacen más amplias.

La falta de autoestima es otro de los obstáculos que se presentan a la amistad. La autoestima como tal constituye un juicio positivo sobre el propio ser, que debe partir de un análisis completo de lo que hacemos. No se trata de «autoestimarse» porque sí: ha de existir alguna razón, un mérito. El trabajo, la cultura o el amor son valores que nos impregnan y nos llenan, y que nos permiten avanzar en nuestro camino y alcanzar metas importantes. Llegados a esto, entonces sí podemos decir que aportamos algo que nos permita establecer un juicio positivo sobre nosotros mismos.

Nuestra forma de ser requiere un examen que puede basarse en cuatro puntos fundamentales, ampliación de otros temas vistos anteriormente:

—*La visión de uno mismo.* Es una idea que puede ser preconcebida y errónea. Debemos mirarnos a nosotros mismos de un modo realista, sabiendo ver lo bueno y lo malo. También debemos aprender a perdonar nuestros propios errores, pero antes hay que saber ver esos errores y estar dispuesto a corregirlos.

—*Relación con los demás.* Es aquí donde se fundamenta el origen de la amistad. Del mismo modo que ocurre en el punto anterior, debemos ver con claridad y sin prejuicios cómo establecemos nuestras relaciones sociales. En el contacto con otras personas se cometen errores que forman parte de un proceso personal de aprendizaje. Hay que saber valorar tanto lo positivo como lo negativo (en la medida en que nos enseña y nos hace avanzar en el camino de la vida).

—*Panorámica de la historia personal.* O balance personal, haber y debe de la travesía individual. Entre lo accesorio y lo secundario, como distinguía Aristóteles, hay un espacio intermedio, el *propium*, aquello que no es esencial ni accidental. Esto nos muestra la forma de ser, la trayectoria personal que hemos seguido, nuestras ilusiones, los éxitos y los fracasos, los traumas y todas las etapas de nuestra evolución. El hombre, como cualquier otro animal, ha de morir, pero mientras el animal termina, el ser humano puede seguir existiendo después de la muerte. Esta existencia se basa en nuestro balance personal, en lo que hemos dejado en las columnas del debe y el haber. Una existencia rica y provechosa hará que la vida dé la razón de sí misma. Por el contrario, un devenir plagado de egoísmo no dejará más que deudas espirituales. La amistad es un terreno que permite anotar muchas entradas en ambas columnas, y la elección depende de cada uno. El balance final nos dirá si hemos logrado o no el superávit.

—*Interpretación de la realidad.* Muy relacionado con lo anterior, debemos tener en cuenta que si bien la autoestima es fundamental para la supervivencia psicológica, debemos ser valientes al analizarnos y no mentirnos demasiado. Hay que saber verse desde el patio de butacas. Debemos repasar y hacer un arqueo de caja de nuestras cinco vertientes fundamentales (física, psicológica, conductual, cognitiva y social), y hacer este repaso con la mayor franqueza posible.

La persona es un animal social. Gustamos en ocasiones de la soledad, pero en realidad somos incapaces de vivir aislados. Nuestra forma de vida, nuestra inteligencia y nuestras características como especie se definen en el seno del espacio colectivo al que pertenecemos.

Por esa razón, pese a los obstáculos, sentimos deseos sociales que se entroncan en el ámbito de nuestras relaciones con los demás. El espectro puede ser amplio, desde la persona tímida hasta el extrovertido que persigue con afán el establecimiento de contacto con los demás. La timidez, definida por la American Psychiatric Association como «personalidad por evitación», es otro gran obstáculo para la amistad. El nivel de deseo social es bajo, y ello determina una conducta de escasa relación. Las causas son muchas: inseguridad, miedo, apatía... También hay evitación de riesgos y, a veces, muestra un sentimiento egoísta o incluso un complejo de superioridad. En algunos casos extremos la timidez es una patología, una alteración de la personalidad que requiere tratamiento especializado.

En todos los casos, la persona tímida experimenta dificultades para hacer amigos, por lo que es preciso, de nuevo, seguir los consejos descritos con anterioridad, y muy en particular el milenario «conócete a ti mismo».

Puede pensar el lector que la persona extrovertida no tiene problemas a este respecto. En principio, así es, pero no olvidemos que el «relaciones públicas», perfil contrario al del tímido, puede a veces mostrar rasgos patológicos que, paradójicamente, pueden tener su origen en las mismas motivaciones del tímido, y generar, del mismo modo, problemas a la hora de establecer amistades.

En el equilibrio, como siempre, está la razón. El deseo social debe mantenerse en el justo centro entre el aislamiento total y la entrega desmedida a las relaciones interpersonales. La persona completa gusta de sí misma, pero también se enriquece con el contacto con los demás. Esto no implica aprovecharse del prójimo, que es lo que hacen a veces ciertas personas extrovertidas. Cuando una persona se acerca a otra en busca de algún beneficio —sobre todo si es material—, no se trata de amistad. Las relaciones humanas tienen un componente espiritual, cultural y mental de gran intensidad, y no es bueno pretender instrumentalizarlas.

Todo lo que hemos venido diciendo nos lleva al concepto de *vida vacía*. Vida vacía es la de aquellas personas que tienen un estilo de vivir monótono, rutinario y con escasas posibilidades de cambiarlo. Es una forma de vivir que lleva a un estilo pobre y a un planteamiento existencial carente de novedades e incentivos. *La vida es la gran maestra, enseña más que muchos libros.* Pero hay abundantes personas que se resisten a aceptar esta enseñanza. La forma de vivir de cada uno retrata y perfila el modo elegido por uno mismo o impuesto por las circunstancias.

La vida vacía implica que los principales argumentos que deben darse no existen. El amor, el trabajo, la amistad personal cercana y enriquecedora, la cultura en sus variadas expresiones... Todo falta, y la mayor ausencia es la de un sentido de la vida que dé respuesta a los grandes interrogantes. Una vida vacía es una vida monótona, centrada en una uniformidad cansina, con un tono demasiado repetitivo, que carece de variedad y en donde la ausencia total de novedades genera un tono melancólico que va inundando a la persona y a su entorno más inmediato. Es una regularidad uniforme y cargante que acaba por pesar, paralizar, adormecer y deprimir.

En una vida así las relaciones humanas son escasas o nulas. El planteamiento de vida hace que uno esté muy solo. Es muy raro que se produzcan contactos con otras personas o que haya ampliación de amistades. *La amistad presenta un arco de intensidades muy rico.* La persona madura sabe de ese registro y lo asume como un hecho más de la existencia. Y aunque emplea de manera general la palabra «amistad», conoce muy bien sus gradaciones, sus magnitudes y su potencia. La persona atrapada en una vida vacía ignora todo esto.

Por último, conviene saber que la amistad no debe perseguirse a cualquier precio y sin criterio alguno. Es particularmente positivo el deseo de juntarse a personas interesantes, cultas, con una vida llena de sentido. De estas personas se pueden aprender importantísimas enseñanzas para la vida. Codearse con gente así, llena de un deseo positivo de emulación espiritual, constituye la mejor forma de amistad, superando todos los obstáculos. En realidad, acercarse a seres así y emularlos representa una recuperación de la hoy casi desprestigiada figura del «maestro». En nuestra opinión, no hay relación social más apreciable que la que puede establecerse con este tipo de personas.

Caso clínico: los efectos de la timidez extrema

La timidez constituye uno de los grandes obstáculos para establecer no ya amistades, sino cualquier tipo de relación. No obstante, en algunos casos la timidez puede alcanzar rasgos patológicos. Es lo que llamamos *personalidad por evitación*. Veamos un ejemplo extraído de mi experiencia médica.

El paciente es un hombre de treinta y ocho años. Sin embargo, los que acuden a la consulta son sus padres (de setenta y ocho y setenta y cuatro años respectivamente), que me proporcionan algunos datos. Su hijo estudió hasta los quince años en un colegio religioso. Siempre tuvo un nivel medio-bajo en sus estudios, y ha mostrado en todo momento dificultades para relacionarse con la gente. Nunca tuvo amigos ni iba a fiestas de cumpleaños. Le costaba hablar en público, algunos compañeros se reían de él y no se defendía; su rendimiento académico era malo porque le costaba concentrarse, y nunca hacía los deberes. Le pusieron un mote en el colegio que le marcó y nunca se lo dijo más que a su madre; a mí, su psiquiatra, me lo comentó cuando ya tuvo una cierta confianza: «Fue terrible y además yo veía cómo los compañeros se reían de mí y me marginaban». Nunca salió con chicas. Tiene dos hermanos mayores, casados, pero él anunció que no quería ir a sus bodas. Aunque al final acudió, se mantuvo en todo momento aislado, pegado a los padres como si fuera un niño pequeño. Acabada la celebración, se fue tan rápido como pudo: «Yo sudaba y miraba hacia abajo y estaba asustado porque me preguntaran cuándo me casaría yo o cosas parecidas. Los minutos se me hicieron eternos».

Tras dejar el colegio trabajó en la tienda familiar, una droguería. Al principio se dedicaba a hacer paquetes, pero luego lograron que atendiera al público, al menos en pequeñas cosas, con la ayuda de un empleado al que los padres consideran «como de la familia». Poco a poco fue cogiendo confianza y la tienda se ha ido convirtiendo en su vida, el único lugar donde mantiene relaciones con la gente. No obstante, en general evita a las personas de su edad. Se relaciona con gente mucho más mayor o le gusta jugar con niños, entre ellos sus sobrinos pequeños.

Tras insistir un poco, el paciente acepta venir a la consulta después de sufrir una crisis de ansiedad. Es de estatura media, delgado, callado, introvertido, con una timidez muy acusada. No hay más que observar su conducta para darse cuenta de la retracción social tan fuerte que padece. Habla de forma reiterada, con un lenguaje pobre, acerca de las crisis que ha venido sufriendo en los últimos meses. Mantiene un tono obsesivo, machacón, pesimista y evita mirar a los ojos. Según la madre, siempre fue un hipocondríaco, pero en los últimos tiempos parece haber ido a peor. Continuamente quiere ir al médico a que le hagan análisis. Cada dos o tres semanas se realiza pruebas de orina y análisis de sangre. En los meses previos a venir a nuestra consulta ha llegado a ir a urgencias hasta ocho veces en una misma semana. Cree padecer alguna enfermedad respiratoria o de corazón, pues las crisis de ansiedad se manifiestan con síntomas como taquicardia, opresión en el pecho, sensación de falta de aire, dificultades para respirar... «Ahora estoy muy preocupado por una muela que me duele. Yo no sé si será algo muy grave o una infección, pero estoy todo el día pendiente de ella y me miro al espejo, y la veo, y la vuelvo a ver, y me la toco con un palillo muy fino.»

El tratamiento farmacológico, en principio, no produce mejoras. Por el contrario, los padres me informan de que sus síntomas físicos van a más: dolores de cabeza, atontamiento, escozor en la lengua, dolor de garganta y de muelas... Al parecer, ha adoptado la costumbre de dormir boca abajo, porque así respira mejor. Se mira mucho la lengua en el espejo porque le parece que está demasiado blanca, y en los últimos días le ha empezado a preocupar la espalda. Un nuevo tratamiento produce una mejora notable en muy poco tiempo, aunque el paciente aún está lejos de superar todos sus problemas.

Es en esta fase cuando pregunto a la madre sobre las amistades de su hijo. La respuesta es tajante: «No tiene amigos. Los sábados a primera hora de la tarde se viene con nosotros y ve la televisión, nos acompaña a dar un paseo o sale conmigo a hacer un recado. Nunca tuvo amigos, ni siquiera en el colegio. Cuando había una fiesta de cumpleaños, iba llorando hasta la puerta de la casa, porque no quería ir. Una vez allí, dejaba de llorar para que no le vieran, pero siempre era el primero en marcharse. Nunca dio una fiesta, sólo la idea le hacía morirse de vergüenza. Siempre ha sido muy tímido, y encima se vuelve cada vez más aprensivo. Lo último es que le ha dado por beber agua a sorbos muy pequeños, porque tiene miedo a atragantarse. Lee los prospectos de las medicinas con todo detalle, y enseguida nota todos los efectos secundarios descritos. Quiere ir al médico porque cree tener cáncer, pero al mismo tiempo le da miedo acudir a la consulta. Sus hermanos ya no quieren saber nada de él, porque es muy egoísta. Antes aún jugaba con sus sobrinos, pero ya no le gusta, dice que hacen mucho ruido y que le molestan. Mi marido y yo estamos desesperados. Lo damos ya como cosa perdida. Es un suplicio estar con él y se lo digo yo, que soy su madre y haría lo que fuera porque cambiara algo. No digo ya que se curara, que eso lo veo como imposible».

El diagnóstico es de *ansiedad generalizada* y *crisis de ansiedad*, además de padecer un *trastorno mixto de la personalidad* con estos rasgos en su interior: personalidad por evitación, obsesiva, esquizoide e inmadura, todo ello en el marco de una vida vacía, si excluimos que trabaja en la tienda de sus padres, lo que podríamos decir que ha sido su salvavidas. El pronóstico sería bueno si no se complicara con la hipocondría tan grave. En su caso es una modalidad de su ser obsesivo, pero centrada en su cuerpo.

La medicación, que le hizo buen efecto, dejó de tomarla porque creía que le estaba intoxicando. Su intenso aislamiento sólo contribuye a empeorar su trastorno. La psicoterapia no funciona bien debido al bajo nivel intelectual del paciente y a su escaso interés. El pronóstico no es bueno, pues cualquier novedad le altera y carece de cualquier apoyo psicosocial fuera de sus padres. Se negó por completo a acudir a sesiones de psicoterapia en grupo.

Psicología de la soledad

Una cierta dosis de soledad es necesaria en la vida. Significa recogerse con uno mismo y bucear en lo que hacemos y vivimos. Nos permite pensar sobre nuestra vida, lo que estamos llevando hacia delante, y explorar el proyecto de vida que seguimos. Lo he dicho a menudo y nunca me cansaré de repetirlo: *la felicidad consiste en tener un proyecto de vida coherente y realista*. Cada uno de sus segmentos es explorado y actualizado en la soledad. Cada persona muestra distintos sistemas de evaluación personal, y ése puede ser un terreno pantanoso, ya que pasado y presente pasan delante de nosotros y vamos viendo qué hemos ido haciendo en cada uno de esos estadios. Nuestro análisis no es otra cosa que juicios de valor. Hay cinco grandes territorios que podemos explorar: amor, trabajo, cultura, amistades y sentido de la vida; o dicho de otra manera: vida afectiva, vida profesional, curiosidad por aprender y conocer más, campo magnético de las amistades y espiritualidad.

El sentido de la propia vida es algo que se va encontrando, que se descubre y es subjetivo, pues responde a las propias preferencias. Determinados significados personales tienen la función de aliviar esa búsqueda. Victor Frankl subrayaba la importancia de la trascendencia, de encontrar un significado de la vida que vaya más allá de uno mismo, de forma que brote el mundo de los valores. Es un proceso para convertirse plenamente en persona, como indicó C. R. Rogers.

Muchos no quieren ni oír hablar de balance o autoestudio. Otros, ni se lo plantean, porque lo importante es vivir y no preguntarse muchas cosas. Pero unos pocos sí lo hacen, y lo llevan a cabo desde la soledad. En ese encuentro con uno mismo se hace un balance[1] del recorrido por la propia historia y vemos cómo salen las cuentas de la vida personal. Cada cual ama según las ideas y creencias que tiene sobre lo que es afectividad. En la escuela de la soledad uno se cura de la soberbia y puede corregir el rumbo de su vida para volverse con más ternura hacia los demás.

Sin llegar a tanto, una buena dosis de soledad es necesaria simplemente para leer, estudiar, escuchar buena música y no andar de aquí para allá desparramados y vertidos en demasiadas cosas. La familia y los amigos son la mejor medicina contra la soledad negativa, y nos pone a salvo estar con alguien al que podemos llamar «amigo». Hacer esto es como decirle: «Contigo me siento acompañado, me gusta tu compañía, a tu lado saboreo las horas y me estimulas y, a la vez, me das paz».

Lope de Vega, el gran poeta del Siglo de Oro español, expresa esta vertiente positiva de la soledad con estos versos certeros:

> A mis soledades voy,
> de mis soledades vengo;
> porque para hablar conmigo
> me bastan mis pensamientos.

---

1. Igual que el amor conyugal descansa sobre el arte de la convivencia diaria, la soledad se basa en un encuentro con uno mismo que nos lleva a saber conversar interiormente. Todas las grandes decisiones, cambios y giros personales son posibles y nos rehacen, en y desde la soledad.

La palabra *soledad* deriva del latín: *solus, sola, solum*, que alude a la ausencia de compañía. En portugués el término es «saudade»: nostalgia, que procede de la segunda mitad del siglo XVI. En español puede tener varias acepciones:

1. Como adjetivo calificativo: «Es un ser solitario; me siento solo; estaba solo frente a todos».
2. Como adverbio de cantidad: «solamente».
3. Otras acepciones: «Es único, sin compañía».
4. La serie de sinónimos y expresiones afines es interesante: abandono, retiro, sin compañía, incomunicación, estar desierto de gente, clausura, sin protección en la vida, recoleto, cartujo, recogido.

Entre la *soledad positiva* y la *soledad negativa* hay un cierto espectro de posibilidades. Por una parte, debemos insistir en que aprender a ser persona es una operación dolorosa, que reclama saber estar solo. Y por otra, el peso angustioso de una soledad dañina puede ser destructivo. Soledad natural, propia de la condición del ser humano, y soledad artificial, que puede ser muchas veces el espacio al que uno se ve arrojado porque las circunstancias se han ido decantando en esa dirección. Es el caso de personas muy reservadas, tímidas patológicas, depresivas o en momentos de la vida en los que todo se presenta de forma negativa en un espacio de infortunio.

Cuando ponemos nuestros sentidos para olfatear la pista de la soledad, nos damos cuenta de que nuestro análisis salta como un felino agazapado sobre lo que habita en su interior. Una soledad excesiva deja sentada a esa persona en las esquinas de la melancolía. Es excelente para que nos ayude a mejorar. Es estremecedora cuando no es posible salir de ella y faltan recursos.

Hay *amistades ocasionales* que se dan de forma esporádica. Puede ser en un viaje, durante unas vacaciones, en un congreso, en un largo fin de semana... Se da una mezcla de sorpresa, satisfacción y deseo de poder avanzar más en ese conocimiento. A veces se produce un enamoramiento fugaz que, si se trabaja mediante el trato, puede dar frutos positivos y llegar a más. También existen las *amistades de las vacaciones*, que son aquellas que están centradas en esa época del año en la que uno está descansando. La coincidencia en un mismo lugar las acrecienta, aunque durante el resto del año esas personas casi no se vean porque viven en sitios alejados. Existen también las *amistades circunstanciales*, como la que tenemos con el librero más cercano, la persona del mercado que nos atiende con cierta frecuencia, el vendedor del quiosco de prensa que solemos frecuentar, la peluquera con la que tenemos una cierta relación, etc.

Soledad no es lo mismo que aislamiento. Estar aislado es estar sin relaciones, sin personas cerca con las que hablar y compartir, sin amores a la vista. La soledad es la condición natural del ser humano. Es, por decirlo de otro modo, la condición originaria. Estamos solos para vivir la vida y hacer de ella lo que nos parezca más oportuno, luchando por sacar lo mejor que llevamos dentro. Nadie puede hacerlo en nuestro lugar. Yo soy el responsable de mis actos y de seleccionar tal o cual vericueto existencial. Nadie puede amar o morir por uno. *Cada persona se las arregla como puede para diseñar su proyecto de vida* lo mejor que su capacidad le dé a entender. Pero siempre lo hace solo. Desde su soledad. ¿Quién elige malograrse? No obstante, son muchos los tirones y las pasiones que asoman y circulan a nuestro alrededor y que nos pueden sacar del camino inicialmente trazado, amplio y, a la vez, con sus márgenes bien concretas.

Soledad y compañía son dos ingredientes complementarios de la vida. Ambos son necesarios, cada uno en su momento cumple un cometido. Igual que cada sentimiento presenta dos caras opuestas y cada una de ellas es importante para reconocer lo que es la vida: alegría y tristeza, amor y desamor, felicidad y desgracia, éxitos y fracasos... Es el lenguaje hablado el modo de compartir las ideas. Sin el lenguaje verbal no sería posible la vida social. Las ideas viajan y sobrevuelan más allá de los sonidos que emiten: son claves para entendernos de verdad. Por las ideas se sale de la soledad y se va hacia la compañía. La compañía que se hace necesaria se convierte en amistad.

Llegados a este punto, quiero hacer una consideración que me parece oportuna. Hay dos tipos de bienes:

1. Los *bienes materiales*, que son aquellos que se pueden repartir y que podemos llamar útiles: una tarta en el postre de la celebración de una fiesta, el premio en metálico de la lotería, etc. Sirven de medio para conseguir un fin.
2. Los *bienes no materiales o intelectuales*, que tienen la característica de que se pueden compartir, porque pueden ser disfrutados simultáneamente por muchas personas: una buena conferencia, un paisaje precioso en un día de primavera, las leyes de un país, las ideas de un profesor, la amistad de una persona, etc. Éstos se encuentran en un orden superior y pueden tener utilidad además de encerrar el valor en sí mismos. Por eso el ser humano los busca con más intensidad. Los bienes intelectuales son valores. La amistad y la soledad están en este plano.

La socioterapia

Se denomina así a una forma de terapia psicológica que resulta de especial ayuda en el tratamiento de trastornos como depresiones, ansiedad, alteraciones de la personalidad, etc. Es un procedimiento complementario de otros sistemas, como la farmacología o la laborterapia, por citar sólo algunos. La definimos como el conjunto de tratamientos encaminados a conseguir que una persona pueda mejorar sus relaciones interpersonales de tal manera que éstas le ayuden a alcanzar más equilibrio psicológico y mayor calidad de vida. No debemos vivir de espaldas a nuestro entorno. La soledad, el aislamiento, la falta de soporte familiar y social pueden determinar que un trastorno leve o mediano, por ejemplo una depresión, adquiera un mal pronóstico porque esa persona vive sola, no conoce a nadie, está separada, viuda o soltera.

El apoyo social es muy importante y ha sido muy estudiado en el campo de la salud mental en general y de la depresión en particular. La calidad de las relaciones familiares y sociales, su consistencia y positividad, pronostican la evolución de muchos trastornos hacia su mejoría, primero, y hacia la curación después.

La socioterapia resulta especialmente útil en personas que muestran algún tipo de patología social: *gente sin amigos, sin relaciones familiares o que mantiene relaciones superficiales, vacías y de escaso interés*. En suma, personas cuyo principal problema es la soledad, que puede experimentarse, en el mundo actual, incluso en medio de la multitud apresurada. La sociedad moderna, generadora de soledad en medio de grandes ciudades con mínimas relaciones humanas, crea muchos ejemplares de ese «lobo estepario» del que habló Herman Hesse.

Esta forma de terapia incide en la necesidad de evitar el aislamiento y en el aprendizaje de estrategias para relacionarse más y mejor. Cultivar amistades por propia iniciativa, mejorar las relaciones existentes y evitar los comportamientos pasivos son algunos de sus objetivos principales. Es importante hacer una historia clínica en la que quede consignado qué tipo de vida familiar y social lleva el paciente, para así tener un perfil de su entorno. No obstante, salvo casos de aislamiento masivo, estos datos no son los más determinantes, aunque influyen en el proceso general.

La socioterapia se encuentra también indicada para personas tímidas o con una forma de ser pesimista. La visión pesimista, a menudo combinada con una personalidad centrada en uno mismo, genera dificultades con el entorno y produce una tendencia a sentir displacer ante cualquier acontecimiento de la vida. El ánimo de estas personas, inclinadas a la soledad, está habitado por una combinación de pesimismo, tristeza, aburrimiento y apatía.

Esta conducta se solapa a veces con otras manifestaciones, pero en la mayoría de los casos nos encontramos ante un estilo patente, claro, diáfano. Es una persona que tiende a reducir su vida exterior y sus intereses, y en ella van creciendo la preocupación obsesiva y un continuo rumor interno. Al centrarse en el propio yo, suelen tener pocas amistades.

Se da entonces lo que llamamos «génesis asertiva», que consiste en la tendencia a la soledad, al aislamiento social y a permanecer instalado en un sistema del que no se sabe salir al exterior para entablar unas relaciones sociales mínimamente correctas. En este sentido, la socioterapia requiere estrategias que mejoren las relaciones interpersonales, un amplio abanico que va desde la vida conyugal a la familiar, pasando por establecer una sana y equilibrada interacción con los amigos.

La aplicación de un programa de socioterapia puede corregir muchos de estos problemas, aunque en los trastornos de la mente y del alma las soluciones nunca vienen por un único camino. No olvidemos que la psiquiatría es una rama de la amistad. Es la especialidad más humana de la medicina. La psiquiatría es ciencia y arte, rigor y estilo, contenido y forma.

Veamos, antes de seguir adelante, un pequeño autoexamen sobre aislamiento. El amable lector debe contestar con sinceridad a estas preguntas y luego analizar las respuestas para evaluar su grado de aislamiento:

—¿Me comunico y me relaciono peor que antes?
—¿Me cuesta más establecer relaciones, comunicarme, salir o distraerme?
—¿Me cuesta bastante establecer relaciones?
—¿Me paso el día solo y sin hablar con nadie?
—¿Son totales mi incomunicación y mi soledad?

Una mayoría de respuestas positivas indicará una mala situación en lo relativo a las relaciones interpersonales. La solución depende tanto de la voluntad de superar los problemas como de recurrir a la ayuda de un profesional.

Caso clínico 1: una mujer que se siente sola

Para ilustrar lo antedicho vamos a conocer un caso clínico extraído de mi experiencia como profesional. Se trata de una mujer que, pese a estar casada, aseguraba sentirse sola. Es un matrimonio en el que el marido tiene 59 años y la esposa, 51. Tienen cuatro hijos y su nivel socioeconómico es medio-alto. El marido nos comenta:

«Yo siempre he sido un luchador nato en mi trabajo. Ahora echo una mirada hacia atrás, y cuando veo lo que he hecho profesionalmente en los últimos veinte años, me asombro. Pero luego está mi vida matrimonial, que de vez en cuando parece amenazada con momentos muy malos y situaciones en las cuales no veo otra salida que separarme.

»Mi esposa siempre me quiere controlar. No tiene habilidad en el trato conmigo. Siempre se está quejando de que no le hago caso, y dice que no me ocupo de ella. Y yo no tengo conciencia de eso. Hemos venido a su consulta porque ella me lo ha pedido... Aunque, la verdad, yo creo poco en los psiquiatras».

A esta argumentación respondió la esposa:

«Mi marido está todo el día trabajando y me hace poco caso. Hay momentos en los que pienso que no estoy casada con él, pues compartimos pocas cosas. Me rebelo y de vez en cuando necesito desahogarme y decirle lo que pienso. Él cree que con el dinero que me da o la situación económica que tenemos está todo resuelto, y está muy equivocado. Me siento una mujer insatisfecha. He pensado varias veces en separarme, pero en serio. Ahora ha llegado el momento de arreglar la situación o de separarnos definitivamente».

Este ejemplo extremo puede muy bien extrapolarse a la situación de algunas amistades que se rompen por una falta de comunicación en lo que concierne a las expectativas de cada cual. Una situación como ésta, en la que una persona se siente sola e insatisfecha a pesar de tener cubiertas sus necesidades materiales, requiere un tratamiento específico que empieza por lo que denomino «rastreo psicológico», es decir, una serie de peticiones sobre qué quitaría y qué añadiría a la conducta del cónyuge (o del amigo, en nuestro caso), para lograr una mejor armonía en la relación interpersonal.

Llegados a este punto, y dado que las peticiones que hacemos a los demás suelen ser vagas y abstractas, es preciso establecer un programa de conducta basado en reforzar de forma activa los aspectos positivos. Como en todo problema de relación, es preciso clarificar los objetivos. En el caso clínico que describimos, la mayor parte de las sesiones se realizaron por separado. La mujer, en su lista de peticiones, destacó:

—Que su marido trabajara menos para que dispusiera de más tiempo libre que dedicar a la familia. En relación con esto, pedía que el marido dejara de quejarse continuamente de lo ocupado que está.

—Incrementar el diálogo familiar.

—Hacer que el marido se volviera más atento con ella, que tuviera más detalles, que le llamara por teléfono desde el trabajo, etc.

—Que él no pretenda tener siempre la razón y que aprenda a pedir disculpas.

Como contrapartida, las peticiones del marido eran:

—Que su esposa no sacara siempre a relucir los agravios del pasado, fueran reales o no. En general, que ella evitara discutir por cualquier motivo.

—Que no le pida dinero constantemente.

—Que no le corrija o le discuta delante de los hijos.

—Normalizar las relaciones sexuales, y que ella no las instrumentalice después como argumento en contra de él.

Es, en definitiva, un caso bastante representativo de la *soledad acompañada* del mundo moderno, cuyas conclusiones son extensibles a las relaciones amistosas o pretendidamente amistosas que a menudo se establecen sin un fundamento profundo. El tratamiento consistió en un programa de refuerzo centrado en limar asperezas y en establecer una relación apoyada en el respeto mutuo.

Caso clínico 2: el síndrome del último tren

Un proceso típico de nuestra sociedad actual, centrada en el hedonismo y la prisa, es este síndrome, que alberga una colección de síntomas y actitudes que iremos viendo someramente a continuación. En general se da en personas de mediana edad que, de repente, sienten que no han vivido lo bastante y desean «recuperar el tiempo perdido» buscando nuevas sensaciones con nuevos amigos. Este tipo de conductas desordenadas pueden, a su vez, influir en el entorno, como podemos ver en el siguiente ejemplo, protagonizado por una persona aquejada de depresión reactiva tras experimentar su mujer ese curioso síndrome.

El paciente es un hombre de cincuenta y siete años, casado con una mujer de cincuenta y dos. Ambos son profesionales liberales con un nivel cultural alto. Tienen cuatro hijos, de veintiuno a catorce años. El hombre me comenta lo siguiente:

«Llevamos más de veinte años casados. Hace dos años empezamos a tener problemas entre nosotros y esto me ha provocado una fuerte depresión. Me siento hundido y mi vida se desploma delante de mí. Es como si la tierra se hubiera abierto bajo mis pies. Me he planteado suicidarme o desaparecer de alguna manera, irme a la otra punta del mundo. Estoy destrozado.

»Mi mujer acabó los estudios de Filosofía y Letras, pero no tenía verdadera vocación. Dio algunas clases en colegios al acabar la carrera, pero no le gustaba. Empezó a impartir clases de Psicología, que era lo más parecido a sus estudios, pero no le gustaba mucho. Fueron pasando los años mientras ella seguía muy de cerca mi carrera profesional como arquitecto y me aconsejaba. Hace unos cinco años mi mujer se inscribió en unos cursos de pintura y poco a poco fue entrando en un círculo de pintores jóvenes de nuestra ciudad. Se fue entregando a ello poco a poco, de forma progresiva. Al principio era un día a la semana; luego, a los pocos meses, un par de días; y algunos meses después, tres días. Cada vez volvía más tarde a casa y se iba distanciando de la familia, tanto de mí como de sus hijos.

»Hizo un par de exposiciones y tuvo bastante éxito. Vendió algunos cuadros y esto la cambió. Empezó a viajar por distintas ciudades y se dedicó a la pintura profesionalmente. Yo la he apoyado siempre. Es más: cuando su trabajo de profesora dejó de gustarle, hablé con ella para que buscara otro empleo que encajara mejor con ella. También la he animado en la pintura, pero este desentendimiento de mí, de sus hijos y de la casa es demasiado.

»Los dos últimos años han sido muy negativos. Ella me ha dado a entender que ya no está enamorada de mí. Me ha dicho que no me admira, que me he convertido en una especie de funcionario de la arquitectura. Dice que necesita un espacio nuevo, salir de casa y vivir una vida independiente. Que quiere novedades, sorpresas, incentivos… Y yo la verdad es que no sé qué hacer.

»Se niega a venir a la consulta porque dice que el problema es mío. Ella asegura que se encuentra mejor que nunca. He intentado hablar con ella para ver dónde están mis errores y poner de mi parte lo que haga falta para corregirlos, pero la comunicación es imposible. Lo último que me ha dicho es que me quiere, pero que ya no la lleno. Se considera una mujer tan "auténtica" que lo único que desea es libertad, irse de casa y vivir su vida. Me siento desconcertado. La verdad es que siempre fue una mujer caprichosa, y quizá la culpa ha sido mía, porque me casé muy enamorado. Era guapísima, llamaba la atención, la gente se daba la vuelta para mirarla. Además era divertida, ingeniosa, ocurrente...

»Mis hijos están muy afectados. Me ocupo yo de las tareas de la casa cuando vuelvo del trabajo. Desde hace unos meses duermo muy mal, tardo en coger el sueño un par de horas, tengo pesadillas, me despierto antes de tiempo y no dejo de darle vueltas a lo que está pasando. He empezado a faltar al trabajo. Como arquitecto tengo que ir a las obras en marcha, pero muchos días me quedo en casa porque no tengo fuerzas para enfrentarme a nada. Lloro a menudo, me quedo pensativo, he adelgazado ocho kilos...

»Mi mujer abandonó la casa definitivamente hace tres meses. Vive en un apartamento, dedicada a pintar. Nos hemos enterado de que sale con un galerista muy conocido, que promociona sus cuadros y le dice que lo que tiene que hacer es pintar y dejar todo lo demás. Mi mujer no reconoce que sale con él —es cinco años más joven que ella—, pero mucha gente me ha dicho que los ha visto juntos».

Durante la entrevista le interrogo acerca de las quejas que ella dice tener de él. Al parecer, ella se lamenta de no recibir apoyo de su marido, y asegura que éste no entiende nada de arte. Sobre todo asegura que se aburre con él. Al preguntarle si él considera que alguna de estas quejas tiene fundamento, reconoce que quizá no muestra por la obra pictórica de su mujer un excesivo entusiasmo.

Tras hablar con el marido y prescribir un tratamiento contra su depresión reactiva, fruto de la ruptura de la relación, decido hablar con la mujer. Me puse en contacto con ella por teléfono y me confirmó que ya no estaba enamorada de su marido, aunque seguía sintiendo afecto por él. Quedamos para hablar en la consulta, pero finalmente no apareció.

La separación se consumó poco después. El tratamiento farmacológico prescrito al marido mejoró algo su estado. Sin embargo, el problema generado por su intenso sentimiento de soledad y abandono requiere algo más: una reorganización de la vida, de forma que pueda seguir adelante con sus hijos y su trabajo.

En este ejemplo podemos ver tanto el efecto negativo de la soledad, como la influencia perniciosa que, en ocasiones, pueden tener ciertas amistades sobre el comportamiento de las personas. En el caso del marido, la depresión aparece como una reacción. En general, muchas situaciones estresantes o entristecedoras, como puede ser la soledad, generan lo que llamamos reacciones adaptativas. Implican la aparición de síntomas emocionales o conductuales fuera de lo normal. El término fue acuñado por la American Psychiatric Association, y para que una reacción se considere adaptativa debe aparecer en un periodo máximo de tres meses una vez surgido el factor desencadenante.

Los factores desencadenantes, que deben estar perfectamente identificados, son muy variables: problemas laborales, crisis de pareja, ruptura de relaciones, dificultades económicas, conflictos familiares, enfermedades graves, etc. Estos factores pueden aparecer aislados o darse varios a la vez, combinados o alternativamente. Las reacciones adaptativas pueden ser de muy diversos tipos: ansiedad, depresión, alteración del sueño, cambios en la conducta, etc.

La soledad: nuestra condición originaria

El ser humano necesita tanto la soledad como la compañía. El juego de opuestos le da valor a cada hecho o circunstancia. *Lo negro se percibe en contraste con el blanco, la oscuridad con la luz, la suciedad con la limpieza, el caos con el orden, la vida light con la vida lograda*. Así es la condición humana.

Se aprecia mucho estar acompañado y poder conversar, sobre todo desde lo que es sentirse uno solo, aislado y sin contacto con nadie. La soledad significa la posibilidad de hablar con nosotros mismos, de recogernos y bucear en lo que estamos viviendo. Sin embargo, ya hemos visto cómo la soledad puede ser un arma de dos filos: nos ayuda a poner orden dentro de nosotros y analizar hechos y experiencias; pero al mismo tiempo una soledad excesiva pesa, se vuelve dura, incómoda y dolorosa. Alexandr Solzhenitsyn, en su célebre libro *Archipiélago Gulag*, relata un fresco de horrores en la Rusia comunista, en donde las purgas, el hambre, la policía secreta, el trato vejatorio e inhumano estaban a la orden del día[2]. El paraíso del proletariado ocultaba hechos terribles, demoledores. Casi todos los derechos humanos eran violados con alevosía. Como nos cuenta el autor en su texto doliente, en aquella situación la compañía era como un bálsamo: te daba la posibilidad de hablar y dialogar, de sentir que alguien te llamaba por tu nombre. Permitía tener un trozo de afecto en aquel clima de pánico y terror organizado. Algo similar nos cuenta Victor Frankl en *El hombre en busca de su sentido*, refiriéndose él a la experiencia en el campo de concentración nazi de Auschwitz, en donde rodeado de lo peor pudo tener encuentros de amistad verdadera que fortalecieron su alma[3]. Es la paradoja de la vida humana.

---

2. Hubo muchos disidentes conocidos, como Boris Pasternak, Sajarov o Vaclav Havel, en todo el bloque comunista, pero el disidente por excelencia fue Solzhenitsyn, que nos contó descarnadamente cómo el comunismo se había corrompido en la estepa.

3. Estando en su encierro nazi, diseñó la que sería su gran aportación a la psiquiatría, el método de tratamiento llamado logoterapia. San Pablo escribió mientras estaba preso una serie de libros estelares, las denominadas Cartas desde la prisión, que son excepcionales: Efesios, Colosenses, Filipenses y Filemón. Kafka hizo algo parecido, con la mala suerte de que sus libros no fueran conocidos mientras él vivía y todo se recuperó gracias al albacea de su testamento. Así tenemos *La metamorfosis* o *El castillo*. Otro caso es el de Nguyên Van Thuân, sacerdote vietnamita injustamente encarcelado y cuyo caso veremos más adelante. Algunas per-

Todo ello forma parte de nuestra conciencia social. El ser humano es un ser social, y su existencia no tiene sentido fuera del conjunto de toda la humanidad. Es en nuestras relaciones con los demás donde podemos dar lo mejor —y lo peor— de nosotros mismos. La sociedad actual vive bastante de espaldas a todos los grandes valores morales y éticos. Es una sociedad indiferente que, a su vez, genera un tipo de persona sumamente vulnerable. La amistad puede solucionar este problema, pero ha de ser la verdadera y profunda amistad basada en la conexión del espíritu, no esa amistad superficial que al principio parece atractiva, chispeante y divertida, pero luego ofrece su auténtica imagen. Es decir, un vacío hedonista, materialista, sin ideales, evasivo y contradictorio. Frente a esta situación es preferible, en mi sincera opinión, la soledad. Pero una soledad heroica, y franca, de autodescubrimiento, llena de dimensiones profundas. Frente a ésta se erige un tipo de soledad indiferente, característica de la sociedad moderna, que no conduce al análisis de uno mismo ni nos sirve para avanzar en el camino de la existencia.

La soledad creativa y la comunicación interior apenas se dan en la persona actual, dominada por la banalidad, que apenas o nada se interroga sobre lo trascendente, sobre aquello que obliga a replantearse la existencia de un modo nuevo. Muchas personas viven en una soledad sin rebelión personal. Y en este entorno es donde aparece una forma de relación con el otro completamente resquebrajada. Pensemos, por ejemplo, en la cantidad de personas separadas que, no obstante, viven «casadas» con su trabajo, estableciendo relaciones, tanto amistosas como sentimentales, muy débiles, con escaso afecto y sin apenas profundidad. En mi

---

sonas, en las circunstancias más duras y adversas, son capaces de crecerse y dar lo mejor que llevan dentro.

experiencia como profesional de la psiquiatría he escuchado a menudo expresiones del tipo «prefiero estar solo una temporada». La impresión, a primera vista, es buena, puesto que la soledad puede ser fuente de reflexión positiva. Sin embargo, un análisis más pormenorizado y a largo plazo suele demostrar que esa persona no ha sabido aprovechar la oportunidad. Todo es apariencia. Sin embargo, cuando se desea cambiar, es necesario esforzarse. Si no hay apenas argumentos ni un verdadero deseo de reforma personal, se pone de manifiesto la dicotomía, casi esquizoide, del ser humano actual, perdido en una doble vida —profesional y humana— que no sabe conciliar.

El gran problema radica en que el ser humano moderno, atrapado en una sociedad acelerada y consumista, basa sus principios éticos en un mito profundamente negativo: el narcisismo que conduce a la *subjetividad*, el *individualismo* y el *materialismo*. Hoy en día vemos a un ser humano centrado en sí mismo, en su personalidad y en su cuerpo, con un individualismo atroz, desprovisto de valores morales y sociales, y por si fuera poco, desinteresado por cualquier tema de auténtica trascendencia. La perspectiva vital, en este entorno, carece de toda solidez. Sólo importa la visión subjetiva y nada es válido, salvo lo que a uno mismo atañe de forma inmediata, sin perspectiva vital: hedonismo, consumismo, permisividad, relativismo. Con tal actitud no resulta extraño comprobar como en el laberinto moderno tantas personas, rodeadas de gente a todas horas, se sienten, sin embargo, desesperadamente solas.

Cervantes, en su novela ejemplar *Rinconete y Cortadillo*, nos cuenta la historia de unos pillos que en el patio de Monipodio se movían con soltura, engañando al hambre con la risa. En esta situación la amistad de conveniencia era la moneda corriente en el trato. Rinconete y Diego Cortado comparten sus aventuras y, jugando a las cartas, desplumаn a los labriegos que llegan a la Venta del Molinillo: ellos se juran amistad perpetua. También aquí estos ladrones de mediana estatura se acogen el uno al otro.

Orwell, en *Burmese Days*, nos cuenta la historia de una amistad en la Birmania controlada por el Imperio británico, en una época en la que el mundo se dividió en dos secciones diametralmente opuestas: los ricos y los pobres estaban tan separados que no parecía posible que existiera un puente de amistad entre una y otra ladera. Pero fue posible establecerlo[4].

La soledad impuesta, no buscada, está llena de ausencias, es dura de llevar y puede ir convirtiendo a la persona en agria, amargada o resentida, lo que tal vez le predisponga a tomar la compañía de alguien que casualmente pase por su vida y, por no estar solo, la escoge. Esa soledad es mala, dañina, perniciosa, y le torna a uno incapaz de compartir de verdad la vida con los demás. Es soledad no buscada a la que se ve alguien arrastrado por las mil y una circunstancias de la vida.

Para estar bien en soledad hay que tener un cierto equilibrio psicológico. Y además poseer una cierta vida interior, un mundo privado de cierta riqueza humana y cultural[5]. La persona

---

4. Charles Taylor, en su libro *La ética de la autenticidad*, nos menciona tres formas de malestar que impiden la amistad: el individualismo, el ser una persona llena de lógica y razones muy alejadas de la afectividad y, en tercer lugar, la dificultad para ser libre o independiente.

5. Los cartujos son unos monjes de vida contemplativa, cuya orden fue fundada en el siglo XII por un alemán, san Bruno. Llevan una vida retirada, viviendo en celdas individuales y con escasa vida en común, dedicados a la contemplación de Dios. En el año 2007 y con motivo de una conferencia mía en la ciudad española de Burgos, visité la cartuja de Miraflores y pude entrar dentro de ella y conocer a la persona dedicada al avituallamiento de la misma, un californiano que vino a hacer una experiencia monástica y se quedó allí. Su nombre es Joseph M. Modden. Me contó su vocación: «Yo buscaba el recogimiento y la soledad para poder escuchar

equilibrada alcanza ese estado después de un trabajo de artesanía psicológica. Es la tarea de poner en la balanza corazón y cabeza, sentimientos y razones, ilusiones y realidades. En la madurez se busca una cierta soledad que es serenidad e intento de detener el tiempo: es como si la vida trepidante que solemos llevar en la gran ciudad se parara por unos instantes y fuéramos capaces de entrar en nuestro interior para examinarnos sin extremismos, para hacer un cierto balance[6] y volver luego al trajín diario con nuevas energías.

La soledad es nuestra condición originaria porque resume la esencia del ser humano. Estamos solos con nosotros mismos y no podemos escapar de ahí: lo que somos y para lo que vivimos. El poeta Rilke nos recuerda «que en la medida en que estamos solos, el amor y la muerte se aproximan». Y la sentencia me parece muy fructífera: nadie puede amar por nosotros ni morirse por uno mismo, son dos experiencias singulares propias e insustituibles. Pascal decía que «uno se muere solo». *La soledad es el lugar donde le tomamos el pulso a la vida y nos damos cuenta de nuestra realidad última*. Por eso, ante las situaciones en las que percibimos lo negativo de nuestra existencia o los fallos y errores habidos, lo que hacen muchos es escapar de la soledad para no pensar. Nadie puede vi-

---

mejor a Dios y vi en esta vida monástica la razón de ser de mi existencia. Llevo aquí veinte años y no cambiaría esto por nada. Soy inmensamente feliz. Cuando tengo que salir del monasterio para hacer algún recado o acompañar a otro monje al médico, sufro con el ruido y la gente y los gritos y estoy deseando volver a la cartuja y sumergirme en nuestra atmósfera de silencio, oración y soledad. Amo la soledad: es la puerta para hablar con Dios».

6. Hacemos en esas circunstancias un cierto balance existencial, como si saldáramos cuentas con nosotros mismos. Esto requiere sencillez y ganas de cambiar, porque el ser humano es un animal descontento. La mejor de las vidas presenta rotos, heridas, sinsabores, defectos ostensibles, fallos rotundos y cada uno, en esa *soledad buscada*, debe saber perdonarse a sí mismo y volver a empezar con amor y conocimiento.

vir en nuestro lugar. Puede simular que está en nuestro pellejo, pero de un modo psicológico, no real. Comprender es aliviar, pero comprender también es ponerse en la piel del otro.

Caso clínico: un problema de aislamiento social

Las cuestiones sociales cobran cada día más importancia. Los aspectos más llamativos del fenómeno hay que verlos a través del aislamiento, la soledad, la incomunicación y otros problemas derivados, entre otras razones, de un estilo de vida en exceso monótono. Veamos un caso clínico ilustrativo de ello.

La paciente es una mujer de sesenta y un años que reside en Madrid, aunque es de origen catalán. Soltera, vive con dos hermanos. Uno tiene cincuenta y cuatro años y no trabaja; la otra tiene sesenta y cinco y acaba de jubilarse de su trabajo en la Administración pública.

Siempre fue una mujer inteligente, despierta y avispada, y aunque al principio no quiso dedicarse a los estudios, a partir de los veinticinco estudió la carrera de agente de la propiedad inmobiliaria, si bien nunca llegó a ejercer la profesión. Ha mostrado durante toda su vida inquietudes culturales: iba a conferencias, exposiciones, reuniones literarias... Sin embargo, la irregularidad en sus actividades y la falta de relaciones profundas fueron alejándola poco a poco de la realidad. De pequeña y de joven se llevó muy mal con su madre, que llegó a echarla de casa en varias ocasiones. Esto le produjo un fuerte trauma. Apenas salió con chicos y casi sin darse cuenta se le pasó la edad de casarse.

Durante la entrevista, en la consulta, manifiesta:

«Me encuentro en una situación dramática. Quiero morirme. Vivo en una casa en la que casi no nos hablamos. Mi hermano es muy corto de entendederas, y con mi hermana no hay comprensión. Me duele todo. A veces pienso que tengo alguna enfermedad grave, quizá un cáncer. Me encuentro muy triste, sin ganas de nada, angustiadísima, sin ilusiones, pensando todo el día en enfermedades y síntomas que noto a todas horas. He perdido mis antiguas relaciones, casi no salgo de casa y cada vez me encuentro peor. Veo que mi vida no tiene sentido».

Es un caso típico de ansiedad con un origen sociogénico. Un tipo de vida rutinario y aburrido, combinado con una falta notable de relaciones humanas y una convivencia doméstica conflictiva, han creado un cuadro patológico en el que, además, quedan de manifiesto algunos síntomas clásicos, como la hipocondría, muy frecuente en aquellos casos en los que la ansiedad no puede canalizarse de otro modo. Con este ejemplo queda claro cómo los factores sociales pueden incidir en un trastorno de ansiedad.

La soledad como silencio y recogimiento

La libertad es una de las notas que definen a la persona. Y otra es la soledad, que permite alcanzar la grandeza de recogerse sobre uno mismo y explorar lo que nos pasa, lo que circula dentro de nuestro ser, lo que hace y representa, la imagen que da hacia fuera y la real, que habita en esa soledad silenciosa y sonora a la vez.

La libertad es el gran ideal romántico. Todo el pensamiento del siglo XIX se ve recorrido por esta palabra. La libertad se realiza en profundidad gracias al sentido cristiano de la vida: en él adquiere un valor incondicional, porque está presidido por la caridad, que mira siempre al otro al mismo nivel que a uno mismo. El ser humano no es sólo aspiración de libertad, sino también un conjunto de elementos biológicos, afectivos, racionales, culturales, etc. *La libertad absoluta se da en Dios, en quien la esencia y la existencia coinciden*. El hombre tiene una *libertad relativa*, ya que depende de su genética, de su biología corporal, de sus sentimientos y argumentos, de su trabajo, del espacio y del país donde vive... La Revolución francesa postuló la idea de abolir el sistema vigente, partir de cero y empezar de nuevo. Dostoievski decía que «nada es verdad, todo está permitido». Sin embargo, la libertad no puede significar una independencia total, ya que no depender de nada ni de nadie es una ilusión, una quimera.

Libertad y soledad forman un binomio clave en la vida. Las relaciones con los demás y con uno mismo forman dos escenarios decisivos de la existencia. Necesitamos a los demás para vivir. Debemos, igualmente, integrar todos los factores que residen en nuestro patrimonio psicológico[7]. La libertad importa más que la soledad, el amor, más que la belleza y la vida, más que la obra. Pero todas ellas forman un conjunto espléndido de ingredientes a los que debemos aspirar, alcanzando una buena armonía entre ellos. Esto presenta ciertas dificultades. Es la fragilidad propia de la vida misma. Lo primero es la vida: saber vivir es arte y oficio, corazón y cabeza, sentimientos y razones, intuición y talento.

En un libro como éste, sobre la amistad, escrito por un psiquiatra europeo, abundan las notas psicológicas y las psicopatológicas, lo normal y lo anormal, lo sano y lo enfermo. Tener un buen amigo es contar con alguien en todos los momentos y estaciones de la vida. Es la posibilidad de dar todas las explicaciones posibles, sabiendo que hay alguien que nos entiende,

7. No hay persona sin un proceso de formación de la personalidad. No lo perdamos de vista.

nos conoce, nos perdona y es capaz de animarnos a superar los fracasos y errores para hacernos volver de los caminos perdidos. Un problema serio, en la soledad de uno mismo, puede ser deformado y agigantado y nos hunde, conduciéndonos a la desesperación. En esas situaciones nos falta perspectiva, visión global de los hechos, porque estamos dentro del problema y no podemos salirnos de él. El amigo verdadero aporta una captación más amplia de los hechos, pero sin olvidar lo que he comentado en otras partes de este texto: no quiere ninguna verdad que no esté acompañada de amor. Las verdades negativas de uno mismo, cantadas y coreadas por otros, si no están envueltas en amor, son destructivas y abocan al desaliento.

Ahí entra la soledad de nuevo, la posibilidad de reflexionar y ver cómo vamos. Y a la vez la compañía auténtica, que nos devuelve la mirada sobre lo que realmente somos, hacemos y aparentamos, y lo que debemos cambiar y soltar como un lastre negativo. Todo eso es apasionante[8] y lleno de fuerza. La soledad no es aislamiento (que es estar sin contactos ni relaciones), sino ser uno mismo sin la ayuda y el recurso de los demás. Y eso cuesta. Decía Buda que «el hombre nace solo, vive solo y muere solo». Cristo dice: «Venid a mí los que estáis cansados y agobiados, que yo os aliviaré». La soledad se hace trascendente si nos ayuda a mejorar. La soledad positiva nos invita a rectificar el rumbo. La soledad negativa conduce a la

8. Horacio hablaba del *carpe diem*, el aprovechar el momento, disfrutar el día, lo que significa una apuesta por el presente. Para el reloj y saborea esto que estás haciendo ahora. Debo estar en lo que estoy, ésta es la oportunidad de ahora mismo. Es una afirmación inmediata y directa, punto de encuentro de psicólogos, poetas, místicos y pensadores. Es lo que Bobin llama *el octavo día de la semana*, un sorbo de eternidad. La fugacidad del tiempo, que vuela, es detenido por el arte y la magia de uno mismo. Entramos así en el *carpe aeternitatem*, el vivir la eternidad.

amargura, al rencor, al repaso obsesivo de hechos duros que nos deslizan hacia la neurosis.

Nadie puede vivir por nosotros. Nadie vendrá a llevar las cargas de nuestra existencia. El amor verdadero cura la soledad negativa; el amor falso la distrae. La soledad es amor si nos reconcilia con nosotros mismos y con los demás. Rilke plasma esto en una poesía muy expresiva:

> Dos soledades se protegen,
> se completan, se limitan e
> inclinan la una hacia otra.

El amor es soledad compartida, iluminada, suavizada con el apoyo del otro. El desamor es soledad destruida, que nos deslumbra sin iluminarnos y que se torna árida por ausencia del otro. La filosofía tiene aquí mucho que decir[9]. Y también la psicología y la psiquiatría: la primera como conducta sana; la segunda como conducta enferma.

Insisto, una dosis de soledad es creativa. Más soledad es tener más conocimiento de uno mismo y de nuestro ambiente; es también más libertad y posibilidades. Nos lleva a una relación lúcida

---

9. Leo con fruición dos libros sobre la soledad, sin desperdicio. Uno de un filosofo francés actual, Comte-Sponville, *El amor, la soledad*. Su tesis, a través de tres entrevistas que le hacen al autor, indica que soledad y amor están muy próximos: «Ser feliz es poseer lo que se desea y todo amor es alegría que se acompaña de una causa exterior». El otro libro es de Miguel Morey, un filósofo español que ha publicado *Pequeñas doctrinas sobre la soledad*. En su obra nos invita a huir del barullo ensordecedor de la modernidad y de los reclamos permanentes de la sociedad para sumergirnos en el silencio, que nos permite dialogar con nosotros mismos y escuchar lo que anida en nuestro mundo interior. La escenografía es similar: *la soledad es un espacio recogido y solemne que hay que llenar de conocimiento propio y ajeno*. Ésa es su grandeza en positivo.

con nosotros mismos[10]. Por otra parte, una excesiva soledad pesa, aísla, destruye, hace la vida poco soportable e incluso lleva a pasar el tiempo con la primera persona con que uno se topa, para no estar solo, para no padecer por falta de compañía.

Recordemos siempre que sólo desde la soledad puede el ser humano iniciar la reconstrucción de su propia vida. Es como si el dolor quisiera enseñarnos una lección profunda sobre la realidad de la existencia: nos ayuda a replegarnos sobre nosotros mismos y nos invita a la soledad. Ésta es la lección que nos trae la tristeza: en ella, a veces, el dolor y el sufrimiento se mezclan, conviven, se imbrican, se alimentan el uno del otro y dan lugar a una experiencia de malestar singular y profundo. Sin embargo, no olvidemos tampoco que el dolor es la piedra de toque que ayuda a la maduración personal.

La tristeza nos hace buscar la compañía tanto de la familia como de los amigos, pues ésta representa un alivio y además permite eludir la soledad. Así, por ejemplo, la muerte de un ser querido se sobrelleva mejor si uno está rodeado de amigos y conocidos que, de alguna manera, comparten con nosotros esos momentos de dolor. Resulta curioso comprobar que la tristeza de origen patológico, en concreto la depresiva, produzca el efecto contrario: se busca más soledad todavía, pues se piensa que nadie puede comprender lo que nos sucede. Además, se vive la experiencia de una profunda incomunicación. Más adelante, cuando ya ha transcurrido un cierto tiempo, la soledad toma asiento en esa personalidad atacada

10. La soledad bien entendida es de los héroes, de los santos, de la madurez: *está formada de serenidad y benevolencia*. El que está siempre rodeado de gente, como un profesional de las relaciones públicas, pero sin ahondar ni en él mismo ni en lo que pasa a su alrededor, se termina convirtiendo en un charlatán de feria que quiere estar en todo y relacionarse una y otra vez, pero sólo por estar allí, por no perderse nada. Yo no quiero esa compañía que no aporta nada ni invita a pensar.

por la depresión, lo que genera sensaciones de desesperación. Es una soledad destructiva que hace perder el sentido a todo.

En lo que se refiere al plano motor, tanto la tristeza normal (o psíquica) como la depresiva producen una inhibición intensa: la persona se queda como paralizada, bloqueada, abstraída, quieta, detenida. Se genera una disminución de toda la motilidad. Aunque la tristeza psíquica tiende a ser la dominante, a medida que pasa el tiempo y se corrige la vivencia desencadenante, la persona vuelve a su estado de ánimo normal. En la tristeza depresiva, sin embargo, la inhibición que lleva a la soledad tiende a instalarse a largo plazo. Podemos ver este efecto negativo de la soledad en un caso práctico.

Caso clínico: un ejemplo de evolución positiva

Acude a la consulta un hombre de 30 años, economista, que está preparando su tesis doctoral. Tiene tres hermanos y viene acompañado de su padre. Nos comenta:

«Llevo mal bastante tiempo, porque soy una persona muy introvertida, retraída, y siempre me ha costado mucho relacionarme con la gente. Hace dos años me fui a estudiar fuera de la ciudad en donde nací, para salir de mi casa, pues me sentía muy atrapado por mi familia y casi sin vida propia. En los últimos tiempos me siento triste, sin ganas de nada, bloqueado y más inseguro. Tengo miedo a salir a la calle y rindo cada vez menos en los estudios. Me cuesta retener lo que leo y tengo la tesis bastante parada».

En la entrevista personal salen a relucir muchos aspectos de la personalidad de Emilio. Se considera muy tímido y se recuerda así desde siempre. En el colegio prefería estar solo o como mucho con su compañero de pupitre. Si tenía que ir a una fiesta, no hablaba, y si podía, se quedaba en casa o decía que se encontraba con fiebre o que tenía colitis. Se considera una persona sensible, a la que todo le afecta mucho. Le da muchas vueltas a las cosas y las analiza una y otra vez. Se siente acomplejado y se considera más feo que los demás y con menor capacidad intelectual. Ha conseguido terminar la carrera a fuerza de voluntad. Es obsesivo y pesimista, y experimenta mucho miedo ante la idea de fracaso. Le gusta leer y practicar deporte, pero sale poco porque tiene pocos amigos, que además no viven en la ciudad en la que él está.

Su ánimo muestra tristeza, apatía y decaimiento. Piensa que su problema no tiene solución. Se siente nervioso constantemente, y esta ansiedad genera síntomas físicos, en concreto una sensación de pinzamiento en el estómago. Le sudan las manos, no duerme bien y piensa todo el tiempo en cosas negativas.

En su trato con las demás personas se bloquea fácilmente y no sabe qué decir. Quiere cambiar, pero no sabe cómo hacerlo y muestra un gran pesimismo al respecto. «Creo que lo mío no tiene arreglo y que siempre seré así. ¿Quién me va a hacer cambiar y como?»

El tratamiento requiere una combinación de fármacos unidos a una terapia psicológica que le fije unos objetivos personales. Se construye así un *programa de conducta* que, unido a todo lo demás, le permitió mejorar en todos los aspectos, incluido el de las relaciones personales: no olvidemos que gran parte de su problema provenía de la sensación de soledad profunda que experimentaba. Para superar situaciones así es fundamental la ayuda del profesional y, también, hacerse algunas preguntas que generen un ánimo encaminado a cambiar una personalidad con rasgos patológicos que produce gran soledad.

Es necesario, en primer lugar, adquirir habilidades sociales. El quedarse callado o bloqueado, sin saber qué hacer o qué decir, son situaciones que hay que superar por medio de un esfuerzo de voluntad progresivo, que nos haga ganar en seguridad. Se puede empezar con conversaciones centradas en temas de actualidad, de interés general, o bien preguntando a los demás sobre asuntos que sean de su interés, como su trabajo, sus estudios, su familia... Es un proceso que poco a poco permite moverse con más soltura e irse liberando de los pensamientos negativos.

Dentro de este marco de tratamiento también hay que aprender a quitarle importancia a los fallos —reales o no— que se puedan cometer en el trato con los demás. Somos seres humanos y, por lo tanto, falibles. Podemos errar, pero rara vez será algo irresoluble. No hay que tener miedo a hacer el ridículo, ni tener la sensación de que no vamos a estar al nivel adecuado. Es muy corriente tener la sensación de que se están haciendo las cosas mal. En momentos así hay que considerar dos cosas: una, que en la mayoría de las ocasiones nadie percibe esos presuntos errores, ya que son menudencias a las que tendemos a dar un peso excesivo; la otra, que es preciso desdramatizar estos hechos, recordando que todo el mundo se equivoca y no pasa nada. Errar, equivocarse forma parte de la vida.

Se llega así al aspecto definitivo, que consiste en la necesidad de cambiar la forma de pensar para lograr una línea de pensamiento más equilibrada y sana. Es preferible la sencillez a la complicación. Y, en concreto, le damos las siguientes pautas de comportamiento, que él anota en una agenda llamada libreta de progresos psicológicos, en la que van por un lado los objetivos, explicados con detalle y empleando un lenguaje coloquial asequible a su nivel de estudios e intelectual; y por otro un apartado de avances conseguidos, en donde va escribiendo las cosas en las que él mismo observa que va mejorando. Nosotros le ayudamos a minimizar los errores y a maximizar los aciertos. Aquí van esas líneas de trabajo personal psicológico:

— *Evitar darle muchas vueltas a la cabeza.* Hay que saber romper los ciclos obsesivos. Son útiles ciertos libros de autoayuda, sencillos y prácticos, con los cuales uno puede entrenarse para evitar la tendencia a obsesionarse con cosas, personas, hechos o a adelantarse en negativo.
— *Distinguir lo importante de lo anecdótico* y hacer de esto una práctica habitual. Huir de cuestiones irrelevantes.
— *Elaborar progresivamente un pensamiento más práctico y disciplinado.* Hay que encaminarse a una meta, aprender a dar el alto a ideas negativas que vienen y se instalan, torturadoras, dentro de uno.
— *Recordar que la imaginación sin control es perniciosa.* Evitar, sobre todo, el constante retorno de vivencias y recuerdos negativos, fallos o circunstancias en las que uno pudo hacer el ridículo, quedar mal o no estar a la altura de las circunstancias.
— *Aprender a darle a las cosas la importancia que realmente tienen.* No se puede convertir un problema en un drama. Esto cuesta, pero es necesario pelear en esa dirección para darle otro rumbo a la forma negativa de ser.
— *Esforzarse por estar en lo que uno está.* Hay que tener la cabeza en aquello que uno está haciendo, sin pensar en lo que acabamos de hacer o en lo que nos espera. Es preciso evitar la dispersión que produce ansiedad.

El ser humano actual ante la muerte

El excelente libro del académico francés Jean Guitton titulado *Silencio sobre lo esencial* nos dice que uno de los rasgos de la sociedad contemporánea es que no se habla de la muerte. *La muerte es la gran ausente*. Tanto es así que cuando a una persona anciana le preguntamos «¿Tiene usted miedo a la muerte?», a veces nos responde: «No, no pienso en ella». La respuesta no puede sorprendernos. En una sociedad neopagana como en la que estamos viviendo en la falda del siglo XXI, esta forma de responder es habitual. La visión espiritual para muchos se ha difuminado y la vida es sólo el aquí y ahora.

Cuando va al médico esa persona mayor y parece que el diagnóstico es arriesgado, la persona pregunta: «¿Es grave, doctor?». Esa interrogación está relacionada con un posible final, la muerte. *El miedo a envejecer es anterior al miedo a la muerte*. Hay diferencias entre los dos tipos de miedo: lo primero es observarse a uno mismo, que se hace viejo, y comprobar que las facultades físicas y mentales ya no son las que eran. Lo segundo constituye un paso más avanzado: darse uno cuenta de que la vida se va. Hay dos secuencias, por lo tanto: temor a la vejez y, después, temor a la muerte que asoma.

El tabú de la muerte tiene peso específico en los tiempos que corren. Pocos hablan de ello. El abismo de la muerte está lleno de interrogantes. Es la hora de la verdad, donde todo se minimiza y el teatro de la vida y de la realidad cesa, se detiene, queda congelado. Y sorprende cuando asistimos a la muerte de una persona relativamente joven, por un accidente o una enfermedad repentina o de larga duración, como un proceso canceroso, la gente no sabe qué decir. Da pena ver cómo se interesan por el diagnóstico o si murió sin darse cuenta, sin sufrir. Ahí falta Dios, y también el que amigos y familiares cercanos tengan un sentido espiritual de la vida. Ésa es la mejor terapia, la que nos prepara para ese momento que cierra una existencia. Es un instante en el que, a pesar de los altibajos y avatares de la vida, uno pide perdón y a la vez sabe perdonarse.

Son célebres las investigaciones de la doctora estadounidense Kübler-Ross: ha mantenido unas cuatrocientas entrevistas con personas que han vuelto de una situación cercana a la muerte. Ella cuenta una anécdota que le ha sucedido muchas veces. Un enfermo de cáncer está muy grave; su mujer dice: «No debemos decirle nada, porque no podría soportarlo». Ella se acerca al lecho del paciente y a solas le pregunta: «¿Es grave su enfermedad?». Responde él: «¿Quiere usted realmente saberlo?». Responde la doctora: «Sí, por favor». Dice él: «Tengo un cáncer generalizado y me voy a morir pronto».

He tenido la experiencia como médico de atender a algunas personas con una enfermedad terminal. La relación médico-enfermo es una forma especial y rica de amistad; lo he comentado con más detalle en otro apartado de este libro. Al principio de recibir una noticia de este tipo se suele dar un mecanismo de negación que más tarde da paso a otro de rechazo. Le he preguntado al paciente, sabiendo él su dolencia: «¿Cómo te encuentras, qué sientes?». Y me responde: «Me estoy preguntando muchas cosas. ¿Por qué a mí? ¿Por qué ahora? No es el momento, pues tengo muchas cosas pendientes. No lo esperaba tan pronto. Espero que mis hijos se acuerden de mí». En la fase final, ya en la antesala de la muerte, la compañía tiene tonos importantes y ayuda mucho más de lo que uno puede pensar. *Acompañar a alguien a que muera de la mejor manera posible es una manifestación grande de amistad*. Lo repetiremos tanto como haga falta a lo largo de las páginas de esta obra: acompañar a la persona querida en los instantes difíciles, duros y dramáticos es una forma excelente de amistad y de acercarla a Dios.

Aunque el obstáculo suele provenir más de la persona sana que de la enferma. El sano no sabe qué decir, ni cómo tratar al enfermo. No sabe si debe mencionar la palabra «muerte», animarle a que espere un milagro o simplemente estar a su lado, cogerle la mano y decirle, según la familiaridad: «Te quiero, aquí me tienes. No te preocupes, Dios está cerca». La despedida de la muerte tiene tonos dramáticos cuando no hay un sentido espiritual de la vida. Todo se torna ilógico y extraño. En cambio, cuando hay una fe vivida, la muerte significa entrar en otra dimensión en donde somos examinados de amor, como decía san Juan de la Cruz. Allí, Dios nos espera con su misericordia. Son dos estilos. *Se muere como se ha vivido.*

T*oda muerte es pronta y hace pensar que no se han terminado de hacer las cosas que uno deseaba*, si se trata de una persona normal. Porque no perdamos de vista que la muerte casi siempre es ajena. Decimos: «Vengo de un funeral, murió esa persona. No era muy mayor, fue un cáncer. Me doy cuenta de que se está muriendo mucha gente de mediana edad».

El amor humano verdadero sobrevive a la muerte. Es la ausencia entrañable, que primero está imbuida de tristeza y nostalgia y, más tarde, se reposa en los recuerdos con sus perfiles positivos. Estos recuerdos sanos adquieren un primer plano, mientras los menos sanos se desdibujan en el panorama del trasfondo. Unamuno decía que la muerte significaba una «vivencia de opacidad». *Si la vida es*, como apuntaba Ortega y Gasset, «*la realidad radical*», la muerte es el desvanecimiento de los proyectos personales, que son cortados en seco. Tal es el carácter dramático de la vida humana. Por eso, ante la muerte de un ser querido o de un amigo íntimo nos asaltan preguntas esenciales que piden respuesta de inmediato: ¿Cuáles son las cosas que realmente deben interesar en esta vida? Mi respuesta sería: aquellas que la muerte no se lleva por delante, esas de las que mi proyecto coherente y realista no puede prescindir, como amor, trabajo, amistad, espiritualidad...

En la actualidad se vive en gran medida de espaldas a la muerte. En tiempos antiguos la muerte era parte de la vida, se experimentaba como algo cotidiano, que se aceptaba con resignación. *Hoy se esconde la muerte como si no existiera.* Han cambiado los contenidos: en nuestros días el tabú es la muerte, mientras se exalta hasta el paroxismo todo lo relacionado con el erotismo y la sexualidad. Vivimos en plena era de la indiferencia. Si la vida estorba, se arranca. Como no podemos hacer lo mismo con la muerte, la borramos psicológicamente de los temas a tratar en el día a día. No es la autodestrucción lo que se encierra en esta concepción de la existencia, sino una enfermedad real que aqueja a la mayor parte de la sociedad: la banalización de la existencia y el hastío del ser humano, que oscilan entre la teatralidad de los medios de comunicación y una apatía generada por la tibieza, el escepticismo y la ambigüedad.

El tema de la muerte queda relegado a momentos estelares: el fallecimiento de un ser querido o de otra persona en circunstancias trágicas. Se sufre también el impacto imprevisto de la muerte de una persona muy próxima en el terreno profesional. Sin embargo, en general hablamos de la muerte de los demás, e incluso asistimos a sus funerales, pero casi sin darnos cuenta convertimos este momento dramático en un acto social despojado de su auténtico sentido.

Surge así un ser humano vulnerable, cansado de vivir, pero no como resultado de un auténtico agotamiento debido al exceso de tareas, sino fruto de una carencia de proyección personal coherente y atractiva que tenga la garra suficiente como para llevarle hacia delante, hacia el futuro. Atravesar este páramo vital sin contar además con compañía puede resultar aún más desolador y lo cierto es que en el mundo moderno la verdadera amistad es un fruto difícil de cosechar. El ser humano, en nuestros días, se ve atrapado en una espiral de consumo y hedonismo siempre insatisfecho, que le agota y le impide no sólo establecer relaciones sólidas y plenas, sino, ante todo, avanzar en el propio camino de su vida. La falta de referentes, la ausencia de un fondo ético y moral consistente, hacen que cualquier cosa se convierta en una tarea titánica: mantener una relación, educar a los hijos, saber ejercer la autoridad. La situación llega a veces a extremos ridículos, por ejemplo, en el caso de personas obsesionadas con la propia imagen hasta tal punto que hacen un drama de unos kilos de más.

¿Qué podemos hacer ante una situación así? Ante todo, ser conscientes de este torbellino consumista que sólo conduce al vacío. Y luego, estar dispuestos a luchar y vencer, a seguir adelante para conseguir una vida plena, en la que las relaciones con los demás también lo sean y formen parte del esfuerzo general por alcanzar un balance exitoso al final del camino. La solución nunca podrá llegar sin trabajo ni fuerza de voluntad: es una tarea dura, que puede estar llena de sinsabores, pero el resultado final merece la pena. Si la vida, y las relaciones que la llenan, se conciben como una cosa dulzona, blanda o meramente placentera, estaremos cometiendo un error. La vida no es eso, ni se puede interpretar de este modo. La amistad tampoco.

La muerte de un familiar muy cercano nos da un golpe que siempre debe movernos a reflexionar. No olvidemos que toda filosofía nace a orillas de la muerte. Durante la mayor parte de nuestra existencia la muerte permanece alejada, ausente del proyecto personal. No contamos con ella, como si fuera algo irreal. Sólo en los tramos finales de la vida asoma, emerge y da la cara, y su imagen se convierte en una mezcla de amenaza, anticipación y posibilidad. La certeza de la muerte es algo característico de la vejez, cuando se deja de mirar hacia delante y se empieza a mirar hacia atrás, y es en este momento cuando se toma conciencia de que todo se acaba. Pero hay una diferencia: para el creyente sincero la muerte es sólo el principio de otra vida, la cual será resultado de lo que haya hecho en ésta.

La muerte implica sólo el cese de la actividad biológica, pero no es el fin de la biografía, cuyo sentido va mucho más allá de la mera interrupción de las funciones vitales y de la reducción del cuerpo a elementos materiales inertes. El ser humano posee un proyecto biográfico, lo que supone la existencia de un espíritu, entendido en un sentido amplio, que nos anima y nos proporciona siempre un porvenir.

En el amplio repertorio de sucesos que pueden acaecernos, el de la muerte significa, ni más ni menos, el final de todos los planes trazados. Argumentos como el amor, el trabajo o la cultura dejan de ser una tarea; los deseos desaparecen y las apariencias dejan de ser necesarias. Cuando analizamos la biografía de un personaje importante, es esencial detenernos en el instante de su muerte, saber cómo ha muerto, sobre todo si ha dejado algún escrito revelador sobre ese momento en el que la mente se torna especialmente lúcida y las cosas se ven de otra manera.

En el momento previo a la muerte debemos hacer un examen personal, ese *balance de la existencia* del que ya hemos hablado. Se iluminan de luz las tinieblas cuando alguien está en sus últimos momentos y todavía tiene lucidez para captar esos momentos estelares y dramáticos que uno no vuelve a vivir: *es el final de los finales*. No olvidemos que *este arqueo de caja*, incluso en el mejor de los casos, casi siempre resulta deficitario. Sin embargo, en este duro trance debemos ver los aspectos positivos: en general, la personalidad se suaviza, pierde la dureza que haya podido tener, se torna el ánimo más comprensivo y tolerante. Gran parte de los contenidos del pasado se reinterpretan con otro punto de vista. *La película de la vida personal pasa delante de uno y el carrusel de hechos se ve y se capta de otro modo*, cuando uno está a pique de irse, con un pie en el estribo de la eternidad. El creyente sabe lo que existe detrás, por la fe. El no creyente está perdido, confuso y sin respuestas, todo asoma a dentelladas y borbotones... Puede ser la suprema ansiedad, como diría Kierkegaard, temor y temblor.

En general, nuestra actitud ante la muerte evoluciona a lo largo de la vida. Los *niños* apenas la entienden, aunque se dan cuenta de que no volverán a ver a esa persona que se ha ido de repente. Si es uno de los padres el que fallece, la experiencia quedará grabada en la personalidad del niño para toda la vida. A partir de la *pubertad* y durante la *adolescencia* se adquiere una primera comprensión del fenómeno: se admite que todos morimos alguna vez y que la muerte es el final de la vida. Conocerá más o menos sobre la muerte dependiendo de las circunstancias que le toque vivir, pero en cualquier caso no pensará demasiado en el hecho de morir. Es durante la *madurez* cuando la muerte cobra todo su sentido. Y en la *vejez* puede llegar a convertirse en un pensamiento dominante, ya que en esta etapa la ruta de la muerte queda señalada con fuerza en el mapa personal. Es en *ese momento postrero*, cuando sentimos que el teatro de la vida se acaba y que el telón va a bajar definitivamente, cuando empezamos a reflexionar sobre lo que existe en la otra orilla. Si se tiene fe, la muerte cobra un aspecto más sereno, lleno, sobre todo en el mundo judeocristiano, de notas de misericordia y perdón.

El anuncio de una muerte inminente genera una serie de cinco etapas definidas, como muy bien señaló en 1969 la doctora Elisabeth Kübler-Ross:

1. Negación
2. Negociación
3. Ira
4. Depresión
5. Aceptación
6. Visión espiritual: Dios a la vista, que decía Ortega y Gasset.

Es duro aceptar la muerte, pero forma parte de la vida y de nuestro camino por la existencia. En particular, la muerte de un ser querido, de un familiar o un amigo nos sume en la tristeza. Sin embargo, es curioso comprobar cómo con el paso del tiempo los recuerdos que se tienen de esa persona suelen centrarse en lo mejor, en lo más positivo. Sólo en algunos casos de personas especialmente destructivas o negativas la muerte de éstas se experimenta como una liberación, signo final de una existencia mal dirigida y peor encaminada.

Ante el trance supremo de la vida, que es la muerte, la presencia de los amigos aporta calor, comprensión y ánimo. Pero no olvidemos nunca que el último paso se da siempre en la más completa soledad. No podemos escapar de la muerte. No hay mecanismos de defensa. La vieja pregunta es: «¿Qué será de mí?». La muerte es un acto individual. No hay acompañantes ni amigos en este momento definitivo. La solemnidad y el dramatismo son totales. Es un hecho sobrecogedor que encierra notas de emotividad máxima. *El sentido de la muerte brota del sentido de la vida.*

Caso clínico: una reacción desmedida ante la muerte

El moderno tabú de la muerte puede llevar en ocasiones a extremos patológicos. Veamos un caso sacado de la experiencia clínica.

La paciente es una mujer de cuarenta y cuatro años, soltera, de carácter tímido y retraído. Vive con un hermano también soltero y una tía de casi noventa años que padece arterioesclerosis. Algunos días la anciana mujer sufre una marcada desorientación temporal y espacial y emite un lenguaje incomprensible, todo ello en un marco de deterioro psicológico y orgánico muy acusado. Cuando la paciente acude a la consulta, manifiesta lo siguiente:

«He vivido siempre muy apegada a mi madre y he compartido la vida con ella. Nunca pensé que algún día me pudiera faltar. No he sufrido gran cosa en la vida, porque mi madre, y en general mi familia, lo eran todo. ¡Qué suerte tiene la gente que empieza a sufrir pronto y así ya sabe lo que es eso! Cuando murió mi madre me derrumbé. Pasé mucho tiempo acostada y sin fuerzas, hundida, dándole vueltas a lo que es la vida. Yo no estaba preparada para sufrir, y empecé a sentirme muy triste y nerviosa. No salía nada ni tenía amigas. Mi hermano se puso a beber y, cuando salía, volvía siempre medio borracho. Trabajo como ATS y mis compañeros empezaron a notarme rara. Todo el mundo lo atribuía a la muerte de mi madre y a lo unida que estaba a ella, pero estoy cada vez peor y ya ha pasado casi un año. Siento una soledad inmensa y mucha taquicardia, como una opresión en el pecho. A veces pienso que voy a volverme loca. No salgo prácticamente nada. Mi vida se ha vuelto monótona: de casa al trabajo y del trabajo a casa. Cuando llego me encuentro un panorama desolador: mi hermano bebido y mi tía casi convertida en un vegetal».

Tras analizar el caso, se administró a esta mujer un tratamiento farmacológico a base de antidepresivos y ansiolíticos. Al principio se resistió a tomarlos, porque pensaba que eso equivaldría a estar drogada. Sin embargo, tras aceptar un tratamiento ligero, pronto comenzaron a observarse las mejorías. Al mismo tiempo se estableció una terapia psicológica basada en un *programa de conducta* —que también aceptó de mala gana— para modificar sus insanos hábitos de vida y que fue dando resultados positivos, para tener una visión distinta de los hechos y una reacción más madura ante estos acontecimientos.

Estamos ante un caso típico de ansiedad y depresión desencadenadas por un suceso vital —la muerte de la madre— que no se asume de forma sana y que se ve agravado por un tipo de vida rutinaria y neurótica. La falta de cooperación con el médico dificulta la recuperación y complica uno de los objetivos principales de la psicoterapia: una mayor conexión con el exterior y el establecimiento de relaciones normales con el entorno.

La socioterapia, como vemos en este y otros ejemplos del presente libro (y como se analiza con detalle en el apartado correspondiente), es fundamental en el tratamiento de diversas formas de depresión, ansiedad y otros trastornos derivados en mayor o menor medida de un universo de relaciones sociales pobre o nulo. Por medio de la socioterapia buscamos que el paciente mejore. La socioterapia busca ampliar el medio social, mejorarlo, abrir nuevas perspectivas. Todo ello buscando el apoyo, la comprensión y el intercambio de otras personas más o menos afines. El diseño terapéutico se basa en una acción tridimensional que alcance los aspectos biológicos, psicológicos y sociales. En este último ámbito debemos distinguir los diferentes planos:

—*El familiar*, que a menudo es generador de problemas o contribuye a mantenerlos.

—*El laboral*, que en ocasiones puede ser francamente sórdido, lleno de competitividad malsana y carente de estímulos o comunicación. Estaríamos cerca del *síndrome de estar quemado*.

—*El amistoso*. Referido tanto a las relaciones próximas como a las remotas.

Este último plano es muy importante. En el caso de personas aisladas, sin trato con gente, con una vida monótona, sin incentivos ni planes ni objetivos, sin proyectos y sin una vida compartida, es difícil acabar con la ansiedad —salvo la que es expulsada por medio de la farmacología—. La amistad es uno de los grandes patrimonios de la vida. Cuesta conseguirla, pero sus frutos llenan el corazón del ser humano.

La muerte de un amigo

Hay distintas formas de que un amigo muera, y se resumen en dos: la esperada y la inesperada. En el primer caso, asistimos a una larga enfermedad, con un diagnóstico grave en el que se da un pronóstico serio, sin salida. En esa situación nos vamos preparando para la despedida y nos damos cuenta de la fugacidad de la vida y de que dejaremos de verlo, de que no volveremos a cruzarnos con él. Todo invita a la reflexión profunda. Son vivencias que se alargan en el tiempo y dejan un poso. *Toda filosofía nace a orillas de la muerte.*

En el segundo caso, en la muerte inesperada, las cosas son bien distintas y todo nos coge de sorpresa. El impacto psicológico es mucho mayor. La madurez significa en este caso superar la mentalidad infantil y tomar conciencia de lo que es la vida, en qué consiste, cuáles deben ser sus principales argumentos. Nos impresiona la situación de un amigo que muere de infarto, en un accidente de coche o de una enfermedad fulminante. No damos crédito, no podemos creernos que se ha haya ido para siempre, que no volveremos a conversar con él. La muerte inesperada de un buen amigo nos llama a preguntarnos acerca de muchas cosas relacionadas con lo que es la vida. Entonces comprendemos de verdad cuántos afanes y luchas no merecían tanto esfuerzo: los errores, fallos, defectos, problemas y sinsabores desfilan delante de nosotros como en un carrusel de hechos e intenciones[11], y captamos en nuestro interior si valía la pena poner el objetivo de nuestra existencia en esas cosas por las que nos hemos dejado la piel. En la muerte inesperada de alguien muy querido vemos como si fuera un relámpago el sentido último de eso que llamamos vivir. Y aterrizamos en una idea central: no se puede vivir sólo para uno mismo, pendiente exclusivamente de las cosas de uno, ya que la felicidad, como meta de la vida, no puede concebirse aisladamente.

Decía san Juan de la Cruz que «en el atardecer de nuestra vida seremos examinados de amor». A última hora, cuando uno hace cuentas consigo mismo, cuando sale la verdad de lo que hemos sido, se abre un pasillo en nuestra mente sobre el resultado de nuestro vivir. *La felicidad consiste en saber conjugar de forma armónica los deseos y los deberes*, en la administración inteligente del deseo. *La pirámide de los deseos va de la base a la cúspide:* la comida, la bebida, el descanso, la sexualidad, el progreso afectivo y profesional, nuestro desarrollo como personas, mejorar la inteligencia, ampliar la vida

---

11. Hay muchos aspectos difuminados en los contornos de la memoria que no somos capaces de apresar en momentos así, pero hay una cuestión que no quiero dejar de tocar: la importancia de la moral en esos instantes estelares, cuando le decimos adiós para siempre al amigo. *La moral es el arte de vivir con dignidad*, como un ser auténticamente humano. *La educación moral consiste en enseñar a usar la libertad como corresponde a una persona*, lo que implica conocimientos y hábitos. Una observación final en esta misma dirección: la ética descansa sobre unas normas y principios; sus fallos son errores e incoherencias. La moral se fundamenta en una relación personal con Dios y sus fallos son rechazos y ofensas a lo que Dios quiere de nosotros. La moral judeocristiana se ha mostrado como la más excelente a lo largo de la Historia.

social, ir a más en cultura, la espiritualidad que nos conduce hacia la rampa de la visión trascendente de la vida. Cuando los deseos se ensamblan con los deberes, estamos alcanzando una cierta plenitud. Los deberes son una cosa buena: escuchar la voz de los deberes, amarlos y cumplirlos, nos acerca a una felicidad honda. Una madre que ama su condición cumple con el deber que tiene hacia su hijo: desde alimentarlo a cuidarlo, pasando por enseñarle las reglas básicas de la educación... Detrás de todo eso hay una abnegación increíble. Amar el deber como un bien significa un alto grado de posición personal en la pirámide antes apuntada.

En la muerte del amigo todo eso pasa como un rápido examen, vertiginoso y desdibujado. Sucesión de imágenes, preguntas y silencios. Su vida y la nuestra, inspecciones de ida y vuelta. Las vivencias recíprocas grabadas en la memoria saltan, se ponen de pie y piden paso. Toda amistad genera compromisos. Nos metemos en la vida del amigo y él se cuela en la nuestra. Ese conocimiento mutuo debe estar lleno de comprensión e indulgencia. Todos, en la mirada cercana y minuciosa, ofrecemos flancos negativos e incoherencias más o menos sutiles que se han ido hospedando dentro.

Cuando un buen amigo muere de pronto, el sufrimiento se apodera de nosotros, y cada sufrimiento es personal e intransferible. Catalogarlo es un trabajo de artesanía psicológica. Cuando la vida pasa, transcurre, va deprisa, pone cada cosa en su sitio y las piezas del rompecabezas existencial se van situando donde les corresponde. *En las proximidades de la muerte propia asoma una cierta lucidez que todo lo aclara*; por eso, en esas brumas anticipatorias la mano de un ser querido, la frase acertada de un amigo, son esenciales y disuelven el miedo o el pánico a la muerte y a lo que nos vamos a encontrar en el más allá. Y a su vez nos ayudan a pedir perdón por las ofensas, los errores de bulto, los fallos clamorosos o un egoísmo atroz que nos ha acompañado durante mucho tiempo.

Me viene ahora a la cabeza uno de los versos del gran poeta español de la Generación del 27, Miguel Hernández, que le dedicó un poema espléndido a su amigo del alma Ramón Sijé, con el que termina un largo y excepcional texto en su libro *El rayo que no cesa*:

> A las aladas almas de las rosas
> del almendro de nata te requiero,
> que tenemos que hablar de muchas cosas,
> compañero del alma, compañero.

La conversación con el amigo queda truncada con su muerte. Un tiempo que no vuelve. Contemplamos a hurtadillas su vida y la cotejamos con la nuestra. Las luces de la razón barnizan su travesía. El haz de sus argumentos vitales tintinea ante nuestro análisis. El perfil del amigo cobra su verdadero sentido y asoma su retrato físico y psicológico: el crucigrama de lo que hizo en sus años de vida, abigarrado y ruidoso, se termina. *En la muerte del amigo hay una cierta evaluación de su trayectoria*: nos ponemos delante de todo lo que hizo y su recorrido es visto a vuela pluma. Visión en apretada síntesis de recuerdos precisos e imprecisos. A veces podemos darle un vuelco a nuestra existencia, al ver con rotundidad que esta vida tiene un fin, y entonces surge esa frase que tantas veces hemos oído aquí y allá: estamos de paso. Es el cambio personal tras ese quedarnos mudos ante alguien querido y apreciado que se va y no vuelve.

La amistad verdadera, sea del nivel y grado que sea, debe

estar fundada en la complicidad, que arranca de afinidades comunes y que se va haciendo y afirmándose en una complicada matriz de confrontaciones, acuerdos, disputas, diferencias de criterio, acercamientos... La amistad es uno de los núcleos de la vida humana. *Hoy*, ya lo he comentado y volveré sobre ello más adelante, *la amistad auténtica es difícil por el individualismo reinante*. Se ve sustituida por relaciones afectuosas superficiales que evitan temas conflictivos[12]. Sería moverse en lo que hoy llamamos «lo políticamente correcto», evitando salirse del guión por miedo a entrar en un terreno pantanoso en el que las diferencias pueden ser excesivas. El debate bien entendido es bueno para que la amistad se airee y oxigene y uno sea capaz de defender sus criterios con argumentos, sin apasionarse más de lo debido y ofreciendo razones bien expuestas.

12. Encontrar amigos íntimos es un trabajo difícil y requiere valores altos y nobles, además de ganas de arriesgarse y dejar que otro se meta en nuestros secretos más reservados al tiempo que uno hace lo mismo. También es necesaria la sencillez. *La sencillez es transparencia, la vida sin palabras altisonantes ni grandilocuentes, sin mentiras ni dobleces*. La persona sencilla no es pretenciosa. En ella puede darse una amistad de alto rango. La sencillez consiste en desprenderse de uno mismo y dejar la egolatría para otros. Si inteligencia es capacidad de síntesis y el arte de reducir lo complejo a lo sencillo, la sencillez es claridad en la mirada, sinceridad en las palabras, rectitud en los sentimientos... Por esta agua navega con buen viento la amistad.

capítulo tres

La amistad a lo largo de la vida

En cualquier etapa de la vida la amistad nos sirve para encontrar apoyos, para superar las dificultades y sobre todo, para tener la capacidad de proyectarnos hacia el porvenir. Forma parte de esa ingeniería de los recorridos biográficos, llevada a cabo como una labor de artesanía. Una vida bien realizada es la que consigue hacer una pequeña obra de arte de cada uno de sus temas esenciales. Cada etapa tiene sus características, y la rectificación no sólo es posible, sino que forma parte de nuestro arsenal, del que debemos echar mano en cada momento de nuestra trayectoria.

La tarea de vivir presenta un trasfondo filosófico que se vuelve arte y oficio, entrega y aprendizaje constantes. Aprender a ser persona se consigue mediante la repetición de hábitos positivos que enmarcan una forma de ser que pone en juego lo mejor de uno mismo. Los hábitos no pueden ser entendidos como mera rutina, como algo que se hace una y otra vez de forma cansina. Los hábitos vitales muestran la constancia, la tenacidad y la perseverancia en una tarea creativa, que es buena y que exige el recurso de una regla, el ejercicio de unos actos que van originando una tendencia a lo excelente. Uno se va curtiendo poco a poco, a lo largo de los años, para forjar una manera de ser. No hay una forma de vivir innata ni hereditaria: aprendemos de los modelos que están a nuestro alrededor y de las experiencias de cada día. Y los amigos contribuyen, en cada fase de la vida, a este proceso que nos ayuda a ser mejores.

La amistad entre los niños

La infancia es la edad más feliz de la vida. En ella la envoltura afectiva lo cubre todo. El desarrollo psicológico y emocional del niño es apasionante, sobre todo cuando tenemos la oportunidad de seguirlo de cerca a través de nuestro hijo, nuestro sobrino o algún otro niño que nos sea cercano. El pequeño progresa en peso, talla, morfología y, también, en todas las facetas propias de la conducta. Es muy interesante ver cómo se va produciendo la adquisición de conocimientos. Por ejemplo, el lenguaje: cuando tiene un año y medio, maneja unas veinte o treinta palabras. Con tres años, el niño ya utiliza unas mil. En ese crecimiento exponencial el niño nombra las cosas que le rodean mediante la simple repetición de palabras una y otra vez. Así va señalando su significado y las incorpora a su mente. De los tres a los cinco años, con la incorporación al colegio, descubre a los otros niños y deja de ser el rey de su casa para ser allí uno más, y eso encierra un valor educativo enorme. Primero se reconoce ante el espejo, después en fotos y enseguida capta que existen los demás, con los que juega, compite y se relaciona. El poder andar, el desplazarse libremente, representa el primer síntoma de libertad. Más tarde dibuja, garabatea un papel, se incorpora al mundo de los juguetes y los muñecos y así se va fabricando un universo propio. Aún no ha asomado apenas la mínima idea de la amistad.

El contacto con otros niños, el compartir el juego, le lleva al inicio de la rivalidad y la cooperación. Ambas son formas elementales, rudimentarias, de amistad: la primera es relativamente negativa, la otra, más positiva. Empieza a comprender las reglas del juego: el líder, los cabecillas, los más activos y los que se quedan en la masa, sin destacar. La madre es la figura decisiva durante este periodo: ella lo llena casi todo y es la gran educadora en todos los sentidos. Va a transmitir lo que guarda en su interior: desde la paz y la alegría, al mundo sentimental en toda la gama de los matices que se desgajan de él. La madre es el primer apoyo psicológico. Ella es la que establece el horario, las normas, la enseñanza del lenguaje verbal y del no verbal (los gestos, la sonrisa, los ademanes). Durante la infancia casi toda la seguridad de un niño viene de su madre. Cuando el crío llega de la calle a su casa, lo primero que averigua es si está su madre. Si está, se siente tranquilo, sabe que el apoyo clave está cerca.

El primer freno que conoce el niño es el «no» de su madre, que le prohíbe algo, y así va aprendiendo a decírselo a sí mismo. La sonrisa de la madre es esencial: es el primer gesto afectivo que el niño percibe. A partir de los cinco o los seis años se van produciendo una serie de cambios imperceptibles en sus sentimientos por influencias de la madre, los hermanos, la figura del padre (que por lo general gana protagonismo a posteriori) y la escuela. Esta última desempeña un papel clave, determinante.

En su casa y en la escuela se ve claramente cómo aparece la etapa de los porqués y la del para qué. En familia, las respuestas proceden de su mejor ámbito y se acompañan de una explicación más detallada, que le va sirviendo para almacenar información e ir identificando términos nuevos. En el colegio todo es más desenfadado y cada uno va a lo suyo, tratando de defenderse del otro, del que invade su territorio, su espacio personal. Jugar en grupo es el primer ensayo de amistad, y le sirve al niño para vivir alianzas y rechazos. Entre los cuatro y los seis años ya es capaz de encolerizarse y de tener rabietas cuando no se hace lo que él quiere, cuando le quitan un juguete o se meten, de alguna manera, con él. También por esos años empieza a responder al teléfono, que va a ser un importante modo de comunicación que le llevará más tarde hacia los amigos.

Van apareciendo las ilusiones y los miedos. Las primeras se relacionan muchas veces con el contacto con sus hermanos y primos. Por supuesto, el mayor temor de un niño es verse privado de su madre, pero hay más miedos. Por ejemplo, cuando se da cuenta de que en un grupo de tres niños siempre hay dos contra uno y va entendiendo lo complicado que es establecer una comunicación positiva, sin lucha, sin pegarse, sin enfados. De ahí que sea mejor invitar a pasar el fin de semana a un solo compañero del colegio que a dos. Los niños juegan a la guerra y a construir cosas con cubos y maderas. Por su parte, las niñas se inclinan a las muñecas y las casitas. A ambos les encanta que les cuenten cuentos.

Recuerdo muy bien, cuando mis hijas eran pequeñas, a la hora de acostarlas, unas veces sentadas en la cama y otras metidas dentro y arropadas, cómo escuchaban los cuentos que yo les relataba. Nunca he tenido mucha imaginación, quizá porque al ser psiquiatra me he tenido que atener a la realidad, y en la clínica lo básico es la observación, estar atento a lo que uno tiene delante de sus ojos. Así que durante años me he ayudado de libros de cuentos, a veces con dibujos de escenas que yo les mostraba. Otras veces, con la luz casi apagada, me inventaba un relato o repasaba en mi mente uno que conocía y lo adaptaba al momento. Tanto a ellas como a mí, ese tiempo de los cuentos no se nos ha olvidado, y cuando les pregunto, lo recuerdan como algo muy fijado en sus recuerdos. Contar cuentos es como sumergir a los niños en la fantasía, la literal de lo que se les está diciendo y la que ellos mismos empiezan a fabricar. Hay una parte ajena y otra propia.

A partir de los cinco o seis años ya podemos darnos cuenta de la personalidad que empieza a desarrollar el niño: sus reacciones, su afectividad, sus enfados inesperados, la resistencia a aceptar la autoridad de sus padres, el pelearse con los de su misma edad. El niño es *egocéntrico* por naturaleza y esto dificulta entenderse bien con sus hermanos y conocidos del colegio. El niño es *bastante cruel*, y como sólo se fija en lo externo y su personalidad no está hecha, todos los sentimientos son muy puros, sin contaminar. Se ríe del que lleva gafas, del que cojea o tiene algún defecto físico. La *envidia* aflora sin tapujos como auténtica tristeza ante el bien ajeno[1]. La educación sana de los padres va a ser decisiva: encauzar, dirigir, priorizar todo ese caudal emocional hacia un modo equilibrado, sano.

Durante la infancia tiene lugar lo que denominamos desarrollo afectivo de la persona. Sus principales ingredientes son la risa y el llanto. El niño pequeño es como un reloj biológico que llama a la madre, o la persona que le cuida, por medio del llanto para que cubra sus necesidades. Igualmente la sonrisa, la risa y las muecas divertidas constituyen una respuesta ante los estímulos positivos. En esto radica el origen de nuestra afectividad.

1. En el adulto la envidia se camufla de muchos modos, porque no está bien visto padecerla y descalifica al que la tiene consigo. Su lenguaje es enmascarado y se muestra a través de la crítica dura y cerval a otra persona. Se usa la descalificación sistemática, la ironía despectiva o el desprecio olímpico.

Todo en esta fase de la vida es descubrimiento: el niño emite el llanto como alarma de sus necesidades, pero también ríe de asombro ante cada nuevo hallazgo. Su imagen en el espejo, un nuevo juguete, el biberón... Un momento especial es el contacto con otros niños, sus iguales, con quienes puede compartir una relación nueva, singular, de exploración recíproca. Es el momento de la socialización, que se establece a través de procesos de imitación e identificación. Estas dos facetas son la base sobre la que empieza a construirse la personalidad, que dependerá mucho de lo que se viva en la infancia. Si ésta es feliz, el niño saldrá fortalecido y en la mejor disposición posible para afrontar la vida adulta. No obstante, recordemos que tan mala es la privación afectiva como la hiperprotección psicológica: como siempre, la razón está en el justo medio.

En este periodo, como hemos visto, surgen los primeros brotes de amistad y, con ellos, los primeros ejemplos de enfado motivados por los celos. Es también el momento en el que el niño hace uno de sus grandes descubrimientos: el juego en común. El niño irrumpe en el terreno de la amistad con los otros niños de la misma manera que necesita «meterse» dentro de los juguetes para conocerlos mejor, aunque sea a costa de romperlos. En las primeras interacciones con otros niños surgen sentimientos encontrados, de identificación y diversión por la actividad común, pero también de miedo o rivalidad. Todo ello contribuye a la formación de su ser. *La educación de los padres en estos años tan delicados ha de tener un contenido de maestría*. Un clima de amor y paz constituye el mejor alimento psicológico que podemos dar al niño. Al mismo tiempo hay que saber combinar, con sentido común, una serie de reglas de vida estables, no demasiado rígidas, pero que se respeten y que vayan conformando una estructura, un proceso educativo fundamental.

La comida, el ritmo de sueño, el aprendizaje, los juegos y, por supuesto, los amigos son aspectos que los padres no deben perder de vista, pues todo ello establece la base sobre la que se construye ese camino de largo recorrido que es la vida.

Las dos puertas de la amistad para el niño

Para un niño las dos fuentes de amistad son sus *familiares* más cercanos (de su misma edad) y los *compañeros del colegio*. Entre los familiares tenemos sobre todo a los hermanos y los primos, y en las ciudades no muy grandes, a los vecinos. El colegio es fundamental, ya que el niño a veces pasa más horas allí que con la familia, exceptuando el fin de semana. Los procesos de imitación desempeñan un papel evidente, ya que el pequeño calca y repite los esquemas de conducta que ve a su alrededor. Si son sanos, le hacen crecer; si son enfermizos, van torciendo su forma de funcionar. *El colegio es el sitio donde aprende a convivir, a respetar y a hacerse respetar*. Si se siente a gusto y el clima psicológico es bueno, se puede convertir en un segundo hogar para el niño, que encuentra allí muchos elementos afectivos y de aprendizaje muy positivos. La importancia del juego va más allá de ese pasatiempo: representa una actividad que encierra muchos matices psicológicos y pedagógicos muy valiosos.

En esa primera infancia que va de los tres a los siete años y que constituye una primera e importantísima fase de la socialización, las primeras fiestas son para un niño de mucho interés: es protagonista y selecciona a los compañeros que vienen.

Si la fiesta se celebra en su casa, representa una forma de abrir las puertas de su intimidad, aún incipiente.

En la segunda infancia, que va desde los siete a los once años aproximadamente, la amistad va a irse consolidando y es algo que ya valora, aprecia y defiende. La metamorfosis corporal a la que asiste el propio niño le hace observar los cambios y modificaciones, el crecimiento de su cuerpo, todo lleno de matices físicos, psicológicos y sociales. Su cuerpo se desarrolla y es importante que todo se desenvuelva de la forma más sana y normal posible. A ello se añade la formación de su personalidad: si tiene cerca los modelos positivos de sus padres y de algún hermano mayor, va a desarrollarse mejor, porque la imitación es el mecanismo habitual. Esto conduce a ir obteniendo habilidades sociales propias de su edad: no quedarse cortado ante los que tienen más personalidad, saber defenderse, dar su opinión y seleccionar a los que más le van y a aquellos con los que tiene una cierta afinidad o simpatía.

A estas edades todavía la amistad es superficial y no presenta el valor ni la densidad real de la que se establece, por ejemplo, en la adolescencia. No obstante, en niños que presenten una mayor madurez psicológica puede tener más alcance. La buena colaboración entre la familia y la escuela va a ejercer un papel de cierta fuerza.

Recuerdo que cuando tenía yo unos doce o trece años tuve un amigo en el colegio donde estudiaba y estaba deseando llegar a clase para verle. Nos contábamos cosas y recuerdo que algunos sábados venía a merendar a mi casa y yo sufría hasta que llegaba. Tenía preparado a qué íbamos a jugar y estaba toda la semana esperando ese día. Como no era muy buen estudiante, mis padres decidieron cambiarme de colegio a los catorce años y fui a una academia que estaba muy cerca de mi colegio anterior. Allí tuve dos amigos nuevos, muy distintos uno del otro, pero que me ayudaron en ese trayecto tan complicado. Mi madre los acogía cuando venían a casa y hacía que yo me sintiera importante al contar con aquellas dos personas. A una de ellas la sigo viendo de vez en cuando, aunque se fue a vivir a otra ciudad. A la otra le he perdido la pista bastante, pero tuve ocasión de verla hace pocos años y estuvimos recordando viejos tiempos, cómo eran nuestras conversaciones y lo que pensábamos ser de mayores... y lo que hemos llegado a ser. Estas tres personas, principalmente, han dejado una bonita huella dentro de mí, y a veces saboreo el recuerdo y me pongo en el lugar de mis cuatro hijas, cuando invitan a sus amigas a casa o a pasar un fin de semana con nosotros.

Tengo que reconocer que la amistad en la pubertad es aún incipiente y débil, pero si se consolida en la adolescencia, tiene el regusto de paladear lo que es sentirse apoyado y comprendido.

Caso clínico: un niño con carencias afectivas

El niño muy mimado va a ser, más adelante, difícil de controlar y se convierte en un problema. El niño con carencias afectivas va a cojear psicológicamente. Recordemos que tan malo es el niño muy consentido como el desatendido: ambos extremos son malos, y si no se corrigen a tiempo, pueden dejar una mella en la conducta que, después, será difícil de enmendar. En la clínica vemos a diario este tipo de casos, que enseñan a las claras los errores cometidos. Veamos un ejemplo corriente:

Se trata de un niño de once años. Tiene dos hermanos, uno de ocho y otro de cuatro. Sus padres están separados, y disfrutan de una posición económica muy alta. La separación no ha sido demasiado turbulenta. En realidad lo peor fue la última etapa de la convivencia. Una vez rota la pareja, el marido le pasa a su ex mujer una pensión mensual muy elevada. Dice la madre del niño, que es la que inicialmente viene a la consulta:

«Mi ex marido es muy generoso, él siempre lo arregla todo con dinero. A los niños les compra de todo. Tenemos una casa muy grande y hay dos habitaciones sólo para guardar juguetes. Allí se acumulan masas de cosas que van recibiendo de su padre y al final hay que regalarlas o tirarlas. Al mayor, por ser el primero, se lo hemos consentido casi todo. Si se le rompe un juguete, al día siguiente su padre le trae el mismo, y así sucesivamente. No aprecia lo que tiene y se ha ido volviendo caprichoso y tirano. Con los otros dos ha sido parecido, pero no tanto; los pequeños desprecian a su hermano y, a la vez, le tienen miedo porque es agresivo de palabra y en muchos momentos les ha pegado con pasión. Yo no he sabido intervenir en su momento, le quitaba importancia a los hechos y pensaba que todo pasaría, que eran cosas de la edad.

»Entre mi ex marido y yo no ha habido acuerdo en la educación de los hijos. Su teoría es que no tiene que faltarles nada, que disfruten de la vida, ya que él de pequeño lo pasó mal, pues sus padres sufrieron apuros económicos y acabaron separándose, igual que los míos. El ser los dos hijos de padres separados nos ha marcado mucho, pero no es el momento de hablarle de esto. El caso es que nuestro hijo mayor, desde los cinco o los seis años, recibió muy mal la llegada de sus otros dos hermanos, con reacciones de celos, envidia e ira. Nos costó mucho que diera un beso a los pequeños. Es un niño listo, despierto e inteligente, pero vago, indisciplinado y caprichoso. Su habitación es como una leonera. Nunca quiere ordenar nada y somos la empleada del hogar o yo las que ponemos cada cosa en su sitio. Ha cambiado de colegio hace un año, y la relación con los compañeros de clase es muy mala, se está siempre quejando de ellos. He ido a hablar con la tutora y me ha dicho cosas muy negativas de él. Me he venido abajo, estoy destrozada. Las palabras han sido duras: es un niño ingobernable, cruel, que disfruta metiéndose con otros niños, que sólo tiene un amigo que se parece mucho a él, como si uno y otro buscaran a ver quién hace la mayor burrada.

»Cuando llego a casa, me dice que su hermano le ha pegado, que la empleada del hogar no le ha querido dar la merienda, que una cosa que él ha roto ha sido obra del pequeño, etc. Cuando le regaño se pone como una fiera y me dice cosas terribles, incluso que entiende que su padre me haya abandonado porque soy insoportable. Le he cogido miedo. Su padre viene a verle una vez al mes, aproximadamente. Entonces le dice cosas suaves y el niño se queja de todos. Mi hijo es un gran manipulador y a mí misma me asombra: le da la vuelta a todo y es un maestro para echarle la culpa a los demás. La empleada del hogar es muy buena. Procede de un pueblo de Andalucía y lleva años con nosotros, pero me ha planteado ya varias veces el irse porque no puede aguantarle más».

Viene a la consulta la empleada y nos encontramos con una mujer de algo más de cuarenta años, bastante educada, sencilla en el trato, soltera y que se ha criado en el campo. Tiene una hermana que es maestra que viene a menudo a verla y que es como su segunda madre. El chico la desprecia y maltrata. Nos dice la cuidadora:

«Lo del hijo mayor ha llegado demasiado lejos. Necesita ayuda y para mí es como si estuviera loco, o acaso es que tiene dentro mucha maldad. Hasta hace un año le llamaba para ir al baño, para venir a la cena, para hacer sus deberes, y lo hacía unas diez o doce veces. Sólo hace lo que quiere. La verdadera educadora de los hijos soy yo, porque su madre sale mucho y pasa muchas horas fuera de casa. El padre, a mí me parece una persona buena. Cuando viene a verlos es cariñoso con ellos, pero les da todo, nunca les dice a nada que no y están todos mal educados, pero lo del mayor es demasiado: le escucho muchas veces cómo cuenta cosas negativas de su madre, mías, de los dos pequeños... Y todo lo cambia a su favor. Es un niño que tiene maldad. Yo no sé cómo se llama esto. Para mí está como enfermo, porque cualquier día monta un enfado en casa si no se hace lo que él quiere. Conmigo se pone algo suave cuando quiere que le haga algo, le ponga su plato preferido o le dé lo que me pide en ese momento. Si no lo hago, me insulta y me dice las peores palabras que usted pueda oír. Yo no quería venir a la consulta, pero la señora de la casa no sabe ya qué hacer y, desde que yo recuerdo, nunca le castiga por nada, porque dice que ha leído en algunos libros que eso puede afectar al niño psicológicamente».

Le pido me haga una lista de las conductas negativas del niño en casa, yendo de la mañana a la noche, y con un cierto esfuerzo la elabora de la siguiente forma:

—Hay que llamarle cinco, seis o siete veces para que se levante por la mañana para ir al colegio.

—No obedece nunca: «A mí esto me desespera y ya ni lo intento; con su madre es igual o peor».

—Sólo come lo que le gusta y le apetece: «Su madre en esto tiene mucha culpa».

—No quiere vestirse solo por la mañana: «Si yo no le ayudo, dice que no va al colegio y se queda a jugar en su cuarto».

—Si la leche está demasiado fría o caliente, no se la toma y me insulta; si no le pongo las galletas que a él le gustan, porque se han acabado, me insulta a mí o a su madre, atacando donde más pueda doler. Le dice que su padre se ha separado de ella porque no hay quien la aguante.

—Cuando vuelve del colegio, tira la cartera a la entrada y se va a su ordenador o a la maquinita de juegos y se pasa allí horas enteras.

—Si alguno de sus hermanos le coge algo, le pega o le da patadas.

—Dice que hace experimentos en su habitación y tira botes de tinta en la pared «para ver cómo queda». Luego le dice a su madre que ha sido alguno de sus hermanos.

—Con los hermanos se lleva mal, especialmente con el pequeño, que es muy tierno y cariñoso, justo lo contrario que el mayor.

—Cuando sus hermanos han invitado a fiestas de santo o cumpleaños a sus amigos a casa, no ha parado de meterse con ellos y pegarles.

—No tiene amigos ni en el colegio ni fuera de él. Él siempre dice que se meten con él: «Yo creo que hay que intentar razonar y explicarle que todo parte de su forma de ser».

La mujer concluye:

«Doctor, la lista puede ser muy larga: lo que quiero explicarle es que es un niño que se ha criado sin la autoridad de sus padres, demasiado consentido, al que nunca han castigado y que ya se les ha ido de las manos. Tengo sobrinos en el pueblo y tienen otra educación, son normales y sanos».

Del resumen de esta historia clínica yo resaltaría que estamos ante lo que se llamaba antaño un niño rebelde y que modernamente tiene otra etiqueta: trastorno de la personalidad límite e histriónico. Como el tema es la amistad, estamos ante una patología de la amistad, secundaria a un gran desorden psicológico. Este caso, que me ha tenido ocupado durante bastante tiempo, ha tenido una evolución favorable, aunque no ha sido nada fácil y han sido varios los ingredientes que de entrada ha habido que poner en juego:

1. *Entrevista con los padres* para unificar criterios y cambiar de actitud: sistema de premios y castigos; no al regalo permanente; cada reacción agresiva es tipificada. También se habla con el niño para que cambie. La lista de premios y la de castigos fue difícil de elaborar con la ayuda de los progenitores, por la blandura del padre y el desconocimiento de la madre. Las primeras reacciones a los castigos fueron de una enorme agresividad por parte del niño.
2. *Programa de conducta*: pautas muy concretas que van desde luchar por obedecer, hacer su cama, poner la ropa sucia en su sitio, tratar mejor a su hermano, no insultar, hacer los deberes, ordenar su habitación...
3. *Hablar con el tutor del colegio y un par de profesores*. El tema fue complicado, pues se intentó que no trascendiera el problema tan grave a los compañeros, de los cuales casi todos le despreciaban y algunos le llamaban «loco».

Poco a poco fue mejorando, aunque lo hizo de forma gradual, con altibajos, a base de ese sistema de premios y castigos que he comentado. Una de las cosas que conseguimos fue motivarlo para que tuviera dos amigos de su colegio y que fueran algún fin de semana a merendar a su casa, enseñándole normas sencillas de conducta y de respeto. Llegó a decir en algún momento avanzado de su terapia: «Quiero tener algún amigo, sé que puedo y me gustaría conservarlo». También hizo otras afirmaciones: «Yo no quiero ser así. Quiero ser normal y me tienen que ayudar». Esta sentencia lo resume todo. Para este niño el descubrimiento de la amistad fue algo muy positivo, que le abrió un nuevo camino, aunque pasó bastantes dificultades para aprender a tratar bien a sus compañeros de clase.

Para terminar, no olvidemos que, pese a ser la infancia una etapa de la vida en general feliz, no está exenta de peligros emocionales. Insisto en recordar las dos situaciones contrarias que pueden marcar negativamente al niño. Una es la sobreprotección —como acabamos de ver— y otra, el desamparo afectivo. En el primer caso, nos encontraríamos ante el típico niño consentido, que a la larga no va a estar preparado para luchar en la vida. Una educación sobreprotectora y consentidora le hará fabricar unos esquemas mentales y cognitivos que le convertirán en una persona muy vulnerable ante las dificultades.

En el segundo caso, las carencias afectivas pueden ser tantas que esa persona no sepa qué es y en qué consiste el mundo de los sentimientos. Cualquiera de las dos posibilidades es muy negativa, y pueden llegar a producir trastornos severos de la personalidad, depresiones y, en suma, soledad e infelicidad.

La amistad en la adolescencia

Podemos hacer una distinción para dar cierta precisión. La pubertad se extiende desde los once años hasta los quince o dieciséis, y después viene la adolescencia, que va desde los dieciséis en adelante. Hoy, como consecuencia de muchos factores ambientales, la adolescencia se ha prolongado[2], de modo

2. La constelación de factores es muy amplia: la ruptura familiar tan masiva en medio mundo, el exceso de informaciones, la multiplicación de espacios de comunicación (cientos de canales en televisión, el teléfono móvil, tan decisivo para los

que nos encontramos con chicos y chicas de veinte y más años que no han madurado y que presentan conductas muy elementales, a veces infantiles.

La preadolescencia o pubertad es probablemente la única etapa de la vida en la que uno se pone más años de los que tiene. Uno quiere ser mayor, participar en ese mundo que ve hacia delante. La mayoría de las chicas están ya desarrolladas: la menstruación, el pecho y los factores sexuales secundarios están presentes y conforman ya un modelado preciso que se cuela en lo psicológico. Los chicos cambian de voz y descubren la sexualidad con más fuerza que ellas. La aparición de la eyaculación nocturna marca de forma rotunda. Ambos se interesan por el otro sexo y los amores platónicos tienen un sabor especial y una fuerza imaginativa enorme.

Las *notas* y los *compañeros* de clase son dos cuestiones de primer plano: las conversaciones circulan a su alrededor. La rivalidad surge al ver que el resultado de los exámenes deslinda unas posiciones, dejando a unos por delante y a otros por detrás. El *fracaso escolar* puede desempeñar un papel muy negativo a la hora de hacer amistades: una persona se margina o, lo que puede ser peor, se arrima a los que tienen las mismas

---

jóvenes, los videojuegos, el chat, Internet en sus más diversas opciones), el relativismo imperante, que ha ido creciendo de manera exponencial, la ausencia de una educación coherente, la falta de cultura, la cantidad de jóvenes que no han recibido de sus ambientes familiares unos criterios éticos y religiosos, y un largo etcétera en esas mismas direcciones.

La educación española está en alerta roja: la cultura de una nación la señala el termómetro educativo. El «Informe PISA» (2007) de la OCDE señala que España ocupa un lugar muy bajo en la lista de conocimientos. Se encuentra en el puesto 35 de los 57 países analizados. La elocuencia de las cifras no debe dejarnos impávidos, sino hacernos reaccionar con cabeza para ponernos manos a la obra. El deterioro educativo se nota en muchos aspectos: desde cómo hablan los adolescentes o lo que leen, hasta las conversaciones que mantienen o su nivel de aspiraciones.

notas negativas, con lo cual se solapa su mal resultado. Si el colegio es bueno, sabe estimular a los que se quedan atrás y les ayuda de forma personalizada para que mejoren su forma de estudiar, de aprovechar el tiempo, de rendir y de sacarle partido al tiempo pasado delante de los libros.

No obstante, debo señalar que las chicas muestran una madurez psicológica bastante mayor en relación con los chicos de su misma edad. Por eso la amistad chico-chica en la adolescencia está descompensada. Una chica de entre diecisiete y diecinueve años puede salir con un chico de veinticuatro a veintiséis y darse un entendimiento muy positivo, sin que se note ese desfase. La feminidad, la coquetería, el saberse portadora y transmisora de la vida, el descubrimiento de la sexualidad ligada a la ternura y al amor, son fundamentales. Ya se empieza a salir de fin de semana, se escoge a las personas y emergen las filias y las fobias, los que caen bien y mal. Esto marca los movimientos de aproximación y lejanía. Los atisbos descubren preferencias y se pasa de ver sólo la fachada de alguien a profundizar en lo que hay dentro y en la calidad del otro. Se desarrolla así una especial sensibilidad para la sintonía y para averiguar, ante esas otras personas, si realmente puede darse una cierta amistad o no.

La adolescencia es la etapa del descubrimiento de la verdadera amistad. Ya hay intimidad[3], territorio interior donde re-

3. Es apasionante ver cómo los adolescentes se sumergen en las aguas procelosas de los hechos y vivencias que les suceden. Se depositan allí y se almacenan ya con un cierto orden. Ellos buscan la autenticidad: lo verdadero, ser comprendidos, queridos, estimados, valorados. Fernando Alberca se ha adentrado en su universo afectivo poniendo de relieve la magia de llegar a construir afectos sólidos, amores firmes, que arrancan de enamoramientos que permiten construir parejas sin fecha de caducidad. Todo esto aparece en su libro *Las complicaciones del corazón* (Almuzara, Córdoba, 2008), un repertorio de formación muy útil para navegar por los mares sentimentales.

fugiarse, y las vivencias se remansan allí y se van ordenando, unas veces de forma cronológica y otras por la intensidad de lo vivido. Una de las cosas más atractivas es el descubrimiento de esa zona privada de la que los adolescentes suelen ser muy celosos, pues cuando se le ha contado a un amigo algo muy personal y éste lo dice a otros y lo propaga, aparece una de las primeras decepciones de los comienzos de una amistad. Ya en la adolescencia se valora mucho la discreción como herramienta de afirmación de una relación positiva.

La frontera entre la adolescencia y la edad adulta es borrosa. Máxime, como acabo de decir, por esa prolongación del periodo adolescente que se está dando desde hace ya un cierto tiempo. La maduración corporal llega a su punto final: la estatura y las dimensiones somáticas marcan un tipo de cuerpo. Hoy, con la pasión impuesta desde todos los medios de comunicación por la delgadez, va a ser muy importante en las chicas ese tema. La anorexia, la bulimia y las obsesiones estéticas pueden acarrear complejos de inferioridad, falta de seguridad y un nivel de autoestima vacilante.

Junto a todo esto, la maduración psíquica va a presentar varias vertientes muy destacadas, que si se van enfocando bien, tendrán en breve tiempo una resonancia bastante positiva. Veamos este proceso de maduración en los siguientes apartados.

La maduración del adolescente: personalidad y sentimientos

La personalidad es el sello propio y particular de cada uno, la suma de las pautas de conducta que se mueven entre la herencia y el ambiente. El *temperamento* es la parte heredada, genética. El *carácter* es la adquirida, debida a las influencias externas. Cuando se han conocido modelos de identidad sanos y atractivos, el asunto resulta bastante más fácil. Los primeros modelos son los padres y los familiares más cercanos, en los que uno se proyecta, a los que imita, que le arrastran a uno copiando formas de hablar, de decir y de expresarse en el lenguaje de los gestos. Incluso un detalle aparentemente inocuo, como puede ser la firma, puede estar ya trabajada y ser casi definitiva. Este trazo resume un estilo, una manera, un modo de fijar en un papel su estampa en unas pocas rayas. Todos a esa edad nos hemos dedicado a escribir nuestra firma una y otra vez, modelándola, quitando y poniendo, haciendo una rúbrica más atinada. Esto no es otra cosa que ir trabajando y puliendo la propia personalidad, que se resume y sintetiza en ese garabato que al final nos retrata de alguna manera y va a constituir nada más y nada menos que la firma, con toda la importancia que tiene en la vida, en el Derecho y en las muchas circunstancias en las que debemos dejarla estampada en un papel que alguien pone delante de nosotros.

Tener una personalidad bien armada es importante. Y ello es consecuencia de muchas ayudas: en primer lugar, los padres, que deben tener criterios similares en la educación, evitando desacuerdos serios que hagan que ese joven escoja el camino más fácil, el menos positivo a la larga. Después, las amistades, que tienen un valor decisivo; unas veces son escogidas, pero en la mayoría de las ocasiones proceden del colegio, donde si bien se produce una cierta selección, es limitada. Cada uno escoge de entre los compañeros disponibles aquellas personas con las que hay más sintonía y acuerdo, con las que se siente más a gusto.

Los sentimientos hacen de intermediarios entre los instintos y la razón. Aquí el campo de maniobras es enorme. Empieza por la necesidad de apoyarse en los demás. Después hay que ser capaz de expresar sentimientos adecuados, sabiendo que todos son una moneda con dos caras contrapuestas. Se puede caer bien o mal, sentirse atraído o sentir rechazo, etc. En esta etapa es habitual un cierto extremismo: el mundo en dos colores, en blanco y negro. Las personas, o son encantadoras, o son odiosas, y eso produce reacciones desagradables, roces y malentendidos. Luego este posicionamiento se modera y la vida misma va buscando un cierto equilibrio en el modo de colocarse ante los demás. Se pasa del extremismo a una cierta tolerancia todavía incipiente.

Los dos afectos más vivos que es capaz de vivir un adolescente son el enamoramiento y la amistad. El primero se vive como un viento impetuoso, que si es sano, emborracha, convirtiendo a esa otra persona en alguien en quien se piensa, con quien se dialoga, que se cuela en los entresijos de los espacios mentales. Enamorarse a esa edad es decirle a alguien: «Te necesito, eres fundamental para mí, qué suerte haberte encontrado». Las personas ya maduras valoramos esas circunstancias, pero sabemos que en la mayoría de las ocasiones eso no va a durar. Casi siempre, por los jóvenes que son ambos y por los muchos vericuetos que va a pasar esa relación; otras veces porque por exigencias de la edad los sentimientos son más volubles e influenciables, y su escasa solidez los torna endebles, frágiles, prontos a venirse abajo. Aun así, se trata de vivencias inolvidables, que ayudan mucho a descubrir cómo somos, cómo nos ven los demás, en qué consiste realmente el mundo afectivo y qué pozo sin fondo es ese universo emocional que allí se hospeda. Es un trabajo de gran relieve enseñar a distinguir entre afectos próximos que confunden y emborronan, pero por los que debemos marchar, y lo que es realmente desear, querer, conocer más, compartir, dialogar, sentir atracción, etc.

La otra gran nota en este segmento de la maduración es la amistad. *La amistad en la adolescencia es de una enorme belleza* y tiene toda la frescura y lozanía de las grandes experiencias positivas. Es encontrar a alguien con quien hablar, confiar, desahogarse, decirle lo que pensamos, contarle las muchas cosas que circulan por nuestro corazón y nuestra cabeza y saber que nos escucha con atención y nos comprende. Bastantes de estas amistades se mantienen con el paso de los años y mantienen un sabor perenne. *Es un ejercicio de intimidad recíproca, lleno de arte y sensibilidad.* La idiosincrasia del adolescente no se puede entender sin esta nota. Palidecen otros sentimientos y se desdibujan ante lo que es y significa tener un amigo. Algunos padres no lo entienden o creen que sus hijos están obsesionados con su pandilla o con su grupo de amistades, sin darse cuenta del enorme valor educativo que tienen uno y otro en la consolidación de su afectividad. Por eso es bueno que los padres sepan implicarse con los amigos de sus hijos, conocerlos, tratarlos, recibirlos en casa... De ese modo se prolonga la amistad, se alarga y se hace familiar.

Ya Cicerón dijo que «el amigo es otro yo», e insiste: «Sin la amistad el hombre no puede ser feliz». Es de las cosas más necesarias para vivir bien. Nos produce un gozo abundante y va creciendo si se cultiva, si ambas personas se ven a menudo, frecuentan el trato y llegan a un intercambio profundo de ideas, creencias y experiencias personales muy privadas. Así se termina por buscar consejo mutuo y exponer lo que a uno le sucede, abriendo de par en par las puertas de la zona más reservada. La amistad se afianza si camina hacia un objetivo común. No siempre esto es posible, sobre todo cuando la vida está por hacer. Cuando uno es joven, está lleno de posibilidades; cuando es mayor, está lleno de realidades.

El ejercicio físico es al cuerpo lo que la lectura es a la inteligencia. A esa edad se va formando el espíritu crítico que es tan importante para saber distinguir la realidad y lo que se esconde y camufla por debajo de ella. Esto nos va llevando a tener criterio, a distinguir lo que es importante y lo que es accesorio, a saber lo que está bien y lo que está mal, saber captar la realidad en su complejidad y en sus conexiones. Inteligencia no es que nos hagan un test y nos digan que somos muy capaces. Inteligencia es saber gestionar —a cada edad— la propia trayectoria del mejor modo posible. En relación con la amistad, la inteligencia, que va a ir estando bien orientada, es capaz de darse cuenta de si una amistad no es sana, si puede ser perjudicial. El adolescente bien formado se deja aconsejar por los padres sobre el beneficio o el perjuicio de la misma. Hay una inteligencia natural y otra cultivada, la carga genética y la adquirida. Las dos conforman un estilo de vida inteligente que se va a ir adentrando en esa persona y va iluminando cada territorio de su psicología.

Es esencial la selección de lecturas. Es menester buscar tiempo y fomentar este hábito. Por eso los padres deben procurar leer y que sus hijos vean que lo hacen, además de comentar lo que se ha leído y recomendar textos adecuados a cada edad. Crear una atmósfera de lectura en la familia es una labor educativa que no tiene precio. No obstante, insisto en que los padres deben ir por delante, aunque cueste y a veces no se encuentre el tiempo oportuno para ello. Un joven que lee va a tener una visión más rica de la vida, se agranda su vocabulario y es capaz de captar más matices que aquel que no practica este hábito.

Empecé a leer a los quince años y recuerdo que mis primeras lecturas estuvieron dirigidas por mi madre: Juan Valera me enseñó en *Pepita Jiménez* las secuencias del enamoramiento, y en *Juanita la Larga* o *Doña Luz* contemplé el ambiente andaluz que yo vivía en esos momentos. Mi madre era sobrina nieta de Valera y me transmitió su pasión por él: refinado, culto, con un buen manejo del idioma y con un alto ideal estético. Con Galdós me deslumbré y me sumergí en la fascinación de un relato sensacional, con Madrid en primer plano y su vida cotidiana en la clase media. Así conocí a *Fortunata y Jacinta* por un lado y los dramáticos amores de Juanito Santa Cruz o *Miau*, repleta de realismo, con sentimientos difíciles de gobernar, o *Misericordia*, o *El abuelo*... Algunas de ellas las he vuelto a leer. No puedo olvidar que la novela del siglo XIX español ha sido la gran educadora de la afectividad. También Clarín entró en mi colección de autores preferidos. Una profesora del colegio nos hizo leerlo. Empecé con *La Regenta*, que fui leyendo a retazos, pues me parecía demasiado larga para mis años. Sin embargo, nuestra profesora nos ilustraba sobre su forma de relatar y la influencia recibida de Zola y su naturalismo. El libro *Su único hijo* no lo terminé, decepcionado de su ironía cáustica y su tendencia a caricaturizar a algunos personajes centrales.

La poesía fue siempre mi pasión. Hoy continúa intacta, a pesar de ser tan poco popular. Mi padre me descubrió a García Lorca y más tarde mi madre me recitaba de memoria estrofas enteras del *Romancero gitano*, *Doña Rosita la soltera* o *Poeta en Nueva York*. Años más tarde me entregué a su teatro y *Bodas de sangre* o *La casa de Bernarda Alba* me fascinaron. Hoy me sé de memoria muchos versos de Lorca y los recito saboreando su frescura, su gracia y esas metáforas llenas de andalucismo e inspiradas en el pueblo. Poco después la Generación del 27 se convirtió en mi gran compañera, con Góngora y Juan Ramón Jiménez como padres, y la lista excepcional de autores que forman verdaderamente lo que se ha llamado el «Segundo Siglo de Oro» español. Para mí Alberti es superior, lo pondría al lado de García Lorca. Estos dos poetas han sido mi delicia de muchos días, leyendo y repitiendo sus excepcionales versos. Y después, Gerardo Diego, Vicente Aleixandre, Dámaso Alonso, Pedro Salinas... Son sólo algunas recomendaciones.

El gusanillo de la lectura hay que meterlo en plena adolescencia. Hoy en día, en estos albores del siglo XXI, resulta bastante más difícil leer, comparado con lo que ocurría en mi juventud: están el teléfono portátil, Internet, la PlayStation, el ordenador, los muchos canales de televisión que se pueden ver en cada casa... Esto impide la lectura y sólo los muy aficionados y los que han sabido crear un hábito llegarán a apreciar el valor de tener un libro entre sus manos, descender por sus aguas y bañarse en el contenido de un texto que merece la pena leer.

Hay que fomentar la lectura a tiempo y a destiempo. Esto debe comenzar en la familia, que es la primera escuela. Al principio hay que insistir, sugerir títulos y comentarlos, y explicar que la diferencia entre una buena película y un libro es, entre otras cosas, que la primera sólo dura un par de horas, y salvo que se trate de algo grande o de una obra de arte, deja poca huella, aunque distrae, relaja y sortea preocupaciones y problemas. El libro, por el contrario, presenta unas notas más duraderas, puesto que uno tarda tiempo en leerlo y deja una señal por el sitio por donde va, anotando sugerencias. La lectura es una escuela en sí misma si se eligen los libros adecuados y favorece el desarrollo de la personalidad con todos sus contenidos en esta etapa en la que empiezan a concretarse y a madurar los sentimientos y todas las demás facetas del espíritu.

Debemos recordar que el desarrollo de la afectividad, iniciado en la infancia, alcanza su culminación en este periodo. La forma de pensar se va haciendo más lógica y abstracta, más sistemática. Dado que en la adolescencia se siente un fuerte deseo de cambiar el mundo, es lógico que los más jóvenes sean grandes idealistas. Valoran los grandes temas de la existencia humana desde un prisma utópico que aplican a todo: la justicia, el bien, la política, el amor y, por supuesto, la amistad. Todo se expresa de forma apasionada. Los adultos a menudo se sorprenden escuchando a los adolescentes, que debido a su escasa experiencia vital carecen del soporte de la realidad.

En el plano afectivo nos encontramos un periodo en el que los sentimientos, las emociones y las pasiones están en plena efervescencia. Los adolescentes descubren su geografía emocional y la exploran de mil modos, unas veces de forma pasiva, dejando que les invadan las vivencias, y otras de forma activa, participando y actuando sobre los acontecimientos. Son habituales en ellos las grandes oscilaciones del estado de ánimo, con saltos muy acusados que se producen en muy poco tiempo. Son muchos los descubrimientos que hace el adolescente mientras aprende a saborear. Su intimidad se convierte en un almacén de vivencias, un espacio habitado de hechos biográficos que empiezan a tener densidad. Como decía Ortega y Gasset, se dan en esta época de la vida dos operaciones psicológicas características del contacto con la realidad: el *ensimismamiento*, o buceo en lo más profundo de nuestras interioridades, y la *alteración*, un vivir en la acción externa, en el contacto con el mundo exterior.

Los procesos de identidad del adolescente se van fraguando en una mezcla de ingredientes. La amistad es una pieza clave en todo este mecanismo. Se copian las conductas de los compañeros que ejercen mayor liderazgo y el perfil personal se va dibujando entre sombras y matices, moviéndose entre luces y sombras que combinan una imaginería compleja que llevará poco a poco a consolidar la personalidad.

En el comienzo del nuevo siglo XXI, en el que abundan las familias con hijo único (y que pierden, por tanto, el concepto de hermandad), la elección de las amistades es más importante que nunca. El niño y el adolescente de hoy —en las sociedades desarrolladas— lo tienen más difícil para aprender a compartir. Por este motivo no es extraño comprobar cómo muy pronto los amigos empiezan a sustituir a la familia y se convierten en protagonistas de primera línea. La labor de los padres en esta travesía es muy delicada y se necesita mucha maestría para sortear los conflictos propios de personas que están todavía en pleno proceso de formación y que, además, son rebeldes por definición. Hay que respetar, como ya hemos indicado, a los amigos de los hijos, pero supervisando su influencia y evitando que den lugar a un ambiente demasiado permisivo que, a la larga, resulte negativo y lleve a una degradación de la conducta. Tal supervisión debe ejecutarse con cuidado, con sigilo y tacto, para evitar que los chicos puedan sentirse manipulados o atacados en sus libertades.

El colegio o el instituto, por supuesto, suponen una parte esencial de la vida en este periodo de formación. Allí tienen lugar encuentros, rechazos, tensiones, compañerismo. Es allí donde se forja la mayor parte de las amistades. Sin embargo, nunca hay que olvidar que la verdadera educación debe darse en la familia, que es donde se aprende a vivir. La familia es el primer modelo de toda persona, tanto para bien como para mal.

La maduración espiritual y cultural

La espiritualidad no es otra cosa que hacerle descubrir a un joven que existen dos planos complementarios en la vida que deben armonizarse: *lo natural y lo sobrenatural, lo físico y lo metafísico, lo inmanente y lo trascendente*. La tradición judeocristiana tiene en Europa una fuerza histórica. De ahí que sea bueno fomentar la lectura de la Biblia como texto esencial, decisivo, clave. Además, enseña a tener un sentido de la vida: de dónde venimos, a dónde vamos, qué significan el dolor, la alegría, la sexualidad, el esfuerzo, la enfermedad, la muerte. Una persona bien formada espiritualmente va a ser como un árbol bien plantado y con unas raíces profundas, difíciles de arrancar. Hoy en medio mundo existe una falta de formación en este aspecto muy acusada, que nos está dejando unos resultados negativos y demoledores. Masas de gentes perdidas, sin dirección, sin brújula[4]. Hay que subrayar la primacía de lo espiritual sobre otros conceptos. Una persona formada es difícil de manipular, sabe discernir, tiene argumentos para rebatir ideas contrarias y está abierto a cambiar, a mejorar, a enriquecerse.

La otra vertiente es la cultura. Es conocimiento, afición a aquellas cosas que nos hacen ricos y dueños de nosotros mismos: la música en sus distintas acepciones, el arte, la literatura y sus variedades, la capacidad para descubrir la belleza y todo lo que de ella se deriva. En una palabra, *la cultura es libertad*. También podríamos decir: *la cultura es la estética de la inteligencia*. O un saber de cinco estrellas que nos eleva por encima de la realidad que se abre ante nosotros. *La cultura es el cono-*

4. El libro de Alain Finkielkraut, *La humanidad perdida* (Anagrama, Barcelona, 1998), explica con claridad todo esto.

cimiento de lo mejor que se ha dicho y pensado en el mundo. Por eso tiene un perímetro inabarcable, si bien cada uno escoge de ella lo que más le gusta, lo que le llama la atención, lo que puede satisfacer su curiosidad y ayudarle a cubrir el vacío particular. La cultura es el reloj que todos llevamos discretamente en la muñeca, sin sacarlo a cada rato, pero que nos da la hora de lo que está pasando y nos sirve para interpretar los hechos que se suceden. Así nos sumergimos en su maestría de abundancia.

Una persona inculta es vulgar, vive trasegando tópicos, es ignorante y está empobrecida por dentro. Una de las envidias más sanas que existen es la que se produce al ver que otro es portador de una sabiduría y un conocimiento que le hace superior. *El inculto puede ser manipulado; el culto es independiente.* Ya en esta edad juvenil es conveniente enseñar a aprender, a juzgar, a resolver y, en consecuencia, a conocer lo que está fuera, lo que es historia y lo que hay dentro de uno mismo. *La cultura es un sistema de referencias sobre los grandes temas.* De lo dicho podemos concluir que en la espiritualidad y la cultura se encuentran el fundamento de la persona.

El adolescente que se ocupa de madurar está trabajando la perla preciosa que llegará a ser un tesoro escondido. Por ese camino se irá haciendo dueño de sí mismo y, aunque sea joven, tendrá la firmeza de los árboles bien plantados. Eso le irá llevando a tener visión de los hechos y una disposición adecuada para cambiar lo que es necesario y profundizar en aquello que le sustenta. Es más fácil la amistad para el que tiene cultura porque es capaz de apreciar los muchos detalles y matices que residen en el trato con otro ser humano. El conocimiento dilata la pupila y nos hace ver el panorama de modo más amplio y preciso. *La amistad juvenil está llena de promesas.*

El afán de libertad e independencia del adolescente

Este pasadizo que es la adolescencia ha sido denominado por algunos psicólogos *la segunda edad de la obstinación*, ya que los rasgos que prevalecen son terquedad, egocentrismo, tendencia a la oposición, rebeldía, inconformismo, crítica al modelo de los padres que agudiza su parte negativa, inestabilidad de ánimo, cambios bruscos en la forma de pensar y oscilaciones que van de la idealización de alguien a su caída del pedestal. Es muy fuerte la reacción contra la autoridad de los padres, produciéndose un doble fenómeno psicológico[5]: las hijas tienden a criticar a las madres, y los hijos a los padres. En las familias mal avenidas la pandilla de amigos sustituye a la familia. Por eso la convivencia con ellos es tan difícil y requiere tacto, mano izquierda, habilidad, saber entenderles y no convertir cada aventura o cada pequeña derrota en un drama.

Ellos mismos no se entienden y no saben lo que les sucede. *La adolescencia es el periodo de la inestabilidad*. Esto, llevado al terreno de la amistad, puede significar que se buscan riesgos y aventuras que pueden terminar pronto, tener un final negativo y frustrante o, simplemente, dar paso a reacciones agresivas y descontroladas. Repito: *la importancia de los padres como primeros educadores es capital*. A continuación están los tutores y encargados en el colegio de su educación. Estas personas son clave y pueden ser de gran utilidad. El mundo

5. Ya Freud habló del complejo de Edipo (la proximidad psicológica del hijo con la madre) y el complejo de Electra (la hija con el padre). En las familias con varios hijos esto se puede observar sin llegar al grado de conceptuarlo como complejo. Es relativamente natural que la hija se incline y dirija hacia su padre y que el hijo lo haga hacia su madre. De aquí arrancan muchas interpretaciones sugerentes y audaces.

adolescente mezcla sueños, fantasías, ilusiones de llegar lejos en la vida y, por otra parte, se tropieza con la realidad de los estudios, la convivencia diaria, el saber mantener las amistades y cultivarlas, y el aprender a sortear los obstáculos que se vayan presentando aquí y allá.

Una amistad verdadera en la adolescencia es una ayuda importante. La morada de la intimidad es la amistad. Ese abrirse y contar lo que se vive y dejar que el otro entre en ese espacio propio reservado y recóndito constituye un trabajo estupendo y lleno de nobleza. Y aunque aún no se conozcan en su totalidad las reglas de la conducta, está repleto de sabores y es una experiencia singular inolvidable. Se acumulan en el arsenal de la memoria la gama de sensaciones que de ahí proceden. El pensamiento transita de intuitivo a lógico, aunque la hegemonía sigue siendo de los sentimientos: ellos llevan la voz cantante y dictan las normas de conducta. Por eso la amistad, si no funciona bien, es pródiga en conflictos, rivalidades y malas interpretaciones de hechos y dichos. Grandes enfados, sufrimientos fuertes y decepciones agudas se presentan de pronto y nos traen el sabor amargo de las relaciones mal estructuradas.

En las pandillas de amigos la figura del líder ejerce una función capital. Él va delante, abriendo paso y, de alguna manera, se hace portavoz de los demás. En grupos juveniles sanos a veces observamos que asoma el líder natural, con tal personalidad y fuerza de criterios que arrastra a los demás en su dirección. Cuando hay varios líderes, el asunto puede complicarse, porque unos y otros dividen al grupo y éste puede partirse y disgregarse.

La amistad juvenil es un monumento a la comunicación íntima. Muchos ideales se cobijan bajo su sombra. Hay alguien que escucha con atención y aconseja, al tiempo que conoce los secretos y las cosas menos confesables, los desengaños, disgustos y penas. La amistad profunda es un bálsamo que cura muchas heridas.

En la amistad chico-chica asoman las grandes reflexiones y los problemas fundamentales de la vida. Como las mujeres a esta edad son bastante más maduras que los hombres, un chico se puede enamorar —además del factor físico, por supuesto— de cómo esa persona tiene ideas claras y respuestas a los principales interrogantes de la vida. Ya se puede observar lo que se ve más tarde, con el paso de unos cuantos años: la mujer hace más humano al hombre, pues le descubre la necesidad de tener un proyecto. Le abre los ojos sobre lo que es el mundo de los sentimientos y se convierte en aguja magnética, en rosa de los vientos de la afectividad, además de enseñarle lo que hay fuera y lo que ella lleva dentro.

El enamoramiento juvenil que nace de una amistad sincera es emocionante, delicioso, coge toda la cabeza y empapa el corazón de los grandes ideales. El primer beso cobra un sabor inolvidable. Y todo se remansa en recuerdos que se fijan a fuego en la memoria. No debemos perder de vista que a esa edad la afectividad es tan intensa como frágil y quebradiza. Por ejemplo, una persona decide abandonar los estudios de pronto; otra se va a vivir con su novio; otra acaba odiando a alguien por una serie de hechos desdibujados y poco precisos, pero hace una interpretación muy negativa de lo vivido y se instala en la aversión. En la edad adolescente se produce una primera maduración de la sociabilidad: se empieza a conocer qué son las relaciones sociales, qué gamas existen, qué diferencia hay entre conocer a alguien y ser amigo suyo. Se descubre la escala de la amistad y también se aprende que en la amistad hombre-mujer la sexualidad está muy presente[6]. Al mismo tiempo se van distinguiendo los contactos personales auténticos y profundos de los mediatizados y superficiales. De este modo se va integrando la sexualidad dentro de la afectividad, que es el lugar que le corresponde.

La curiosidad sexual es natural y significa ir entendiendo qué es, en qué consiste, qué características tiene, cómo funciona... Así hasta llegar a comprender que *la sexualidad es un lenguaje del amor y que amor y sexualidad deben ir unidos*. Una falsa amistad en la que el principio es sexo tiene mal pronóstico y no durará. Todo esto revolotea en los jóvenes, se mueve y deambula por las inmediaciones de sus relaciones y es necesario situarlo de forma correcta, sobre todo en la actualidad, cuando la permisividad y el relativismo tienden a llevárselo todo por delante y dejar al mundo vacío de referencias nobles e ideales. La formación de la personalidad para poder tener unas amistades hondas y verdaderas ha de hacerse de manera integral. Esta palabra, «integral», significa que la persona es capaz de reunir a la vez distintas vertientes: lo físico, lo psicológico, lo espiritual y lo cultural. Ésta es la mejor manera de no instrumentalizar la amistad. Todo ello forma una verdadera sinfonía de vida en la que cada instrumento, cada parcela, se integra con otra hasta formar un mosaico completo.

---

6. Hoy en día las relaciones sexuales en la adolescencia y primera juventud se han puesto en bastante primer plano. Y quiero hacer una observación que me parece pertinente llegados a este recorrido de nuestro análisis: *con cierta frecuencia el hombre, fingiendo amor, lo que busca es sexo; y por el contrario, la mujer, fingiendo sexo, lo que realmente busca es amor*. Son dos actitudes actuales. La erotización de la sociedad muestra aquí un exponente más.

La elección del modelo arranca de lo que llamamos *los procesos de imitación*. Se copian estilos y formas de vida que se ven alrededor. Se reproduce más lo de fuera que lo de dentro, porque lo uno se ve y lo otro permanece oculto. Hay aquí, además, factores conscientes e inconscientes que se mezclan. El modelo es un referente humano atractivo y sugerente que empuja a seguirlo y sirve de espejo en donde mirarse. *Los primeros modelos son los padres*. Después los profesores, y los famosos, y las personas que aparecen en los medios de comunicación y tienen una cierta resonancia social. El que ha crecido con un modelo claro, sano y coherente, y ha ido siguiendo sus pasos, lo va a tener más fácil y su desarrollo psicológico generará una pedagogía en la que mirarse.

En los años juveniles los padres pasan de ser amados a criticados e incluso rechazados abiertamente, sobre todo si no saben conjugar autoridad y tolerancia. Hay cuatro personas que pueden servir de modelos si su conducta es una mezcla de coherencia interior, modernidad, cordialidad y cercanía. Son los siguientes:

—*Los padres*: pueden ser ambos o sólo uno de ellos. En las familias que funcionan bien, los hijos se fijan en los esquemas paternales y muchas veces lo único que tienen que hacer es una réplica y repetir su estilo. En las familias disfuncionales esto no suele ocurrir, y los hijos construyen su personalidad por otros derroteros. Si no son sanos y positivos, pueden tener consecuencias malas… A veces sustituyen la familia por la pandilla, y en ésta, si los que llevan la voz cantante son personas mal estructuradas, las consecuencias nocivas aparecerán pronto. La figura de la madre para el hijo y la figura del padre para la hija son determinantes y ejercen un influjo que puede ser fundamental y es el mejor modo de iniciar este desarrollo de forma psicológicamente correcta.

—*El profesor*: no debe limitarse a explicar su asignatura, aunque tal sea su función primordial. Sin embargo, también debe intentar comprender a su alumno y darle un trato cercano, en donde el diálogo sirva para mejorar en los conocimientos de esa disciplina, sin absorberles la personalidad y sin dejarse absorber por ellos. Si eso funciona bien, se produce una ósmosis recíproca y ambos aprenden y enseñan[7]. Si el profesor tiene peso, categoría y valores atractivos, se convierte en maestro.

—*El maestro*: enseña lecciones que no vienen en los libros y va más allá de las explicaciones de clase. Se va produciendo una especie de seducción combinada de admiración, carisma, gancho y simpatía. Hay un reconocimiento de valores que fascinan al joven, captan su atención y le van llevando a querer parecerse al maestro. Hay algo indefinible que provoca todo esto. Embeleso e imán por las cualidades que ven. Al alumno le gustaría parecerse a

---

7. Hoy se ha producido en muchos países de la Unión Europea una crisis en las escuelas públicas que se prolonga en una falta de autoridad del profesorado. Los problemas son abundantes: la indisciplina de los alumnos, muchos de los cuales vienen de hogares rotos y tienen un fondo selvático; la dificultad para poner orden y disciplina; el miedo de los profesores a ser denunciados por sus alumnos o los padres de sus alumnos por malos tratos psicológicos… Todo ello ha llevado al miedo o incluso a la fobia a dar clase de algunos profesores, que entran en las aulas con ansiedad ante lo que puede sucederles. Los adolescentes pasan más tiempo en su colegio que en casa, y eso les va a marcar. Si el colegio no puede ofrecer un ejercicio de autoridad y buen gobierno, puede convertirse en un caos de consecuencias muy nocivas.

su maestro[8]. Cuando alguien ha vivido experiencias similares, sabe lo fascinante que es esto, la ayuda que le ofrece y cómo le sirve de modelo durante los años decisivos de la edad juvenil.

—*El testigo*: viene a continuación del anterior. El testigo es aquella persona que habla con su vida ejemplar, que constituye una lección abierta de elocuencia. El testimonio tiene rotundidad y es subyugante. Esto hay que buscarlo de manera incisiva, ya que casi todo lo que suele aparecer en los medios de comunicación es antimodelo: vidas rotas, sin mensaje, entronizadas en el todo vale y en las que resulta más que difícil encontrar algo valioso y, si aparece —pensemos en la televisión—, queda fagocitado, comido por la bulimia de ideas, conceptos y noticias que van en dirección contraria, con lo que no hay continuidad.

Lo que está claro es que estos personajes existen y siempre se darán en la historia de la humanidad. Son individuos excepcionales, llenos de vigor y de fuerza, con una singularidad magnífica. Hay que buscarlos como sea en el presente y debemos ir a su encuentro en el pasado. Vidas singulares que sirven de antorcha para iluminar a todo el que quiera encontrar un camino humano superior, que busque la excelencia. Quiero exponer dos casos distintos, uno el del psiquiatra austriaco Victor Frankl, y otro el del vietnamita Nguyên Van Thuân. El

8. Aquí podemos descubrir con nitidez la diferencia entre *potestas* y *autoritas*. El profesor tiene poder y puede suspender a su alumno. El maestro tiene autoridad y puede arrastrarle hacia lo mejor, descubriéndole el mundo de valores superiores a lo puramente académico.

primero estuvo muchos años en los campos nazis de exterminio de Dachau y Auschwitz, tratado como ganado, como carne, convertido en cosa y degradado. Llenaba su tiempo libre hablando con otros presos, intentando aliviar el sufrimiento atroz de vivir de ese modo y sin esperanza, sin salida. Fue allí donde diseñó su método de tratamiento psicológico llamado logoterapia, mediante el cual trataba de reconducir la existencia de alguien hacia una zona más sana, limpiándola de adherencias negativas, odios, rencores y ataduras negativas del pasado que impedían mirar hacia delante con esperanza, como nos cuenta en su libro *El hombre en busca de su sentido*. En pleno campo nazi, en unas condiciones terribles por un lado y paupérrimas por otro, Victor Frankl fue capaz de elaborar un programa de tratamiento, sin medios ni recursos y siendo tratado de un modo vejatorio, humillante, ultrajado de arriba abajo en lo más elemental de su condición humana. Esto pone en cuestión cómo en las circunstancias aparentemente más desfavorables el ser humano puede sacar fuerzas de flaqueza y lanzarse a la pirueta de la excelencia.

El otro caso que quiero poner sobre la mesa es el del sacerdote católico Van Thuân, que estuvo trece años en la cárcel, nueve de ellos en una celda de aislamiento y después otros cuatro con presos comunes. En la primera etapa, acusado de complot contra el sistema comunista, fue encarcelado de un día para otro y tuvo que reordenar su vida. En pocos días se dio cuenta de su situación y de cómo en los sistemas marxistas y estalinistas la dureza de la prisión es total[9], con la maestría y

9. Hay dos libros suyos que dejaron en mí un fuerte impacto: el primero y para mí más importante es *Testigos de esperanza*, traducido a muchos idiomas. No he leído muchos libros con tanta garra, que le hagan a uno sentirse renovado

la maldad de unos regímenes totalitarios que dejaron una huella de infamia y villanía que quedan para la historia del siglo XX. Pues bien, Van Thuân hizo un horario en la cárcel, reescribió el Evangelio y muchos pasajes de la Biblia recordándolos y poniéndolos en unos papeles mínimos que le dieron los carceleros, y su lema fue: «Esto es lo que Dios quiere para ti. Aprovecha el momento presente llenándolo de amor». Y eso es lo que hizo. Con el tiempo dio clase a los carceleros que se encargaban de él, les enseñó canciones en latín y les hablaba de sus viajes por el mundo, de la idea de lo que era Dios y de cómo el amor es más fuerte que el odio. En él descubrimos al hombre fuerte, sólido, recio, coherente, lleno de fe, capaz de crecerse ante la ignominia y la indiferencia de los que mandaban, pasando por alto el rebajamiento de su condición de persona. Él nos regaló muchos y sabios consejos sobre conceptos hoy en vías de extinción: el perdón por encima de todo y la esperanza a pesar de todo.

Y no es el único. Por traer a colación otro botón de muestra en las antípodas geográficas, Armando Valladares estuvo veinticinco años en las cárceles cubanas y contó el espectáculo atroz y despiadado, recibido por una injusta encarcelación, en su inolvidable texto *Contra toda esperanza*. O el de Vaclav Havel en Checoslovaquia, también con varios años de privación de libertad. Todos ellos salieron de esas situaciones bru-

---

y reconciliarse con el ser humano. David vence a Goliat mediante un saber esperar y saber continuar hilvanado de amor. Otro de sus títulos es *Cinco panes y dos peces*, en donde tomando el milagro evangélico de las multiplicaciones hace un alegato de la fe verdaderamente excepcional. Su vida fue en esos años de cárcel para perder la cabeza, los ánimos y la salud. Van Thuân le dio la vuelta a esos argumentos y ahí está el resultado: un testigo del siglo XX para los que quieran tomarlo como modelo.

tales de pérdida de libertad llenos de fuerza, y cada uno de ellos, a su estilo, hizo mucho por elevar la dignidad del ser humano. Todos relatan amistades que fueron más que un alimento, ya que fueron auténticos bálsamos de comprensión, alivio, confianza y complicidad.

La caída libre de una sociedad se produce cuando se observa una evidente ausencia de modelos sanos, coherentes, atractivos, que son como destellos que alumbran un cielo nocturno en una noche de luna nueva. Hoy vemos a diario en nuestra sociedad formas fugitivas, evanescentes, diluidas, que echan a volar y se evaporan por confusas y huecas al poco de ponerse en circulación. Una sociedad de modelos rotos es una sociedad enferma. En ella se presenta lo negativo como positivo, lo dudoso como cierto, lo roto como entero, lo vulgar como normal.

En la juventud es de enorme importancia encontrar modelos fuertes y positivos. Hoy esto es más individual que colectivo. Tiene que ser cada uno, ayudado por los padres o amigos o educadores, el que a contracorriente sea capaz de mostrar esa cara sugerente que seduce y alienta sentimientos nobles de donación, entrega y solidaridad. Capacidad para maravillarse con lo bueno, lo honesto, lo que no pasa, sino que tiene sabor de permanencia. Este trabajo debemos hacerlo los educadores, cada uno aportando lo que pueda ser de provecho para su entorno.

La amistad en la primera juventud

La adolescencia es la edad de las carencias, los descubrimientos y las rebeldías. De ahí su singularidad. Es como un viento impetuoso poblado de conceptos dispersos y sin raíces, dispersos y desdibujados, que dejan paso a una cierta fijación de la mirada y a la formación de los criterios.

Hay una primera juventud que arranca entre los veintitrés y los veinticinco años aproximadamente, y en la que si uno ha salido de la adolescencia fuerte y con principios y juicios ponderados, está preparado para afrontar esa nueva etapa de la mejor manera posible. Luego viene una segunda juventud, que se da a partir de los treinta y tres años, y que tiene otro sabor. Es el momento de ver cómo va consolidándose el proyecto personal, con los grandes temas latiendo en su interior: amor, trabajo, cultura, amistades, capacidad para superar las adversidades y sinsabores.

La amistad en la juventud tiene ya notas más maduras. Se pasa de la idealización de los primeros años a verla de forma más realista. El arco iris de los distintos grados de eso que llamamos amistad se abre en una bóveda llena de matices. Así, el que vemos que es amigo de todo el mundo no es un amigo. O lo que sucede es que utiliza mal esa palabra y la degrada sin darse cuenta. Cada vez se distinguen mejor sus calidades[10], se superponen los planos de los diferentes sentimientos y se dibujan más claras las fronteras entre todo lo que habita dentro de la amistad y sus contornos: conocidos, gente del trabajo, relaciones intermitentes con los que viven en otra ciudad o país, personas con las que mantenemos relaciones puntuales (desde

10. Lo he dicho antes y quiero volver a insistir: las amistades en grupo son buenas, pero necesitan verse de forma individual, porque si no aterrizan en relaciones demasiado epidérmicas. Esto lo vemos a menudo en grupos de amigos que se tratan con cierta frecuencia, pero si el grupo es demasiado numeroso, se producen alianzas naturales y entonces aparecen los piques, los recelos y las suspicacias. Uno no se habla con el otro, las conversaciones no son en grupo, etc. Así, estando la amistad cerca, no se acaba de rematar. Hay familiaridad y camaradería, pero no verdadera amistad, pues falta una de sus notas esenciales: la intimidad.

el médico de cabecera al dentista, pasando por el abogado o el que nos lleva la declaración de la renta, por poner algunos ejemplos), aquellos que vemos con frecuencia pero siempre en grupo, los cercanos de verdad y, finalmente, los íntimos, que suelen ser pocos. Con los amigos íntimos se genera una estrecha comunicación, y aunque no los veamos todo lo que quisiéramos, sabemos que están ahí para lo que haga falta. Con ellos somos capaces de abrirnos de verdad y contarles todo lo que nos sucede, bueno, malo o poco trascendente. Si el amor es el principal argumento de la vida, la amistad es su moneda de curso legal. Cuando es verdadera, llena, justifica muchos infortunios y hace que nos movamos con más fluidez, sabiendo que contamos con la confianza de algunas personas que nos entienden y nos valoran en lo que somos y aspiramos.

En la segunda juventud nos damos más cuenta de que la amistad necesita tiempo, vemos que no pueden forzarse las cosas. Cuando se han compartido vivencias y situaciones positivas o negativas, en las que uno se ha implicado con el otro, entonces se puede esperar que aquello vaya a más. *Dejar entrar a alguien en nuestra intimidad, en nuestra casa, en nuestras ideas, es enseñarle lo que somos, lo que tenemos, los argumentos que nos mueven y por dónde dirigimos nuestra andadura.*

La amistad debe basarse en un conocimiento íntimo y personal del otro, de tal modo que se haga resistente, fuerte, rocosa. Es natural que vaya creciendo gradualmente. Nos sorprendemos al comprobar que tenemos puntos de vista parecidos, que aparece la cordialidad y surge el deseo de pasar más tiempo juntos y hacer planes, mirar juntos al futuro. *La amistad es el homenaje a la relación personal intransferible*. El que no sienta fascinación por ella, aun reconociendo lo que cuesta, desprecia uno de los grandes banquetes en la mesa de la existencia humana. Su solemnidad invita a explorar sus recovecos.

El universo de la amistad está formado por una constelación de relaciones que cada uno tiene que aclarar, expresar y subrayar. Hay que poner el sustantivo y el adjetivo de aquello que uno vive. *No podemos llamar amigo al conocido*. Utilizar bien los términos nos pone en la realidad. *El diccionario de la amistad esconde muchas trampas*. A medida que pasan los años organizamos mejor nuestros conceptos sobre la amistad, y así a cada variedad la ponemos en su verdadero sitio, incluso sin saberlo. *La amistad que no exige nada ni se queja nunca no es verdadera amistad, es otra cosa*. Cuando hay comunicación, hay diálogo, punto de vista, desacuerdo, malentendidos, reproches, enfado, perdón, vuelta a empezar, aclarar lo sucedido… Hay vida y la vida es conflicto y acuerdo. Lo diría de otro modo: si quieres encontrar amistades en sus distintos grados, llévalas contigo. A los hermanos los recibimos por herencia familiar, a los amigos los elegimos. *La amistad auténtica es tan difícil como el amor*. Requiere mucho esmero y cuidado para que no se pierda en la vorágine de acontecimientos que circulan por la vida de cada uno. Pedir perdón cuando sea menester, aclarar algo que ha quedado confuso e invita a no pensar bien del otro, ofrecer transparencia y claridad en el lenguaje, saber dar y recibir afecto... Y también hay que tener en cuenta, en los momentos de dificultad económica, si se debe pedir ayuda[11].

---

11. El tema de pedir dinero a los amigos íntimos es una prueba de fuego. Si se trata de una persona con una relación cercana, es mejor no hacerlo. En cambio, si la amistad es verdaderamente íntima, el amigo acude a echar una mano para aliviar esa dificultad. A veces el error puede ser de apreciación, ni más ni menos. Tener una noción clara del vocabulario personal de la amistad va a ser la caja de herramientas que debemos utilizar para movernos sin miedo a equivocarnos.

Hay muchas redes afectivas que tejen lazos inciertos, trampas, equívocos.

La amistad que lo es empalidece sobre aquella otra que sólo es apariencia. Puesto que la amistad es algo que sucede en la intimidad, se trata de un espacio muy privado. El término procede del latín *intimus*, que es el superlativo de *interior*: lo que está más dentro, más al fondo, más oculto y secreto, lo que es menos accesible para cualquiera. Allí se hospedan sentimientos, ideas y toda la historia personal almacenada en sus principales sectores. Las reacciones afectivas se producen mediante los clásicos mecanismos de la relación estímulo-respuesta, pero complicándose cada vez. *La intimidad es el reducto donde habita lo más reservado de uno mismo*, y en la amistad verdadera esas compuertas se abren. Entonces dejamos que el amigo se deslice por los pasadizos de la ciudadela interior, le acompañamos para que vea lo que hemos sido y lo que somos.

Nuestra cultura ha ido poniendo en primer plano la dignidad de la persona. De ahí han ido derivando muchas cosas, como la célebre *Declaración de los derechos humanos* (1948). En ella se apoyan muchos conceptos del Derecho, tanto civil como natural, etc. Una de las características de los seres vivos es la inmanencia, lo que significa permanecer dentro, considerar lo que se guarda y queda en el interior. Las piedras no tienen inmanencia porque no tienen un *dentro*. El hombre va de la inmanencia a la trascendencia. La primera nota significa que tener intimidad indica que existe una interioridad, un mundo propio abierto hacia uno mismo y oculto a los demás. Es un lugar donde los hechos y las vivencias quedan guardados para uno mismo, sin que nadie pueda verlos desde fuera. Sin embargo, las personas tenemos una capacidad especial: sacar lo que allí reside, dejar que alguien entre y salga de esa zona privada. La amistad es eso: capacidad para dar de lo más íntimo, sacar lo que guardamos allí y ofrecérselo al amigo. Lo íntimo es lo que sólo conoce uno mismo, lo que no está abierto a los extraños. *La intimidad es un santuario privado, un lugar del que uno es dueño y señor y que está protegido por el pudor*. El pudor[12] es una protección natural sana.

En la amistad superficial dejamos que alguien *se asome* a nuestra intimidad. Sólo eso. En la amistad profunda dejamos que otra persona *entre dentro*. Es la diferencia entre *qué eres tú* y *quién eres tú*. La intimidad de la persona es la respuesta a la segunda pregunta.

Una de las diferencias entre la *amistad* y el *amor conyugal* es que en la primera mostramos nuestra intimidad en general. En la segunda enseñamos también la intimidad corporal; yo soy además mi cuerpo. No podemos olvidar que somos nuestro cuerpo y tenemos nuestro cuerpo; y a su vez nuestro cuerpo nos tiene a nosotros. *El amor conyugal debe expresarse tanto con el cuerpo como con el alma*. Un amor de pareja que no tuviera sexualidad estaría amputado y no podría recibir tal nombre. Y al mismo tiempo a un amor sin alma le faltaría la dimensión espiritual propia de la condición humana y estaría también vacío.

La amistad necesita también de la voluntad, para crecer y afianzarse. La voluntad es la pieza clave para comprender el despliegue y la consecución de metas. La mejor de las amistades, antes o después, pasa por momentos difíciles, inciertos, zigzagueantes, de horas bajas. La voluntad hace que uno pue-

12. El pudor es un sentimiento que se acompaña de acciones como guardar, defender, vigilar y reservar un reducto al que no tienen acceso los extraños. Da origen al concepto inglés *privacy*, «privacidad», porque esa zona no se comparte debido a que hospeda lo más propio de la persona.

da darse a otra persona. Y también la voluntad nos ayuda a gobernar los sentimientos y a no dejar que se escapen. Es nuestra herramienta para explorar territorios baldíos que hagan que se pierda la coherencia de esa relación.

La amistad en la primera y en la segunda juventud cobra unos matices sugerentes, que ya se hacen firmes y ayudan a valorar todo lo que hay en su interior. Por este camino nos encontramos con la célebre cita de Virgilio en *Las Geórgicas*: «Felix qui potuit rerum cognoscere causas», lo que significa «Feliz el que puede saber la razón de las cosas». Reflexionar sobre esto nos llevará a una mayor comprensión de lo que es y significa tener amigos.

Caso clínico: obsesión por el pasado

Hablamos de un joven de veintiséis años, licenciado en Derecho, que se muestra obsesionado por la vida pasada. Es el mayor de cuatro hermanos y acude a la consulta en compañía de su madre. Nos comenta:

«Me lo he pensado mucho antes de venir, porque a mí eso de los psiquiatras me produce mucho respeto y yo no estoy loco. Mi madre me ha dicho que ustedes pueden curar mi ansiedad y yo llevo dos o tres años muy nervioso, dándole muchas vueltas en la cabeza a mi problema. Tuve la pubertad a los diecisiete años, no a los doce o trece, como la mayoría de la gente. La primera vez que fui a una discoteca fue con veinte años. Todo en mi vida ha llegado tarde. Con la llegada de esta pubertad tardía se produjo un corte en mi vida, perdí las sensaciones y los recuerdos, como si no hubiera quedado ninguna huella de lo que había vivido hasta ese momento. El mundo perdió su alegría para mí y se cambió por algo aburrido, rutinario, muy diferente a lo que experimentan los demás. Me he quedado sin vivir muchas cosas importantes y no me siento preparado para afrontar la vida».

Entre otras cosas, él manifestaba dificultades para relacionarse con otras personas, lo cual contribuía a aumentar su ansiedad. En la entrevista describió así su principal problema:

«Sólo me acuerdo de mi desarrollo físico, de mi cuerpo, pero fuera de esta experiencia creo que no he sentido lo que tendría que haber sentido. No tengo conciencia de mi desarrollo psicológico, es como si mi vida tuviera dos partes distintas: antes y después de los diecisiete años. Siempre me he visto muy pequeño en relación con los de mi edad y no he sentido atracción por hacer lo que ellos hacían. Creo que no soy yo mismo, y esto me tiene atormentado. Siento que no he tenido adolescencia, y por eso me encuentro tan mal. Me paso todo el día analizando las sensaciones y recuerdos del pasado, cuando estaba solo y sin compañeros. No empecé a fijarme en las chicas hasta los veinte años. Además siento que todo es peor porque no puedo explicárselo a nadie, porque la gente que me rodea no lo entendería. Es un secreto que sólo puedo compartir con mis padres, no con amigos ni compañeros. Para mí no haber vivido la adolescencia es terrible, y ahora me gustaría recuperar el tiempo perdido, pero creo que no tiene arreglo».

Le explicamos que su problema está estudiado y que tiene un nombre: maduración psicológica tardía. Al preguntarle sobre sus sensaciones, insiste en el hecho que más le atormenta, esa sensación de no haber tenido adolescencia, lo cual le lleva a pasarse el día recordando el pasado: su primera fiesta, actividades deportivas...

Todo ello impregnado de negatividad, pues tiene la sensación de haber ido siempre por detrás, y que los demás incluso se han reído de él. Su obsesión con el análisis de sensaciones le lleva a sentirse angustiado y, sobre todo, le impide hablar del presente, y menos aún del futuro. Su personalidad obsesiva se agrava ante la ausencia de amistades profundas en las que confiar y con las que sincerarse.

El diagnóstico es de ansiedad con un señalado índice depresivo, aunque es el problema menor, además de un trastorno obsesivo enmarcado en una personalidad obsesiva. Junto a la medicación, que le hizo mejorar claramente, se le administra un proceso psicoterapéutico para elaborar un programa de conducta. Durante las sesiones se pudo observar que él tenía una gran necesidad de hablar, combinada con una notoria incapacidad para escuchar, lo que hacía los encuentros muy largos y un tanto farragosos. Los objetivos de la psicoterapia fueron tres:

—Reconciliarse con el pasado y asumirlo de forma serena, con el objetivo de reencontrarse consigo mismo.

—Afrontar y disolver sus dos obsesiones principales: el repaso permanente del pasado y el deseo de «sentir más». Es preciso asumir la maduración tardía y aceptar que el proceso de mejora es lento pero constante.

—Dar menos vueltas a las cosas en la cabeza. En suma, evitar que el más mínimo contratiempo se convierta en objeto de un análisis obsesivo.

La evolución fue bastante positiva y con el tiempo fue capaz de establecer relaciones normales. En este sentido es importante asumir de forma clara la propia historia personal. Es una raíz importante de la autoestima. Pasado, presente y futuro forman un tejido biográfico en el que se ordena el tropel de vivencias almacenadas, y cada segmento rinde cuenta de su travesía. En muchos trastornos de la personalidad el pasado no se supera y la persona queda atrapada en sus mallas negativas, neurotizándose la forma de ser, saliendo una y otra vez las viejas heridas al primer plano de la vida. En otros casos, a diferencia del ejemplo de Lorenzo, lo que se produce es una especie de éxtasis del presente, de vivir atrapado en el hoy, como sucede en la adolescencia. Lo cierto es que a muchas personas les cuesta embarcarse hacia el futuro, pues lo ven con miedo. Sin embargo, tal es el verdadero destino de la vida, y hay que evitar verlo con rechazo, inquietud o temor al fracaso.

Todo esto es importante en nuestra relación con los demás, que no consiste sólo en cómo los demás nos ven y en la impresión global que tienen de uno, sino también en cómo y con quién establecemos ese contacto. Aquí se mezclan la independencia y una dependencia sana: ser uno mismo, ser con los demás y ser para los demás. En la mayoría de los trastornos de la personalidad hay serias dificultades de relación interpersonal. A veces se debe al surgimiento de un complejo de inferioridad o a la inseguridad; otras veces es porque se busca quedar siempre bien o se teme el rechazo. En todos los casos se produce un mal encuentro interpersonal.

A menudo aparecen *distorsiones cognitivas*, es decir, la *deformación de los hechos* debido a unas creencias básicas erróneas o irracionales que contribuyen a minar nuestra seguridad. En conjunto se trata de hábitos de pensamiento inadecuados que en principio suelen pasar desapercibidos, pero que constituyen formas insanas aunque muy enraizadas de percibir la realidad, pues nos alejan de la verdad. Estas distorsiones se basan en la utilización de criterios emocionales, no racionales, lo que conduce a valoraciones que más bien son prejuicios repletos de inexactitud e imprecisiones. La panorámica se ve sólo desde un ángulo, ignorando matices y el punto de vista de los demás. Todo se convierte en absoluto: jamás, nada, todo. Y el pensamiento se pierde en dicotomías simplificadoras: bueno-malo, amor-odio, valioso-despreciable, etc. Es un mal procedimiento para aproximarse a la amistad.

La amistad hacia la mitad de la vida

La vida es la gran maestra. Debo señalar que *la madurez es serenidad y benevolencia*. Dicho de otro modo: paz y perdón. La paz consiste en tener orden por dentro, sabiendo lo que la vida nos puede dar y las limitaciones que presenta. El perdón debe ir acompañado del olvido y éste es un buen síntoma de equilibrio personal. *La vida es una operación que se realiza hacia delante, no hacia atrás*. Vivir es proyectarse. También aquí la amistad cobra un especial relieve y hace que seamos capaces de adentrarnos en lo que significa: comprensión, capacidad para cerrar las heridas y contar con la ayuda de otras personas que tiran de nosotros hacia delante.

La madurez consiste en haber alcanzado una suficiente autonomía en los campos psicológico, profesional, económico y social. La vida ya encierra un adecuado nivel de conocimiento y seguridad. *La madurez debe ser independencia de criterio y económica*. Uno de los logros de la sociedad moderna desde la mitad del siglo XX es la posibilidad del cambio de estatus social y profesional gracias al trabajo y a la realización personal. En el adulto la amistad se va haciendo cada vez más selectiva. Sin embargo, debo decir que no tiene verdaderos amigos el que tiene demasiados. Quizá crea que lo son porque maneja una terminología demasiado imprecisa. Se escoge al amigo, y al que nos agrada lo situamos en los márgenes de la vida personal. Se sabe lo que se quiere y, en consecuencia, abrirse a nuevas amistades de cierta hondura puede resultar más dificultoso, salvo que se dé un fuerte impacto o aparezca una cercanía psicológica nueva a través del trabajo o de otras circunstancias especiales y positivas. La amistad es simpatía que nace de una cierta admiración y reconocimiento del otro. Y la envoltura es la confianza: fiarse del otro, saber que no traicionará, que su condición humana es buena, sana, noble, positiva. Con defectos y fallos como los que uno mismo tiene, pero que el fondo es de calidad.

En la edad media del ser humano, de los cuarenta a los sesenta aproximadamente, la vida va siendo un resultado. Sale lo que hemos ido haciendo con ella en los grandes temas y argumentos, especialmente en dos: amor y trabajo, vida afectiva y profesional. La ecuación buscada va dando un fruto, dentro de un ejercicio de rendimientos variados. Va siendo la hora de los *balances personales*. También la amistad va ganando aquí su espacio propio. A medida que transcurren los años podemos darnos cuenta de la gran diversidad de estilos de vida, mucho más en una sociedad psicológicamente enferma, en la que lo normal se hace anormal y viceversa.

Lo normal —estadísticamente— es que entre el 60 y el 70 por ciento de las parejas estén rotas, rehechas y vueltas a rehacer. Sin embargo, ese 30 o 40 por ciento de parejas estables, que no se han roto, son anormales estadísticamente, pero son sanas. La *permisividad* y el *relativismo* son dos notas muy marcadas de la era posmoderna[13]. Ésta es una de sus secuelas: el todo vale, por un lado, y el decir que la verdad es relativa a cada hombre y a cada época, por otro. Resultado: todo son verdades pequeñas,

13. La sociedad actual está herida por el consumismo y manipulada por los medios de comunicación. Por eso, es esencial tener criterio.

inseguras, provisionales, transitorias, enmarañadas en un mar de dudas. Por ese camino es difícil responder a la pregunta de quién es el ser humano y todo se disuelve en opiniones subjetivas y particulares, en puntos de vista que no son otra cosa que un archipiélago de versiones. No me alejo del tema de la amistad. Pongo todo esto aquí para llegar a una conclusión negativa que impide que la amistad en la edad madura pueda ser auténtica, con una cierta profundidad y confianza. Ese enemigo nacido de la permisividad y el relativismo se llama individualismo.

Si el egoísmo es un amor desordenado a uno mismo, el individualismo es un sentimiento que lleva a un cierto aislamiento y a vivir demasiado centrado en las cuestiones personales, bastante indiferente hacia los semejantes. Es una actitud de autosuficiencia y de no necesitar a los demás o necesitarlos lo mínimo. Con esos esquemas, tan imperantes hoy, la amistad es muy frágil o se convierte, a lo más, en un verse de vez en cuando para hablar de temas políticos y económicos o de cómo va la salud propia y ajena. Esto lo vemos hoy a menudo. Es otro elemento negativo que conviene desenmascarar.

Pues bien, si la madurez es una cierta culminación equilibrada y positiva de la trayectoria personal, desprovista de cargas de permisividad, relativismo e individualismo, puede y debe ser un momento muy fértil para que la amistad genere un cierto grado de positividad[14]. La precisión del lenguaje ordena un léxico de grados de amistad que deja las cosas en su sitio: del conocido que vemos de vez en cuando y con el que interca-

14. *Hay que huir de las utopías en la amistad*, de presentarla como lo mejor de lo mejor y hacer una exaltación de ella que no corresponde a la realidad. Insisto en los grados de la amistad. La amistad íntima no se da en el superhombre, sino en el ser humano verdadero. Es escasa y se da en personas de gran categoría, que tienen intimidad consigo mismas y que son capaces de tenerla con los demás.

lamos un saludo más o menos educado, hasta el amigo con el que hay cierto nivel de intimidad, emerge una banda, un arco iris que abarca todos los posibles colores y estilos. Por eso tener un léxico personal correcto evita confusiones, ilumina la realidad y evita engaños, disgustos o malentendidos. Un cierto espíritu cartesiano es útil para no llevarse sorpresas.

Muchas amistades maduras nacen de la estima, que no es otra cosa que reconocer el mérito de alguien y apreciarlo, darle un valor elevado. Si a mí me preguntaran de quién me gustaría ser amigo en la actualidad, tendría una lista de unas cuantas personas. Si esta cuestión hiciera referencia a gente del pasado, la lista sería más numerosa. Buscaría personas que me enriquecieran, que me aportaran valores positivos, que me ayudaran a crecer por dentro y a mejorarme. Se esconde aquí un fondo de cultura, de valorar más lo espiritual que lo material. En otro apartado de este libro hablaré de *amistades históricas*, de personas que se han apoyado unas en otras y han dado como resultado cercanías entrañables, relaciones fuertes, duraderas y de gran calidad. Porque *la gran mayoría de las amistades no pasan de un nivel medio*. Unas veces porque las personas no se poseen ni a sí mismas; otras, por falta de tiempo y exceso de trabajo; otras, porque en una sociedad en donde los medios de comunicación están enfermos, se transmiten con reiteración modelos rotos y demasiado materiales, siendo pocos los que saben escapar de esta tupida red superficial y epidérmica.

La estima brota de una valoración. Es buscar valores en alguien a quien vemos cómo los vive: no es que conozca esos valores, sino que sabemos que los practica. Esas cualidades nos encantan y quisiéramos verlas de cerca, copiarlas de algún modo y que se incorporaran a nuestra conducta. Es la belleza de una persona bastante completa que genera una atracción evidente. Uno se detiene y repara en la persona que tiene delante y se da cuenta de su mérito. Hay un matiz evaluador. *Estimar es preferir, apreciar, destacar, valorar de modo positivo, considerar que merece la pena acercarse* y conocer más profundamente a esa persona, que es capaz de mejorarnos. Esta idea me parece muy interesante. En la madurez buscamos amigos con los que compartir el bien más precioso: el tiempo; y la zona más reservada: la intimidad. Son dos vertientes especialmente relevantes. El tiempo veloz que fluye sin parar y que se nos escapa por los entresijos de los días, y la intimidad, que es lo que está más reservado, donde guardamos aquellos hechos que no queremos que nadie conozca, salvo las personas con las que nuestra relación es especial, intensa, delicada y sintónica[15]. Lo he mencionado antes: la intimidad supone reconocer un espacio reservado donde se almacenan las vivencias más queridas, más especiales, unas positivas y otras negativas, que explican muchas razones de nuestro estilo de vivir. Es el núcleo oculto, la parcela escondida donde se fraguan las decisiones más importantes y donde habita todo lo que ha sido decisivo en la biografía. Por todo ello sólo se muestra en la amistad verdadera, en aquella que tiene más visos de ser fuerte, duradera, antigua y cercana.

El tiempo es un bien escaso en la madurez de la vida, sobre todo de los profesionales muy centrados en su trabajo. Si es un

15. Puede resultar extraño o parecer un sinsentido hablar hoy de intimidad, cuando la gente va medio desnuda por la calle, en las playas la gente está completamente desnuda enseñando su cuerpo y los órganos genitales, y en la televisión la falta de pudor es una constante. Pues sí: aun estando así las cosas en los tiempos que corren, esto es importante. No saber guardar la *intimidad física* es un síntoma grave y negativo de nuestro tiempo, y traduce una falta general de pudor, sin que la gente sepa el sentido de proteger el propio cuerpo de la inspección ocular de los demás. No tener *intimidad psicológica* es una manifestación de una sociedad enferma y neurótica, y traduce la ausencia o escasez de vida interior. Ambas zonas reservadas, la física y la psicológica, necesitan ser educadas con inteligencia y sensibilidad.

trabajo gustoso, vocacional, se va metiendo en la vida propia expandiéndose como una mancha de aceite. Es la satisfacción de hacer algo que llena. Los triunfadores son los que disfrutan trabajando. Si el trabajo no es gratificante[16], toda su actividad se vive como una carga pesada. Trabajar y celebrar una fiesta viven de la misma raíz. Sólo es posible la fiesta en una vida con un trabajo lleno de sentido, una actividad que de alguna manera completa y redondea a la persona que la lleva a cabo. Aquí se abre un abanico de matices importantes: desde el que está en paro laboral, pasando por el que desarrolla una ocupación impersonal y casi anónima, hasta el que vive inmerso en el llamado *síndrome de estar quemado*[17]. En todos ellos se da un mismo común denominador: trabajo impersonal que desgasta y escasa autorrealización. Esto marca a una persona y hace que no esté contenta con un gran segmento del proyecto vital como es el trabajo, lo que afectará a sus relaciones amistosas de alguna manera.

Las crisis existenciales entran en juego en este momento. Aunque pueden darse a cualquier edad, son más frecuentes en la fase media de la vida. Consisten en miradas de reojo a todo

---

16. Si el trabajo es alienante, la jubilación es una liberación que debe llegar lo antes posible.

17. Originalmente se llama *burnout* y es un trastorno originado por un trabajo que produce un gran desgaste profesional, acompañado de insatisfacción, sobrecarga excesiva, despersonalización, falta de realización personal y síntomas típicos de estrés (nerviosismo, inquietud interior, ansiedad, taquicardia, opresión precordial, malestar difuso, etc.). Hay una travesía sinuosa y deslizante que va del desgaste profesional a la fatiga crónica. Los que más padecen este trastorno laboral —aunque tiene otros ámbitos— son los médicos y enfermeras de grandes hospitales, con un trabajo excesivo, escasa remuneración, mal ambiente, etc.; también es típico de los que trabajan en ventanillas de atención al público en ministerios, oficinas, etc., en donde las relaciones humanas son frías, distantes, tensas, poco humanas; y lo sufren a menudo periodistas que trabajan en una planta diáfana, en donde cada uno está delante de una pantalla y casi ni mira ni habla con el de al lado.

lo que ha sido nuestra razón de vivir hasta ese momento. Cada autor ha llamado a este problema de una manera distinta: intrahistoria (Unamuno), crisis del ciclo vital (Bronfenbrenner), etc. Lo importante es que en estas crisis uno revisa lo que ha ido haciendo y se contempla lo positivo y lo negativo, dándole más importancia a lo segundo. El resultado es una mezcla de escepticismo y decepción, un creer cada vez menos en uno mismo y en lo que nos rodea.

Caso clínico 1: los efectos de la soledad en una persona de mediana edad

A menudo la soledad, la falta de contacto humano y la ausencia de amistades pueden llevar a sufrir patologías graves. La manera de asumir estas dificultades puede variar a lo largo de la vida, aunque en general los efectos de la soledad son casi siempre negativos. Veamos un ejemplo sacado de mi experiencia médica.

Se trata de una mujer de cuarenta años, soltera, que vive con sus padres. Tiene antecedentes depresivos personales y familiares. Una hermana y una tía paterna atravesaron fases eufóricas. Trabaja como decoradora, mantiene un nivel socioeconómico alto, si bien no quiso estudiar una carrera universitaria porque siempre estuvo muy protegida por sus padres. Hacia los treinta años estudió decoración de interiores en una escuela, lo cual fue clave para ella, pues ha ayudado a alguno de sus hermanos (arquitectos y agentes inmobiliarios), que le han dado trabajo.

En la entrevista nos manifiesta lo siguiente:

«No estudié en la universidad por cosas de la vida. Tuve un novio a los dieciocho años y pensé que me casaría enseguida. Yo siempre estaba con mis padres. El noviazgo duró cuatro años, y luego él me dejó. Fue entonces cuando tuve mi primera depresión. Incluso quise suicidarme. Me marcó mucho por dos motivos: dejé de estudiar y, además, después de aquella relación empecé a desconfiar mucho de los hombres. Cada vez que aparecía uno, pensaba en el daño que me había hecho mi anterior novio y me mostraba muy crítica. Fue pasando el tiempo y cuidé mucho de mi padre, que ha sufrido muchos tratamientos para la depresión. Yo siempre lo recuerdo pachucho, medio mal, con altibajos. La relación entre mis padres no era buena. Mi padre, que es muy egoísta, iba a lo suyo, y mi madre se refugiaba en sus amigas y en salir y entrar de casa. Mi padre le fue infiel en dos ocasiones, y eso hizo mella en mi madre. También influyó en mi percepción de los hombres».

El tratamiento se prolongó durante varios años, ya que si bien la paciente reaccionaba de forma positiva a la medicación y a la psicoterapia, atravesaba fases recurrentes y experimentaba recaídas. Incluso en ocasiones atravesaba fases eufóricas moderadas. El diagnóstico, de depresión bipolar, no implicó un seguimiento constante del tratamiento, cosa habitual en las fases eufóricas, cuando los pacientes se sienten bien y consideran innecesario seguir con los medicamentos.

Al cabo de unos cinco años de seguimiento más o menos regular (por temporadas) vino la madre a informar de que su hija atravesaba una fase eufórica desmedida:

«Mi hija está fuera de sí desde hace un mes, poco antes de empezar la primavera. Se ha ido de casa, a un apartamento que tiene su padre, y se puede decir que está desaparecida. No contesta al teléfono, no sabemos dónde duerme... Ha venido algún día a casa a hablar con su padre y conmigo y está eufórica. No para de hablar, haciendo mil planes. Dice que tiene un novio multimillonario con el que se va a casar este verano. Estoy muy preocupada, porque sé lo que es esto. Como usted sabe, en la familia ya se han dado casos de este tipo.

»Ha pasado el verano con una conducta desinhibida, saliendo y entrando con amigos y amigas, sin horario, llevando una vida caótica y, por supuesto, sin tomar la medicación».

El caso mostraba tal gravedad que se pidió la intervención de un juez. Durante una cena con uno de sus hermanos, éste le administró sin que ella se diera cuenta un sedante, tras lo cual fue llevada, dormida, al hospital. Allí se le aplicó una cura de sueño que produjo una gran mejora en pocos días. Cuando despertó y se dio cuenta de lo que había pasado, reaccionó violentamente contra su familia y el equipo médico. La medicación neuroléptica administrada mejoró su estado con un efecto gradual.

En una consulta posterior, comenta:

«Me parece muy mal que mi familia tuviera que recurrir al juez para ingresarme. Siento que se han vulnerado mis derechos y que mis padres han abusado de su poder. Yo estaba bien, no tan eufórica como otras veces».

Cuando se le pregunta si recuerda lo que hizo durante los meses de euforia, se da cuenta de que muchas cosas se agolpan dentro de ella. Se le sugiere que intente recordar hechos, sin obsesionarse por los detalles. Poco a poco va recuperando la confianza en el médico y va reconstruyendo, aunque con muchas lagunas, sus andanzas:

«Reconozco que he hecho muchas locuras, pues he tomado cocaína con alguna frecuencia y he mantenido relaciones sexuales de las que ahora me avergüenzo. También he dicho cosas muy fuertes a personas con las que realmente tenía poco trato y menos confianza. Incluso hice confidencias absurdas sobre temas familiares. He mantenido relaciones superficiales a las que he dado, sin embargo, más importancia de la que realmente tenían».

Poco a poco va dándose cuenta de la realidad. No obstante, aún tiene un reproche hacia el médico:

«Doctor, me he comportado de un modo absurdo, desprestigiándome ante mucha gente. Usted debería haberme advertido».

Cuando se le recuerda que en ese momento no acudía a la consulta ni contestaba al teléfono, concede que tal vez atravesaba un periodo en el que no se avenía a ningún tipo de razones. La mejoría le permite hacer una autocrítica de su comportamiento.

Durante su fase eufórica esta persona, traumatizada por una mala relación sentimental en la juventud y llegada a la mediana edad sin haber establecido verdaderas y sanas amistades, se ha comportado como si estuviera fuera de sí. Ha derrochado dinero, ha ingerido drogas y ha mantenido contactos sexuales con personas a las que consideraba amigos, pero que, en realidad, no eran más que conocidos con los que mantenía una relación epidérmica, superficial.

Caso clínico 2: la vida depresiva

Veamos otro ejemplo en el que un mal planteamiento vital conduce a la soledad, la frustración y la depresión. La paciente es una mujer de treinta y ocho años, soltera, perteneciente a una familia aristocrática. Estudió secretariado internacional y recibió una educación propia de personas mimadas y consentidas a las que nunca les faltó de nada. Tiene dos hermanos, y ella es la pequeña.

Acude a la consulta acompañada por su madre, que la ha traído a la fuerza, pues ella no ve la necesidad de solicitar ayuda especializada. En la primera entrevista nos comenta lo siguiente:

«Vengo porque mi madre se ha empeñado. A mí no me pasa nada raro. Sólo que tengo días malos y momentos en los que estoy triste o enfadada, pero nada más. Mi madre siempre está pendiente de mí, y ante cualquier cosa pequeña que me sucede, se alarma».

La madre había acudido a la consulta unos días antes, sola, sin decir nada a su hija. Aprovechó para ponerme al día de la situación:

«Mi hija lleva una temporada terrible. Mi marido y yo lo estamos pasando muy mal, pues ya somos mayores y sufrimos al ver los cambios de humor de esta chica, que un día está bien y al siguiente se encuentra fatal, hundida. Todo se ha disparado desde la boda de su hermana, la que es dos años mayor que ella. Ha sido muy duro porque estaban muy unidas y ambas tenían el problema de fondo de que no encontraban novio y creían que iban a quedarse solteras. Mi hija pequeña ha sido siempre muy conflictiva y envidiosa, siempre comparándose con sus amigas, y esto de la boda le ha influido mucho. Las semanas anteriores a la boda han sido de muchas tensiones, con lloros, gritos y agresividad mal controlada por parte de la pequeña. Me hacía preguntas acerca de por qué ella no tenía novios ni un grupo de amigos que la llamen. Yo a veces no sabía qué responderle. Tiene unos cambios de ánimo muy fuertes, con días más o menos buenos y otros fatales. Creo que es poco madura y no está en la realidad. Cuando tenía veintitantos años, mi hija decía que quería casarse con un diplomático y organizar cenas con gente importante. Ha tenido siempre muchas fantasías, y creo que tanto su padre como yo nos hemos equivocado en su educación, porque le hemos exigido muy poco y se lo hemos puesto todo muy fácil. Ahora se le pasan los días viendo la televisión, haciendo compras y leyendo revistas del corazón».

En el diálogo con la paciente se producen algunas situaciones extrañas. La chica habla de su madre, de su hermana la que se acaba de casar, pero no se decide a entrar en materia. Al incidir en el tema de la boda, la cosa se va aclarando un poco. A grandes rasgos siente envidia de su hermana, pero, sobre todo, un gran temor a quedarse soltera. Se pregunta por qué no tiene amigos ni novio. Al preguntarle por qué no cursó una carrera en la universidad, responde que nunca le gustó estudiar y que le aburren los libros. Tiene la sensación de que el tiempo se le ha escapado inútilmente y ha entrado en una espiral de rutina, lo que se conoce como modelo de vida depresiva. Hay una carencia cultural y educativa de fondo, pero sobre todo tenemos a una persona que no ha sabido trazar un proyecto de vida coherente y atractivo, ni tampoco la forma de enfocar la amistad y las relaciones sentimentales. Ahora se siente sola y la boda de su hermana ha sido el detonante que ha puesto de relieve sus carencias, que estaban tapadas por una vida poco pensada y sin programa propio.

La psicoterapia en un caso así no es fácil, aunque hay que incidir, sobre todo, en un proceso que le sirva para llenar su vida, con proyectos útiles que mejoren su existencia y le proporcionen la necesaria visión de futuro. La socioterapia, encaminada a mejorar sus habilidades sociales, es también importante.

La vida con sus secuencias va dejando un sabor rico y variado. Cuando uno está ya en el segmento final de su vida, lo primero que suele hacer es no reconocerlo como tal, pues la vida se impone por encima de errores, fallos, sufrimientos y desencantos. A pesar de los pesares, al ser humano le cuesta dejar este mundo para irse al otro. Y le cuesta, sencillamente, porque no sabe qué va a pasar y en qué va a consistir ese tránsito. ¿Qué habrá más allá de la muerte? Toda filosofía nace a orillas de la muerte. El hecho de que la existencia se acabe tiene un fondo dramático, lleno de enigmas. Pero la fe nos abre un horizonte sereno: la confianza en Dios, que es la bondad plena.

En relación con la amistad, ésta cobra matices nuevos. Se vuelve a los hijos. Aparecen los nietos. Se ve a las amistades y se da uno cuenta de que algunas han ido desapareciendo. La muerte empieza a tener consistencia y de forma precisa y tangible vamos sabiendo que esto se acaba. *Vienen los exámenes personales, con sus grandes argumentos puestos sobre la mesa.* La mejor de las vidas ha tenido de todo: bueno, malo y regular. La cantidad de información que una persona mayor acumula es enorme. Es la hora de la síntesis. Unas veces se hace ella sola; otras, uno mismo elabora un arqueo de caja, con balances, resúmenes y cálculos de lo sucedido. *Conocimiento vivido*, que no es otra cosa que experiencia de la vida. Si la vida se ha vivido con un sentido de armonía y coherencia, los frutos se recogen.

La tercera edad arranca cuando uno empieza a mirar más hacia atrás que hacia delante. La vida comienza a tener más pasado que porvenir, y conserva un jardín misterioso y secreto, donde puede entrar y salir para valorar lo sucedido. Suele haber una impresión muy frecuente: todo ha ido demasiado deprisa. Es verdad que la vida es fugaz, es cierto que el tiempo vuela y que, casi sin darnos cuenta, un carrusel de vivencias nos ha ido recorriendo. A veces exploramos estas vivencias, y si ha tenido coherencia, aunque sean negativas, las pasamos y repasamos. *La vida en sus tramos finales lo deja todo en su sitio*. Sitúa los perfiles de los hechos en su justa medida. Incluso los sufrimientos y las decepciones, las penas y desengaños, tienen una interpretación más suave. Ya queda menos por venir. Por eso se gira hacia atrás la pupila y se puebla el pasado de un temple concreto, que genera una pregunta importante: ¿cómo ha sido mi realización personal? En una palabra: ¿qué he hecho con mi vida? *Cada trozo de la biografía da cuenta de sí mismo*. Es esencial la aceptación de que se está entrando en un pasadizo que se encamina hacia la muerte. La aceptación serena está atravesada de una mezcla de sentimientos: alegrías y tristezas se entrelazan y forman un entramado en el que resulta difícil determinar dónde está cada hilo. No obstante, vuelvo a lo que decía antes: el resumen de todo nos trae una resultante acerca de cómo han sido trabajados los principales temas.

La amistad se recorta aquí con los hijos. La amistad padre-hija o madre-hijo tiene en esta etapa de la vida una fuerza especial. Esas relaciones adquieren una fuerza enorme. Hija y padre se relacionan con una amalgama de ternura, comprensión, dedicación y finura que devuelve a la persona mayor toda la calidad afectiva junta y apretada. Se dice al padre que tiene varias hijas: ¡qué buena vejez te espera! Y es cierto. He tenido la experiencia de ver en mi consulta este hecho por activa y por pasiva: la hija que acompaña a su padre ya mayor al médico y está pendiente de que tome con regularidad su tratamiento, entregándose con mil detalles para hacerle la vida amable y haciéndole ver que hay alguien que le quiere, le valora y está pendiente de su persona. Hijo y madre constituyen, igualmente, otro binomio de gran belleza. Comparten una complicidad que es una combinación de variados afectos, una miscelánea de gran encanto. No es algo ligero y pasajero, sino consistente y efectivo. Se acumulan aquí los mejores sentimientos.

En ambos casos la ternura reúne expresiones de amor y benevolencia con señales y demostraciones llenas de amor maternal. *Toda amistad auténtica está basada en un encuentro*. Los amigos siguen estando ahí, pero los achaques físicos, la pérdida de fuerzas y las menores energías se dejan ver con más claridad, por lo que son los hijos los que cubren ese espectro de afecto y salud, cariño y preocupación por molestias y enfermedades que inevitablemente van poblando esa vida. *El encuentro es una filigrana psicológica mediante la cual dos personas se abren sin reservas*. Cada uno se instala en la órbita del otro. Vinculación profunda y sintonía de ideas y creencias. Se escuchan, se miran a los ojos y descubren que son complementarios, que hay cercanía, que se comprenden y que se pueden decir las cosas con claridad, sin miedo a ofender o a molestar. Llegar a este punto es como la cima de una relación: *ambos están disponibles para el otro*.

La persona mayor produce enternecimiento con algunas propiedades particulares: se le puede cuidar, proteger, acariciar, estar pendiente de él, procurarle delicadezas que muevan hacia lo mejor y alegren. Es como una cierta vuelta a la edad infantil. Todos hemos oído decir que los mayores se vuelven un poco como niños. Y es así.

La amistad en la tercera edad tiene una calidad de emociones dulces. Y aunque esas personas, que se han conocido de muchos años, se vean menos, cuando lo hacen vibran con intensidad contemplando vivencias lejanas, momentos fáciles y difíciles, así como dejando caer sobre los más diversos acontecimientos una luz nueva, distinta, menos dura y más comprensiva. Son variados los rostros de la amistad en la tercera edad, pero deambulan por esos carriles. Cada uno de sus niveles presenta sus particulares incentivos. Una persona mayor nos puede enseñar a pensar y también a vivir, si su existencia ha sido plena, fuerte, coherente y con unos resultados favorables. Hay en los mayores perspectivas inéditas si somos capaces de sentarnos a su lado y escucharles. Hay un espacio fronterizo entre la amistad y la docencia. *La amistad entre una persona joven y una mayor puede ayudar a explorar el mundo y sus vericuetos*. Si la persona mayor es culta, salpicará la relación de una mirada intelectual, que puede dar lucidez y serenidad al más joven, saliendo entonces temas serios y de siempre: el amor, la familia, el matrimonio, el trabajo, los reveses de la vida, las cosas y hechos que no podemos entender, el desamor, la política...

Envejecer en la propia casa es hacerlo más despacio y con más amor. La misma decoración le da un tono próximo, recuerda las raíces de su pasado y circula la película de la vida con una afectividad más homogénea. Hacerlo en una residencia, salvo que las atenciones y el ambiente sean muy favorables, no tiene la misma calidad humana. Son tiempos de amistades que pueden asomar con novedad y traer a los últimos años de la vida un sabor positivo y una comunicación distinta. La amistad debe ser intemporal. Nunca tiene edades, aunque en cada una de ellas los matices son distintos.

La jubilación como arma de dos filos

Lo he comentado antes: cuando el trabajo profesional llena, la jubilación se recibe como una parada en seco que cuesta asimilar y hace que esa persona busque una actividad complementaria, bien en algo relacionado con su trabajo, bien desempeñando otras tareas que muchas veces no tienen nada que ver con lo que hacía.

Sin embargo, cuando el trabajo que se ha tenido a lo largo de la vida ha sido sobre todo una carga, la jubilación es recibida con alegría o, al menos, de buen grado. Esto suele darse entre los funcionarios, los que trabajan atendiendo al público en una ventanilla, o las enfermeras y médicos de un hospital sobrecargado de trabajo y con pocos incentivos.

Lo que está claro es que es necesario preparar la jubilación. Pasar de una dimensión a otra puede ser muy negativo. Cuántas veces hemos oído decir: «Desde que se jubiló se ha ido viniendo abajo y no levanta cabeza». Lo mejor es haber tenido aficiones, pasatiempos y capacidad para fabricar un mundo en donde recrearse fuera del trabajo. La peor preparación para la jubilación es haber vivido sólo para trabajar. En tales casos la rutina de una vida vacía puede ser mortal. Y no digamos nada en sujetos muy aficionados a ir al médico, cercanos a lo aprensivo: entonces el asunto se complica, porque esa entrega a la medicina va a tener unas consecuencias muy negativas. Se toma más conciencia del envejecimiento y es más fácil quedar atrapado en él. Si hay mucho aislamiento y casi ninguna afición, el aburrimiento existencial está servido y se entra en una especie de depresión sui géneris: es la vida depresiva, con todas sus consecuencias. Una existencia monótona, vacía, hueca, sin motivaciones ni aficiones, en la que el aislamiento es casi total. Esa persona cambiaría mucho si buscara alguna relación amistosa en su entorno, con contactos periódicos.

Por el contrario, la mejor preparación para que la jubilación funcione bien es haber tenido una vida rica, con intereses apasionados y amistades fuertes. Entonces se prolonga la vida y se abre en abanico sobre territorios que no han sido cultivados lo suficiente por falta de tiempo. Cada generación tiene su propia opinión sobre el mundo y cómo deben ser las relaciones humanas.

Porque la jubilación no es sólo la interrupción repentina del gran acompañante de la vida —el trabajo—, sino que significa muchas veces un distanciamiento de lazos sociales relativos a esa actividad. Vuelvo a insistir: la amistad cultivada se puede acrecentar cuando ya no se trabaja, buscando tiempos y espacios propicios. El ser humano necesita la relación social, aquella que va más allá de la familia. Y eso no se improvisa de la noche a la mañana.

Si la jubilación sucede cuando aún esa persona está llena de vitalidad, debe buscar una opción alternativa. Esto sucede por ejemplo entre los profesores de universidad, que se van del recinto docente estando en plenas facultades mentales. Es el momento de buscar algo que les llene y que esté en el perímetro de lo que ha sido su vida académica.

Caso clínico: un ejemplo clásico de vejez mal asumida

La tercera edad puede resultar peligrosa si no se sabe asumir de forma correcta. A lo largo de mi carrera como especialista en psiquiatría he tenido ocasión de asistir a numerosos casos de personas que no saben cómo afrontar este decisivo y maravilloso periodo final de la trayectoria. Veamos un ejemplo sacado de mi experiencia clínica:

Es un hombre de setenta y seis años, viudo, con cuatro hijos, el mayor de los cuales tiene treinta y ocho años. Es profesor de idiomas y tiene un nivel socioeconómico medio. Ha sido un traductor de libros muy reconocido. A los cuarenta y siete años pasó la primera de sus fases eufóricas, que se manifestó de manera excesivamente ruidosa, con alegría desbordante, verborrea, etc.

Uno de los hijos nos comenta lo siguiente:

«Ha sido una persona inteligentísima, con una capacidad mental enorme, pero poco práctico para la vida. Mi madre se encargaba de ordenar sus papeles, sus apuntes, sus notas de traducciones y, sobre todo, de controlar la economía familiar, ya que mi padre ha sido siempre muy descuidado.

»La primera vez que se mostró eufórico fue una sorpresa general, pues nunca habíamos visto nada parecido. Luego este cuadro se repitió y alternó con episodios depresivos. El médico nos dio información sobre el tipo de enfermedad que padecía, así como del tratamiento a seguir para evitar recaídas».

Cuando se le somete a análisis, comprobamos que ya ha seguido varios tratamientos y que todos han supuesto una mejoría. Sin embargo, la farmacoterapia no ha ido acompañada de una psicoterapia que, entre otras cosas, insistiera en la importancia de tomar la medicación con continuidad y en la absoluta necesidad de no ingerir alcohol. Ambos aspectos han sido descuidados permanentemente por esta persona, lo cual ha repercutido de manera negativa en su evolución. Por este motivo ha sido preciso ingresarle en dos ocasiones en un hospital. La familia siempre se ha mostrado colaboradora.

Al vivir solo el problema se ha vuelto más grave, pues los rasgos psicopatológicos de la personalidad se han exacerbado. Una de las hijas, profesora de francés e inglés que fue alumna suya, nos indica lo siguiente:

«Siempre ha tenido una forma de ser muy suya. Ha bebido vino y otras bebidas destiladas de forma habitual. Se volvía muy divertido, ingenioso, con mucha chispa, y la gente le reía las gracias. Sin embargo, se ha comportado siempre de forma soberbia y engreída. Cree que de lo suyo sabe más que nadie, pero es un gran ególatra, además de un egoísta. Manipula a la gente que tiene cerca y tiene una gran capacidad para envolverla con sus ideas. Es muy teatral en sus relatos y superficial en sus amistades. Sólo ha admirado a mi madre porque se ha consagrado a él en cuerpo y alma. Y aun así a veces se ha mostrado duro con ella, que por amor a él ni siquiera pudo terminar la carrera universitaria que había empezado».

En la actualidad el paciente vive con una de las hijas, el marido de ésta y sus tres hijos (de doce, diez y seis años). Esta otra hija nos dice lo siguiente:

«La convivencia es imposible. Hace lo que quiere, no es capaz de someterse a los horarios de comida y cena de casa. Su habitación es el desorden personificado. Sólo habla con mi marido para hablarle de cosas suyas del pasado, pero nunca se interesa por su trabajo o el mío. Últimamente se niega a tomar la medicación y bebe a escondidas. Sale con un par de amigos y nunca se sabe dónde está ni qué hace».

Es un ejemplo clásico en el que se cruzan una depresión bipolar y un trastorno mixto de la personalidad. La jubilación y la viudedad han descompensado tremendamente a esta persona. Los malos hábitos, que ha sido incapaz de superar, se refuerzan por el contacto con esos amigos —falsos amigos— que sólo consiguen hacerle reincidir en todo lo que le es perjudicial. Una mala trayectoria vital, centrada demasiado en uno mismo, sin sentir consideración hacia los demás, se complementa de forma negativa con unas relaciones superficiales y escasamente constructivas. El resultado es nefasto y pone una vez más de manifiesto la importancia de la amistad sincera y entregada en el largo recorrido de la vida, que es una construcción desde el primero hasta el último día.

capítulo

cuatro

Grandes amistades históricas

Las grandes amistades de la Historia

El amigo verdadero llega a ser otro yo. En el espectro de formas de amistad que hemos ido exponiendo a lo largo de las páginas de este libro, llegamos aquí al momento cumbre. Nos asomamos a vidas en las que dos personas han conseguido establecer una comunicación y guardarse un afecto extraordinarios. Son ejemplos vivos de lo que nosotros podemos llegar a conseguir si nos lo proponemos y hemos descubierto a alguien en el que podamos volcarnos con todas sus consecuencias.

La amistad ejemplar es modelo para ser enseñada y referencia para imitar. Nos muestra los muchos matices que pueblan una relación tan buena. *La amistad como compañía es comprensión y diálogo*. Cada uno de sus protagonistas tiene su significado. Comprender es aliviar, ponerse en el lugar del otro. Y por otra parte, diálogo es posibilidad de hablar abiertamente de uno mismo y del otro, sin cortapisas. Por eso en las grandes amistades lo que más nos llena es encontrar a alguien que nos corresponde, que está en sintonía con nosotros.

Cuando buscamos un amigo bueno, lo que le pedimos de entrada es correspondencia. Al ir avanzando en esa dirección nos gusta que nos busque, que nos reclame, que quiera estar con nosotros y que nos llame. Vemos entonces que el mundo merece la pena y hay como una especie de dilatación de nuestra personalidad cuando sentimos que hay una afectividad.

La amistad de más nivel está llena de entusiasmo, sin envidia ni rivalidad. Uno se alegra con los éxitos del otro. Sin embargo, hay que insistir en que llega un momento, cuando ha saltado el chispazo de que aquello puede funcionar y somos capaces de poner en juego nuestra vida, en el cual hay que arriesgarse y dejar las apariencias a un lado. Es la hora de la verdad[1].

Hay parejas de amigos muy interesantes en la Historia, aunque sólo me voy a detener en algunas que me llaman especialmente la atención. En la Biblia se nos habla de David y Jonathan. También tenemos, en otros momentos y lugares, a Cicerón y Ático, a Jesús y Lázaro en el Evangelio, a Tomás Moro y Erasmo de Rotterdam, a Goethe y Schiller.

Hay así mismo amistades en grupo, como sucedió por ejemplo en el curso de la Ilustración: Voltaire, Rousseau, Diderot,

---

1. Quiero hacer la siguiente observación: la envidia es un *sentimiento* y una *pasión* universales. Sin embargo, se dan dos estirpes muy diferentes. Por un lado, existe una *envidia relativamente positiva*, en la que ese estado afectivo está repleto de admiración y asombro. A la persona le gustaría parecerse al otro. Sufre, pero quisiera adoptar algunas facetas del otro. A esta modalidad se le llama emulación. La segunda opción es la *envidia propiamente dicha*, que es tristeza ante el bien ajeno. Se da en personas amargadas, resentidas, biliosas, que hacen una crítica de todo y que con el paso del tiempo se van convirtiendo en escépticas, apáticas, indiferentes. Por una rampa deslizante aterrizan en una especie de insolencia desvergonzada que se abre hacia el cinismo.

En los niños la envidia aflora clara, transparente, rotunda, no necesita un diagnóstico especial. En el adulto asoma cambiada, metamorfoseada, porque es un sentimiento inconfesable y descalificador, que rebaja de nivel al que la sufre. Los psiquiatras sabemos descubrirla, desenmascararla y ponerla al descubierto. En la emulación puede nacer la amistad. En la envidia propiamente dicha es imposible que ésta se dé.

D'Alambert y Holbach, que fueron los fundadores de ese movimiento intelectual que culminó con la Revolución francesa en 1789[2]. Algo similar se dio en la Generación del 27 en España, cuando se da la consolidación de un grupo literario excepcional[3] en el que destacan Rafael Alberti, Miguel Hernández, García Lorca, Vicente Aleixandre (que fue premio Nobel), Pedro Salinas, Gerardo Diego y los que, sobre todo, fueron auténticos maestros de literatura: Jorge Guillén, Dámaso Alonso, Cernuda... Al ser tantos, hay muchos matices en sus amistades, pero algunos, como Alberti y Lorca, fueron íntimos.

Existen *amistades espirituales*, que son aquellas en las cuales el hilo conductor es una fe compartida. Aquí la lista sería interminable: Jesús y san Juan Bautista, santa Teresa de Ávila y san Juan de la Cruz, Juan Pablo II y Joseph Ratzinger. Esto es sólo mínima muestra. En estas amistades la virtud es lo más importante. La virtud en sus dos acepciones clásicas. La latina, que es *vir*: varón, fuerte, sólido; y *areté*, del griego: aspiración a la excelencia. Uno se sorprende de la superioridad y la nobleza del otro. Se persigue el modo de vivir verdadero, en el que el bien es la meta que mira al otro, que busca darse al que está más cerca.

---

2. Los enciclopedistas hicieron época. El director fue Diderot y el subdirector D'Alambert. Voltaire dio lustre a la obra con sus artículos. Se expusieron todos los conocimientos humanos habidos hasta ese momento. En total, veintiocho tomos.

3. El grupo poético del 27 ofrece una riqueza sencillamente extraordinaria. Soy gran aficionado a la poesía, y para mí constituyen un grupo de una calidad literaria excepcional. Cumplen los requisitos para recibir el nombre de generación: proximidad en los años de su nacimiento, formación intelectual semejante, convivencia personal, existencia de algún guía (Góngora, como modelo remoto, y Juan Ramón Jiménez, más próximo). Lorca y Miguel Hernández murieron trágicamente, y cuatro de ellos se exiliaron: Alberti, Guillén, Salinas y Cernuda. Transitaron de la llamada poesía pura al surrealismo, combinando con formas estróficas clásicas (el romance, el soneto, etc.).

Están también las *amistades políticas*, que a pesar de las rivalidades y luchas que engendra esa vida, pueden darse con autenticidad. Las hay de todos los signos. Así, por ejemplo, tenemos la que se dio entre Engels y Marx. Su relación se remonta a 1844, cuando tenían veinticuatro y veintiséis años respectivamente. Se habían conocido en Colonia y colaboraron en una revista. Sin embargo, fue en París donde pudieron hablar despacio y entonces surgió una sintonía e ideas comunes. Más tarde se reunieron en Bruselas y allí escribieron el libro *La Sagrada Familia: crítica de la crítica crítica*, que sería el antecedente del célebre *Manifiesto Comunista* de 1848, que iba a influir grandemente en la Historia del mundo. Engels le enseñó los puntos básicos de la economía y le describió las características del proletariado. Pero Marx fue el que hizo la síntesis, por eso se puede decir que fue su maestro político. En 1852 empieza a escribir Marx *El Capital*, costeado por su amigo Engels tras dejar de trabajar. Murió después la amante de Engels, Mary Burns, con la que había vivido en pareja unos veinte años, y Marx le envió una carta de pésame convencional. Engels se enfadó mucho y estuvo a pique de romperse la relación.

Marx, poco después, le contó sus angustias, luchas y decepciones y su pretensión de cambiar la sociedad, aunque pudiera parecerle una utopía. Se volvieron a reencontrar. Marx era inestable y creativo y pasaba temporadas atormentado, con ideas destructivas y llenas de rabia. En su momento, ambos se proclamaron jefes del Partido Comunista. El ideal común era la revolución proletaria y la lucha de clases.

Lo que ha estado claro a lo largo de toda la Historia es que la amistad se considera una bendición y, por el contrario, la soledad, una maldición divina. Así lo relata Homero en el canto VI de *La Ilíada*, cuando nos cuenta la peripecia de Belerofonte:

Blanco del odio de los dioses,
erraba solitario por los llanos de Aleyón,
con el corazón devorado por la pena
y esquivando las huellas de los hombres.

En estos versos los términos *pena* y *soledad* ante cualquier posible relación humana se sitúan en primer plano. Las desdichas del héroe están presididas por la zozobra y la falta de energías para la lucha. Homero habla de ciertas sustancias que pueden mitigar la pena, pero será Helena, su amada, la que consiga que olvide su tristeza y acepte los fatídicos decretos de los dioses, siendo ella la fuente de sus remedios.

Las dos notas de la amistad como intimidad

El amor es a la amistad lo que la entrega total a la confidencia más reservada. La amistad es un fenómeno íntimo, como ya he comentado. Sin embargo, hay algunos matices diferenciales de interés entre una cosa y otra. El amor es invasivo, se nutre de todo lo que es la persona: física, psicológica, espiritual y cultural. Sin embargo, la amistad se alimenta de la reserva de las cuestiones más privadas y necesita tanto de la holgura como de los pactos de no agresión. *El amor es desmedido, apasionado, penetrante. La amistad es más medida, hay más razones y la comunicación tiene*, a pesar de su extensión, *una frontera justa*.

La linde divisoria que debemos establecer en la amistad no le quita frescura ni lozanía. Ahí reside su dificultad. Hay que poner una frontera, pero sana y natural. Cada ser humano debe tener un territorio reservado. Y es que la intimidad, que implica cierta convivencia, es un asunto difícil e importante. La convivencia es compartir, participar de la vida del otro y hacer a éste partícipe de la nuestra. Es una prueba compleja que pone de manifiesto muchas cosas concretas de nuestra personalidad.

Una buena convivencia no es fácil, pues precisa de un esfuerzo de voluntad y una capacidad suficiente para aceptar la vida en común con otra persona. Para ello es preciso conocerse bien a uno mismo, estar dispuesto a limar los aspectos negativos de la propia personalidad y conocer la realidad de la convivencia. Esto es válido tanto para el amor como para la amistad.

La amistad entre David y Jonathan en la Biblia

La Biblia es el texto más importante en la cultura judeocristiana. Es un pozo de sabiduría del que han bebido muchas generaciones los principios esenciales de la conducta. El Antiguo y el Nuevo Testamento se complementan. Y la amistad, como no podría ser de otro modo, tiene allí muchos representantes. Quiero mostrar ahora el caso de David y Jonathan, relato conmovedor que aparece en el libro de Samuel, en una época de luchas terribles y ambiciones descarnadas durante el turbulento reinado de Saúl. En medio de batallas durísimas, asoma esta amistad como un verdadero oasis de paz y compenetración.

Samuel fue juez y libertador. Las gentes del país llevaron el Arca de la Alianza a Quiriat Yearin y el rey llamó a su pueblo para que dieran la espalda a los falsos dioses y se volvieran hacia Yahvé. Cuando Samuel se hizo viejo, ocupó su lugar Saúl. Una tradición se llevó a cabo durante la ceremonia de traspaso de la corona: Samuel tomó un cuerno de aceite y lo derramó sobre la cabeza de Saúl, le besó y lo ungió como caudillo. Luego le dijo: «Tú regirás al pueblo y lo librarás de las manos de los enemigos que le rodean».

En aquel entonces los filisteos eran el enemigo a batir. Saúl tomó las riendas del país en un tiempo muy difícil, y poco a poco la figura de su hijo Jonathan apareció como la de un joven fuerte, lleno de valentía y nobleza. Participó en una batalla en la que mató al gobernador de los filisteos en Guibeá. El enemigo aguardaba en un desfiladero y cortaban el paso a los judíos. Jonathan y su escudero pasaron por allí y, en nombre de Dios, mataron a un nutrido grupo enemigo. Los supervivientes huyeron.

Poco después Saúl, ensoberbecido de sus triunfos, se olvidó de Dios y le dio la espalda, razón por la cual Samuel, ya anciano, lloraba por la traición del que le había sucedido. Entonces Yahvé le dijo a Samuel: «Deja de llorar. Llena tu cuerno de aceite y vete a ver a Jesé, porque he visto entre sus hijos uno que será rey para mí». Samuel se dirigió a Jesé, en Belén, tal y como le había ordenado Yahvé. Jesé le fue presentando a cada uno de sus siete hijos mayores, pero ninguno de ellos parecía el elegido. Samuel preguntó a Jesé: «¿No quedan ya más muchachos?». Y Jesé le respondió: «Todavía falta el más pequeño, que está guardando el rebaño». Samuel pidió a Jesé que trajeran al muchacho. Era rubio, de bellos ojos y hermosa presencia. Y entonces le dijo Yahvé: «Levántate y úngelo, porque éste es». Y añadió: «Sin duda aquí está el ungido. No mires su apariencia ni su gran estatura, Dios no ve lo mismo que el hombre, pues el hombre se fija en las apariencias, pero Yo escudriño el interior». Así pues, tomó Samuel el cuerno de aceite y ungió al muchacho ante toda su familia. A partir de ese momento el espíritu de Dios recayó sobre David, pues no era otro el pequeño.

Más tarde sucede la célebre escena entre David y Goliat, en la que el primero, con una honda, le clava una piedra al gigante en la frente, matándole de inmediato[4]. Viendo los filisteos que había muerto su campeón, huyeron. David le cortó la cabeza a Goliat y la llevó a Jerusalén. Esto despertó una gran envidia de Saúl, que aún vivía. Al ver que David tenía un éxito detrás de otro, le cogió miedo. Además, sabía que Dios estaba cerca del joven, y por ese motivo cada vez se mostraba más temeroso, distante y hostil hacia él. De ese modo se fue fraguando un odio de Saúl hacia David, hasta el punto de querer matarlo con una lanza. David se vio obligado a huir y le contó a Samuel, su viejo amigo, todo lo que le estaba sucediendo.

Jonathan, hijo de Saúl, era cada vez más amigo de David, y descubrió su alma limpia, noble, tierna y coherente. El alma de Jonathan se aglutinó con la de David y le amó como a un hermano, uniendo su suerte a la de él. David le dice: «¿Qué he hecho, cuál es mi falta y en qué he pecado contra tu padre para que busque mi muerte?». Jonathan le dice: «No morirás. Mi padre no hace nada sin consultármelo. Dime tú lo que deseas y lo haré». David le contestó: «Mañana es el novilunio y yo tendría que sentarme al lado de tu padre en la comida. Lo que te quiero pedir es que le digas que me has dejado marchar porque se celebra una fiesta en su ciudad natal. Si tu padre reacciona bien, es que ha aceptado tu propuesta. Pero si monta en cólera, es que ha decidido mi ruina».

Y así quedaron ambos, ayudándose el uno al otro: «Yo son-

4. Jesé tenía tres hijos mayores y muy fuertes: Eliab, Aminadab y Samá. David, no obstante, era el más pequeño, el octavo, y en aquel momento iba y venía del campo cuidando el ganado de su padre. Fue él mismo quien se ofreció para pelear con el gigante Goliat. Hoy en día este debate se da en muchos terrenos. Uno es el *Goliat* de los medios de comunicación y la sociedad materialista, que se enfrenta con el *David* que trata de espiritualizar una sociedad perdida. Igual que David fue a la pelea en nombre de Dios, siendo inferior en todos los sentidos, hoy se repiten duelos desiguales.

dearé a mi padre y, si veo que va contra ti, te lo haré saber para que te pongas a salvo». Después, quitándose el manto, se lo dio, así como sus arreos de batalla, espada, arco y tahalí. El hijo del rey se rinde ante un muchacho que hasta ese momento sólo se dedicaba a guardar el ganado de la familia. Jonathan era una de las personas de más relieve en Israel, lo que no le impidió descubrir la calidad que se ocultaba en su amigo y los ideales de los que era portador[5]. Así, la popularidad de David fue subiendo muchos enteros mientras el rencor, la envidia y los peores sentimientos fueron prosperando en el rey. Y como tantas veces pasa, se deja lo racional en manos de la pasión. Por otra parte, Micol, la hija de Saúl, se había enamorado de David y se casó con él.

Sucedió que el día en que David tendría que estar con Saúl en esa comida, su sitio quedó vacío y el rey recibió la información de su hijo Jonathan. Saúl montó en cólera contra su hijo, diciéndole cosas durísimas, como nunca hasta ese día. Y terminó ordenándole: «Que me lo traigan aquí, porque quiero que muera». Entonces le preguntó su hijo: «¿Por qué ha de morir, qué ha hecho?». Saúl desenvainó su lanza como para agredir a su propio hijo, y entonces éste se dio cuenta de la pasión irracional de su padre y del grave peligro que corría su íntimo amigo. Jonathan se levantó de la mesa, dejó de comer, hundido por el trato de palabra y de hechos de su padre hacia él, y tomando conciencia de que David podría morir en cualquier momento, pues su padre le odiaba. Salió con su escudero para avisar a su amigo y prevenirle del peligro que corría, ju-

5. Lo he comentado ya: *las mejores amistades nacen de una admiración que, si es recíproca, puede tener sabor de eternidad*. Ver vivida la coherencia en la juventud, por alguien cercano, es la mejor de las educaciones. El ejemplo sigue siendo el mejor predicador. La amistad esconde en su interior un tesoro: alguien que mira por uno y quiere ser otro yo.

gándose su propia vida ante las amenazas de un padre descontrolado e invadido de ira y envidia. Se encontraron los dos amigos, se abrazaron y Jonathan le dio todas sus armas. Jonathan le dijo: «Vete en paz, ya que nos hemos jurado amistad en nombre de Dios. Que Yahvé esté entre tú y yo, entre mi descendencia y la tuya para siempre».

David comenzó en ese momento una vida errante y, cierto tiempo después, se encontraron los dos en el desierto de Jorsa, en donde se prometieron una amistad total, si bien con una afirmación de Jonathan que merece la pena constatar: «No temas, porque la mano de Saúl, mi padre, no te alcanzará. Tú reinarás sobre Israel y yo seré tu segundo. Hasta mi padre Saúl lo tiene sabido». Hicieron allí una alianza ante Dios.

Más adelante David pudo matar a Saúl y no lo hizo, cuando éste dormía en una cueva y le cortó la punta de su manto, diciéndole a los que le acompañaban: «Que Dios me libre de alzar mi mano contra él, mi señor». Al día siguiente David le demostró que le podía haber matado y no lo hizo. Saúl rompió a llorar diciendo: «Tú me haces el bien y yo te devuelvo el mal, hoy me doy cuenta de tu bondad. Ahora me doy más cuenta de que tú reinarás sobre Israel». Es el triunfo del amor verdadero sobre el odio. Una lección como ésta la encontramos muchas veces en el Antiguo Testamento[6] para nuestra edificación y mejora.

6. Me viene a la memoria la extraordinaria *historia de José*, el undécimo hijo de Jacob, vendido por sus hermanos a una caravana de ismaelitas que venían de Galaad, con camellos cargados de resinas, almáciga y láudano, que bajaban hacia Egipto. De ahí a la casa de Putifar, a la cárcel... Después supo adivinar los sueños del jefe de los coperos y del jefe de los panaderos del faraón, y años más tarde interpretó los contenidos oníricos del faraón sobre las vacas flacas y las vacas gordas. Tiempo después, cuando sus hermanos vinieron a buscar provisiones de Israel a Egipto, él los perdonó (Génesis, 37-45). Vale la pena leer estos pasajes que no tienen desperdicio y nos demuestran por qué el perdón es superior al odio y a la venganza.

¿Qué enseñanza nos trae este relato, qué podemos extraer de él? Se trata de la historia de una gran amistad, no truncada ni por el respeto de Jonathan hacia su padre, sabiendo discernir muy bien entre la paternidad hacia un hombre descontrolado y feroz y la relación con un amigo de una personalidad llena de fuerza, coherencia y liderazgo, con un enorme futuro por delante. Un ejemplo de apoyo y confianza mutua.

Don Quijote y Sancho Panza

Conviene hacer notar también las *amistades de personajes literarios*[7] tal y como las describieron sus autores. En español la más célebre es la de don Quijote y Sancho. Además de representar el alma española de alguna manera, mantienen a lo largo de la obra dos posiciones opuestas, el idealismo y el realismo, la lucha con los molinos de viento y los pies en la tierra. Don Quijote busca desagraviar entuertos y vencer en desiguales batallas para establecer una justicia más equitativa. Sancho le lleva a la realidad con sus sentencias transformadas muchas veces en refranes históricos. Sus diálogos nos muestran dos estilos en la forma de interpretar la vida humana y cada una da cuenta de su transparencia. Don Quijote amonesta a Sancho por sus dichos, tonterías, ordinarieces y vulgaridades, enlazando ristras de refranes, y a veces le manda callar. El

7. Otras amistades originadas por la mano de la escritura son las de Patroclo y Aquiles, héroes de *La Ilíada*, de Homero; Orestes y Pílades, de *La Orestiada*, de Esquilo; Euríale y Niso, de *La Eneida*, de Virgilio; o Damón y Pitias, citados por Cicerón. Cuando Cicerón escribe su libro *Sobre la amistad*, estamos en el mundo romano, bien distinto de aquel en el que nos encontramos inmersos nosotros.

escudero, en estos casos, se entristece y ve recortada su personalidad, pero reivindica su derecho a expresarse tal como es.

¿Qué sería de don Quijote sin Sancho? Uno, solitario e idealista del máximo nivel; y otro, comunicativo e instalado en la realidad más real y concreta. Cada uno habla desde su instalación en la vida, desde su perspectiva. Muchas veces decimos en la vida ordinaria: «Tal persona me contó su vida y milagros, de arriba abajo. Fue impresionante el relato de todo lo que ha vivido, y ahora le valoro más al saber las dificultades que ha sorteado y los retos que ha sido capaz de ir superando». *Contarse la vida y lo que ha pasado con ella es amistad de la buena*, porque allí late una de sus piezas claves: la confianza plena, el fiarse del otro y saber que aquello no saldrá de allí ni será comentario de terceros.

Sin Sancho, don Quijote no podría decir nada. Uno y otro se estimulan. Don Quijote sin él sería una triste figura que se pasea por las tierras manchegas, desde el velar las armas en su primera salida en aquella célebre venta, a las reverencias recibidas en el palacio de los duques o entre la sociedad de Barcelona. Don Quijote le abre su alma. *La compañía que se hacen es amistad firme en la complementariedad de caracteres.* Cuando decimos que alguien se ha quedado solo, es que no tiene nadie con quien hablar de verdad. Todos necesitamos al mismo tiempo soledad y compañía. Una se nutre de la otra. Quien nunca es capaz de estar solo consigo mismo, es que no tiene vida interior. Y a su vez, el que nunca es capaz de tener una compañía de cierta profundidad, una compañía comunicativa, es que no ha sabido valorar lo que significa la amistad en sus distintos grados y niveles.

Cervantes ha conseguido que el libro entero rebose de diálogos esenciales. La relación del autor con los dos personajes es de un amor enorme[8]. Saboreamos tantos encuentros, en donde uno y otro dan lo mejor de sí mismo, siendo fieles a sus atributos.

Goethe y Schiller

Hablamos de dos personajes alemanes que vivieron entre los siglos XVIII y XIX. Goethe es uno de los grandes representantes del Romanticismo. Se considera a esta época un segmento de la historia literaria caracterizado por la exaltación de los sentimientos, por un espíritu desbordante de emociones, que transcurre en la segunda mitad del siglo XIX. Hay en su seno ambivalencia, subjetividad, exaltación de los paisajes del alma llenos de imaginación y afectividad. La fantasía toma el mando como facultad cada vez más libre y menos responsable. Los románticos deambulan entre el entusiasmo y la decepción. La literatura se centra en el arte por el arte, la forma y no el contenido, y todo para sobrevivir a los desengaños y a las tormentas de la vida.

En el Romanticismo alemán hubo un cierto antecedente, el movimiento llamado Sturm und Drang, «Tempestad y Empu-

8. La novela española del XIX es extraordinaria, es la gran educadora de los sentimientos. Y así como en *Fortunata y Jacinta* Galdós ama con fruición a sus personajes, igual le pasa a Juan Valera en su *Pepita Jiménez*. En esta novela don Luis de Vargas y Pepita nos muestran un perfil bien dibujado, trazado desde la bóveda del afecto. No ocurre así en *La Regenta*, en donde Clarín no quiere demasiado a sus personajes. Sin embargo, Cervantes es uña y carne con sus dos celebridades: le encanta la espiritualidad luchadora y la moral de don Quijote y vive al máximo el realismo pegado a los hechos, efectivo y concreto de Sancho. *Arrancan así lo quijotesco y lo sanchopancesco, ahí se aloja el alma española*. No podemos entender a España sin Cervantes.

je». Goethe (1749-1832) fue un extraordinario escritor y humanista, uno de los genios de su tiempo. Su huella en la historia de la literatura mundial es perenne. Tocó casi todos los géneros: fue poeta, dramaturgo, novelista, crítico, ensayista e incluso se asomó al mundo científico con su libro *Teoría de los colores*. Ocupó distintos cargos en la corte de Weimar, con un gran sentido de la eficacia y de la administración política. También fue dibujante, y muchos de sus trabajos en este sentido son adelantados de una época modernista. Su libro *Los sufrimientos del joven Werther* mezcla lo romántico y lo realista. El *Fausto* es otra obra antológica, el culmen de su creación. Llamado por el duque Carlos Augusto de Sajonia, se convirtió en la cabeza intelectual de aquella corte, donde tendría un contacto muy íntimo con Schiller, con el que escribiría algunas obras como *La novia de Corinto* y *El aprendiz de brujo*. Goethe es un escritor superior. Trata de esculpir la condición humana como un escultor de ideas. La contemplación debe ser capaz de ordenar la mirada sobre el mundo y lo que le rodea. Su moral es inmanente, no trascendente, y busca el orden, la armonía, la libertad, que la inteligencia triunfe sobre el desorden.

Schiller (1759-1805) fue médico y ejerció la cirugía mayor. Quizá lo más conocido de él es su *Oda a la alegría*, que Beethoven utilizó como texto para ser cantado en su famosa *IX Sinfonía*. Más tarde pasó al ejército y después fue profesor de Historia en la Universidad de Jena. Libros muy sugerentes fueron *Kallias: Cartas sobre* la *educación estética del hombre* y *Sobre poesía ingenua y poesía sentimental*. Para él la belleza era un ingrediente esencial destinado a la regeneración de la sociedad. Su famosa *Trilogía* es un canto romántico e idealista al amor, al dolor y a la soledad. Su *Guillermo Tell* es un vibrante elogio al patriotismo y a la libertad.

En 1788 tuvo lugar el encuentro entre ellos. Hay un claro desnivel entre un Goethe hecho y bien configurado y un Schiller precoz explorador de los sentimientos. Goethe regresa de Italia con la influencia de ese país en su retina, llena de mármoles clásicos y ruinas desafiantes. Schiller acaba de publicar unos dramas llenos de fuerza y pasión... Las primeras impresiones no fueron satisfactorias y Goethe comentó: «Le veo un hombre muy lejos de mí. Dudo de que lleguemos a intimar, somos muy diferentes, su mundo no es el mío, nuestras concepciones son radicalmente opuestas». Sin embargo, aquellos prejuicios iniciales, con el paso del tiempo, invirtieron su significado. En 1789 Schiller se casa, deja la literatura y se pasa a la historia, con tentaciones próximas hacia el campo de la filosofía. En 1794 coincidieron en la Sociedad de Historia Natural y tuvieron tiempo de charlar sobre temas diversos. Entonces se inició un acercamiento bastante positivo. En el verano de ese mismo año coincidieron con Humboldt y discutieron sobre muchos temas inquietantes repletos de sugerencias literarias e intelectuales.

Días después Schiller mandó una carta a Goethe en estos términos: «Nuestras recientes conversaciones han puesto en movimiento toda la masa de mis ideas, concentradas en un tema que ocupó mis pensamientos durante muchos años en el pasado. En muchos de los puntos en los que mi mente era incapaz de obtener unas ideas claras, la visión de tu espíritu ha encendido en mí una luz inesperada [...] tú me has puesto sobre la pista. Tu mirada observadora, tan tranquila y clara en todas las cosas, te impide marchar por camino descarriado [...] Durante largo tiempo he contemplado, aunque a distancia, la dirección en que caminaba tu mente y el camino que has trazado me llena de renovada admiración [...] Reconstruyendo al hombre según las leyes de la naturaleza, tratas de penetrar en su misteriosa técnica [...]. Has abierto caminos valiosos. Tal es el juicio que me formo de tu mente, la hermosa armonía de tu instinto filosófico y los resultados de tu razón especulativa». Hoy, por desgracia, todos escribimos menos cartas y la correspondencia con los amigos o conocidos se recoge en correos electrónicos.

La respuesta de Goethe fue así: «No podía aceptar mejor regalo por mi cumpleaños que tu carta [...] Me alegra tener la oportunidad de decirte lo que tu amistad conmigo ha hecho: considero estos días como comienzo de una nueva época en mi vida [...] Seremos capaces de trabajar juntos sin interrupción y me dará una gran alegría que seas partícipe de todo lo mío». A raíz de ello se inician cartas frecuentes entre ambos, llenas de sugerencias, observaciones, comentarios e interpretación de la sociedad de su tiempo.

Ambos fueron muy criticados por comentaristas literarios de la época y supieron defenderse con valentía, apoyándose el uno al otro. Escribieron poesía juntos. Tuvieron un conocimiento minucioso de lo que hacía cada uno. Siempre embarcados en los mismos intereses, sorprende positivamente la nobleza y la lealtad que se guardaron. A comienzos de 1805 Schiller muere y Goethe dejó esto por escrito: «La mitad de mi existencia se me ha escapado, mi diario tiene una enorme laguna de esos días [...] He perdido el interés por casi todo». La amistad es la forma superior de la relación humana: sus distintos grados significan los niveles de intensidad e intimidad que se han podido alcanzar.

Eran dos perfiles bien distintos física y psicológicamente. Goethe era de proporciones armónicas, cabeza grande, frente maciza y ojos profundos y escrutadores, tranquilos, oscuros y dulces, muy penetrantes, que recordaban a los de ciertos perros de caza dispuestos a descubrir a su alrededor alguna presa. La cara, al ser el espejo del alma, deja al descubierto lo que una persona es y representa. Goethe era un hombre sólido, formado, culto, perforador de superficies humanas y poseía una inteligencia fina, con gran capacidad de análisis y captación de la realidad, pronta a resolver las cuestiones que se le plantearan. Era de una serenidad grandiosa, deleitándose con los paisajes de su tierra y la luz de los campos. Schiller tenía una naturaleza enfermiza, nerviosa, de rasgos inquietos y reacciones melancólicas, mezcladas con un temperamento exaltado[9]. Prefería la conversación movida, las discusiones acaloradas, los conflictos de la vida de aquel tiempo puestos sobre la mesa del debate. *El primero, Goethe, era un río caudaloso que baña y riega con sus aguas todo lo que toca. El segundo, Schiller, un torrente que se despeña desde las alturas montañosas y se sale de su cauce.* Estas disparidades eran complementarias y, lo que parecía insalvable, fue un acicate para tener una rica vida en común.

La *amistad intelectual* debe buscar la receptividad y el beneficio humano del encuentro profundo de la unidad en la diversidad. Hay una unidad que los junta a los dos: la curiosi-

---

9. Eckermann, en su libro *Conversaciones*, subraya que Schiller pasaba temporadas decaído y otras, como nervioso y exaltado. Podría ser depresivo y también pasar épocas de ansiedad. Por aquel tiempo la psiquiatría como rama de la medicina estaba en pañales.

El Romanticismo científico se extiende desde 1800 a 1850. Buena parte del siglo anterior estuvo presidido por la Ilustración, basada en la exaltación de la razón y el conocimiento. Pues bien, en los años de Schiller existieron varios maestros adelantados de la psiquiatría. Uno era Pinel y sus discípulos Esquirol y Falret. Éste habló de la *folie circulaire*, que sería lo que hoy llamamos depresión bipolar: cambios ciclotímicos de la tristeza a la euforia. Otro médico contemporáneo, Baillarger, habló de la *folie à double forme*, describiendo esas alternancias del humor.

dad por el ser humano, la literatura en sus distintas fórmulas. Pero hay diversidad de estilos, de modos de pensar e interpretar la realidad. Goethe y Schiller son un ejemplo a seguir, que por encima de sus disparidades, buscaron conocerse y comprenderse.

Goethe fue superior, grande, extraordinario. Schiller tuvo menos estatura literaria, pero sabía provocar, plantear los temas con viveza y adelantarse a los acontecimientos que vivieron en aquellos años. Su amistad no destruyó sus personalidades, sino que sirvió de enriquecimiento y ayuda. *Supieron integrarse con armonía y tolerancia.*

capítulo
cinco

La amistad en la familia

POR MARIAN ROJAS ESTAPÉ*

No es bueno que el hombre esté solo.
GÉNESIS 2,18

¿Existe la amistad entre padres e hijos?

Después de darle vueltas a esta cuestión, me di cuenta de que la amistad con un padre es francamente difícil y sobre todo, poco *natural.* ¿Se puede conseguir? Sí, pero en casos concretos y circunstancias específicas. Al indagar en mi entorno y leer bastante sobre el tema me surge una pregunta: ¿por qué hay gente que sí considera a su padre amigo, y por qué otros no? ¿Es cualquiera de las dos opciones buena o mala, según los casos? ¿De qué depende? Teniendo en cuenta la variedad de opiniones sobre el tema, que el lector no se sorprenda si en algunos momentos se encuentra completamente en desacuer-

* Marian Rojas Estapé es licenciada en Medicina. Colabora en el Instituto Español de Investigaciones Psiquiátricas. Es miembro de la Fundación Rojas-Estapé, dedicada al estudio y tratamiento de los trastornos de la personalidad en pacientes con pocos recursos económicos.

do o si, al contrario, sonríe interiormente al verse retratado con lo descrito.

Supongo que me enfrasqué en el proyecto de escribir estas páginas porque me resulta interesante hablar de un tema que para mí tiene una respuesta sencilla, ya que he conseguido crear y fomentar una amistad con mi padre. Tener amigos depende de muchas variables. Los elegimos por sus aficiones, por tener ese *algo* en común que nos permite volver a encontrarnos, a buscar un conocimiento mayor del otro. En el caso de un padre, *no elegimos*: esa persona se encuentra habitualmente en nuestras vidas, nadie nos da la opción de decidir si le queremos o no cerca.

Otro elemento a tener en cuenta es que entre un padre y un hijo, y en general entre los miembros de una misma familia, existe un vínculo llamado afecto, y éste influye en el desarrollo de una posible amistad sin lugar a dudas. Si uno no guarda un sentimiento de cariño, estima y aprecio, será incapaz de ser amigo de la otra persona.

El afecto en la relacion entre padres e hijos

Existen conceptos sobre este sentimiento desde la época griega con una palabra que lo expresa: *Storgé*. Se define como *«afecto, especialmente el de los padres hacia su prole y también de la prole hacia sus padres»*[1]. Entre los miembros de una misma familia aparece un cariño que es y será la base de cualquier posible amistad entre ellos, esa atadura, esa unión se debe al *afecto* que se tienen por el simple hecho del parentesco.

1. *Diccionario manual griego-español*, Vox, Barcelona.

¿Qué es el afecto? *Es el menos discriminativo de los amores.* Muchas veces no existe una explicación racional que lo conciba; es discreto e ignora todo tipo de obstáculos. Daré un ejemplo: un directivo importante puede sentir afecto hacia la niñera de toda la vida o hacia el jardinero al que saluda todos los días. No hace falta que haya algo extremadamente precioso, meritorio o valioso entre los que comparten el afecto. Lo curioso del afecto es que tiene pocas reglas fijas, pero una básicamente fundamental: *el objeto del afecto debe ser familiar*[2].

Este sentimiento del afecto es como agua que se filtra en nuestras vidas. A diferencia del amor, no suele ser un tema de conversación constante entre las personas, ni se encuentra omnipresente. Es una circunstancia que se encuentra en medio de nuestras vidas.

Sin afecto no puede existir una verdadera amistad. En el ámbito del afecto existe una sutil pero sustancial distinción: es diferente del padre al hijo que del hijo al padre. El padre quiere a su hijo, se desvive por él, «*porque sí*», no hay explicación, es un sentimiento que existe, innegable. El hijo va sintiendo emociones y afectos que irán variando a lo largo de los años. No existen amor y entrega más ilógicos y desinteresados que los de un padre hacia su hijo. Existe *algo* que se fusiona entre ambos, que los consolida por el simple hecho de estar emparentados. Esa familiaridad incluso por formas parecidas de conversar, similitudes en el físico, expresiones semejantes, crean afinidades, simpatías, cariños entrañables a pesar de un posible distanciamiento de criterios.

2. Carl Lewis, *Los cuatro amores*, Rialp, Madrid, 2007.

Amistad poco natural

Últimamente me he zambullido en el mundo de la amistad y no hay muchas publicaciones como libros, más como artículos periodísticos. Eso sí, al centrarme en la amistad padre-hijo, me sucede lo contrario: no encuentro casi bibliografía.

Sé que la amistad con un padre parece a primera vista algo poco natural y que no está de moda. Aquí empieza mi interés en el tema: si es algo tan «poco natural»[3], ¿por qué muchos padres buscan esa amistad y muchos hijos la demandan sin recibirla a cambio? Es una cuestión que me resulta intrigante y por ello decidí adentrarme en el tema para ir desgranando sus diferentes aspectos y tesituras.

Mi finalidad es intentar, de la mejor forma posible, explicar la relación con un padre en diferentes momentos de la vida. También intentaremos averiguar cuándo resulta más fácil que surja el padre amigo y qué ventajas puede aportar un vínculo así. Todos solemos tener amigos que rondan nuestra edad, con aficiones similares a las nuestras y con los que coincidimos en intereses y otros temas. Por tanto, un padre, que puede doblarnos la edad, no parece en un primer momento el candidato idóneo a ser el *buen* amigo.

Cómo puede surgir la amistad con un padre

Sabemos que un amigo no nace por arte de magia, y que por otra parte no basta únicamente con caerse bien. En cambio, es impres-

3. Con natural me refiero a una amistad que a primera vista no parece lógica (diferentes edades e intereses), pero no anormal, infrecuente o insensata...

cindible conocerse, y para conocerse hay que tratarse. Lógicamente, el verse a menudo, el estar juntos, el frecuentarse fomenta e incluso crea una amistad. Pues bien: vivimos muchos años cerca de nuestros padres, y por tanto *conocerles* no debería resultar tan complicado. Lo que sucede es que el exceso de trabajo o el poco tiempo para disfrutar de la familia se han hecho una constante en nuestro tiempo, y ello ha provocado un desconocimiento grande de la gente que nos rodea. La cercanía superficial que se nos vende a través de los medios de comunicación no hace más que alejarnos, y el ser humano se siente cada vez más *solitario*, cuando teóricamente nunca la sociedad había estado tan *conectada* o globalizada. Hoy en día poseemos aparatos como teléfonos móviles, ordenadores y programas informáticos que nos permiten estar en continuo contacto con personas cercanas y lejanas. Sin embargo, la relación interpersonal, incluso *presencial,* se ha visto relegada a un segundo plano.

Corremos, siempre con prisas, pero ¿hacia qué o hacia dónde? Muchas veces nos cuesta valorar el presente, ya que nuestras ilusiones o proyectos se entremezclan con nuestros pensamientos sin capacidad de disfrutar del momento presente. Me gustan estas palabras de Goethe: «Detente, instante: eres tan bello».

Así pues, antes de seguir adelante, comenzaré con algunas pinceladas personales sobre la amistad en su concepto más global, para luego adentrarme en la *curiosa* relación entre padres e hijos.

Breves líneas sobre la amistad

Las ciencias humanas coinciden en afirmar que toda persona lleva en su naturaleza una inclinación a comunicarse, es decir, que uno no sólo vive, sino que *convive* con su entorno. Guardo un gran recuerdo de las clases de Filosofía del colegio y de cómo estudiábamos y leíamos en profundidad a los grandes pensadores de la Historia. Al rebuscar entre mis apuntes, me sorprende encontrar en todos estos filósofos un apartado dedicado a la amistad. No me entretendré demasiado, pero no quiero dejar de citar a algunos de ellos. El gran Aristóteles afirmaba que «la amistad es lo más necesario en la vida»[4]; santo Tomás de Aquino consideraba que «en la sociedad humana es máximamente necesario que haya amistad entre muchos»; y Kant fijó la amistad como un *imperativo categórico*. Me detengo momentáneamente en uno de los filósofos que más admiro. Todos hemos escuchado alguna vez el famoso «yo soy yo y mis circunstancias» de Ortega y Gasset. Uno no acaba de encontrarse a sí mismo hasta que no se analiza y busca *en y desde* los demás. Todo lo que nos rodea, empezando lógicamente por la familia y los amigos, forma parte de *mi* esencia, de mi ser. Muchos pensadores han afirmado que el ser humano, sin amigos, no puede desarrollarse perfectamente como persona[5]. Incluso grandes intelectuales han llegado a decir que sin amigos no se puede ser feliz: «Todo es odioso para el hombre si no tiene amigos»[6].

Si, como explicábamos al principio, la amistad es fundamental para la vida, algo que la propia naturaleza humana exige en su demanda de comunicación y diálogo, llegamos a la conclusión de que para ser completamente feliz es necesaria

---

4. Aristóteles, *Ética a Nicómaco*, Espasa Calpe, 1954.
5. Laín Entralgo, *Sobre la amistad*, Círculo de Lectores, Barcelona, 1994.
6. San Agustín, Carta 130, 2-4.

la amistad. Incluso lord Byron[7] (del que discrepo, lógicamente, en gran parte de sus afirmaciones machistas) indica que «la felicidad nació gemela», y en este punto sí estoy de acuerdo con él, ya que la felicidad compartida es siempre mayor.

Por tanto, podemos concluir esta introducción sobre la amistad con estas palabras de san Agustín: «En este mundo hay dos cosas necesarias: la salud y una persona amiga»[8].

Amistad a distintas edades con un padre

Hace poco alguien me comentaba que ser amigo de un padre sólo puede acontecer cuando uno ha llegado a una cierta madurez personal, cuando padre e hijo saben lo que quieren y entienden *en qué edad se encuentra el otro*. Es decir, un niño pequeño puede compartir sus alegrías y penas del colegio con el padre, pero para el padre resultará mucho más complicado, ya que las preocupaciones de los mayores quedan lejos del entendimiento del pequeño. A medida que el niño se va haciendo mayor, los padres deben luchar por ilustrar la inteligencia y la razón de sus hijos. Educar es *seducir por encantamiento y ejemplaridad*[9].

Difícilmente podrán hacerse amigos si no pueden compartir pensamientos e inquietudes, por nimias que parezcan. Un claro ejemplo son los momentos que comparte toda familia, como las comidas o cenas. Es interesante poder sacar temas que unan y sirvan para forjar ese trato familiar.

---

7. Lord Byron afirma: «Es mas fácil morir por una mujer que vivir con ella».
8. San Agustín, Sermo Denis 1.
9. Enrique Rojas, *La conquista de la voluntad*, Temas de Hoy, Madrid, 2002.

Mi padrino el tío Luis

Al empezar a escribir estas líneas tuve un recuerdo muy especial para mi padrino, mi tío Luis. Era un hombre sabio e inteligente, y muchas veces, ahora que empiezo a ejercer la medicina, recuerdo sus consejos. Él era notario, pero hijo de psiquiatra, y supongo que muchas de las enseñanzas que me transmitía estaban relacionadas con lo que había vivido en su casa. Algo que nunca olvidaré, y que por tanto quiero plasmar en estas páginas, es la forma en que él, padre de nueve hijos, me explicaba qué hacer para intentar mantener un equilibrio entre el llevarse bien con los hijos sin abandonar la necesaria exigencia. Lo más complicado era saber cuándo había llegado el momento en la vida en el que se podía prescindir de tanta exigencia y aspirar a fomentar esa amistad que se había originado en la infancia. En su casa cuelgan de la pared unas frases, y mi tío Luis me las leía cuando le visitaba en Granada. He recuperado esas líneas para compartirlas con el lector:

Pensamiento de un hijo. He aquí cómo piensa del padre, generalmente, el hijo:

A los siete años: papá es un sabio; todo lo sabe.

A los catorce años: me parece que mi padre se equivoca en algunas cosas.

A los veinte años: mi padre está un poco atrasado. No es de esta época.

A los veinticinco años: mi padre no sabe nada; decididamente se está haciendo mayor.

A los treinta años: no sé si ir a consultar este asunto con mi padre, tal vez él podría aconsejarme.

A los cuarenta y cinco años: ¡qué lastima que papá se haya ido, él me habría aconsejado!

A los setenta años: pobre mi padre, era un sabio. Lástima que lo haya comprendido demasiado tarde.

¡Qué líneas tan acertadas! Supongo que más de uno habrá sonreído al verse reflejado en alguna de esas etapas.

Amistad en la infancia

Comenzaré con la amistad de los niños pequeños con sus padres y lo haré con una anécdota que me contaron hace poco. Caminaba por la calle una amiga cuando se encontró con una conocida que no veía desde que empezaron la carrera. Se había casado e iba acompañada de su hijo, Carlitos, de seis años, que había empezado a ir al colegio. Saludó al niño y le preguntó a qué colegio iba y cómo se llamaban sus compañeros. Entonces Carlitos comenzó a hablar de quiénes eran sus amigos y, sonriendo, añadió: «¡Y por supuesto mamá y papá!». Sonreí mientras me contaban la anécdota: «¿Papá y mamá?». El niño explicó el porqué: «Papá juega conmigo cuando no trabaja y me explica todo lo que no entiendo. Y mamá me escucha siempre».

¿Qué quiero decir con esto? Para un niño pequeño no hay nada que pueda agradarle más que un padre o una madre que le dedican tiempo o juegan con él. El canciller y estadista alemán Otto von Bismarck afirmaba: «Si sabes jugar con los niños, podrás hacer lo que quieras con ellos». El hecho de saber plegarse a los deseos de los más pequeños e intentar compartir sus diversiones afianza el cariño entre padres e hijos. Carlyle, el historiador y ensayista escocés, postulaba: «Un gran hombre demuestra su grandeza por la forma en que trata a los pequeños».

Esto me da pie para pasar a un tema que considero relevante en la educación: los modelos de identidad en la infancia.

Los niños necesitan modelos de identidad

Joseph Joubert, moralista y ensayista francés, conocido por sus libros publicados póstumamente por uno de sus grandes amigos, Chateaubriand[10], con respecto a este tema afirma en su libro *Pensées*: «Los niños necesitan más modelos que críticos». Frecuentemente los niños, en lugar de obedecer a lo que se les dice, tienden a copiar o imitar a los que les rodean. El punto de referencia de los pequeños son los padres. Los niños no serán ordenados si no observan que sus padres lo son. Los padres, siendo ejemplo en la vida cotidiana, van señalando el camino. *El educador actúa más positivamente por su ejemplo que por su doctrina*[11], por eso muchas veces se conseguirá un mejor comportamiento del niño enseñando pautas por la vía práctica que por la teórica. El modelo es la imagen con la que el niño se va identificando, y éste será uno de los aspectos más importantes del desarrollo de su personalidad. Los niños que se encuentran en pleno proceso de crecimiento, tanto interior como exterior, imitan, quieren parecerse a las personas que admiran. El ejemplo es esencial e ingrediente necesario en toda educación.

Cuando en la infancia uno le pregunta a un niño qué quiere ser de mayor, él tiende a responder la profesión de alguien al

---

10. *Recueil des pensées de M. Joubert*, Le Normant, París, 1838.
11. E. Rojas, *La conquista de la voluntad*, Temas de Hoy, Madrid, 2002.

que admira. Por ejemplo, los niños quieren ser futbolistas o desempeñar la profesión del padre si la encuentran atrayente; en el caso de las niñas, quieren ser maestra, cantante o actriz... Son los modelos de identidad del niño, a quien ellos quieren asemejarse. *La tendencia a la imitación es universal.*

Cuando yo era pequeña y me preguntaban sobre qué quería ser de mayor, mi respuesta solía ser «economista» (la profesión de mi madre) o «psiquiatra» (como mi padre), pero después añadía: «¡Y astronauta!». Esto era porque mi abuelo Fabián me contaba historias increíbles sobre planetas y cohetes. Incluso me suscribí a una revista estadounidense sobre temas relacionados con la astronomía. Mi abuelo me explicaba la llegada del hombre a la Luna, cómo lo vivió por televisión... Era tal la pasión que me transmitía por ese tema que me hizo plantearme *en serio* la idea. Ahora no puedo más que sonreírme pensando en aquello, porque una *psiquiatra astronauta* habría resultado, cuando menos, original.

Las críticas a los pequeños

Quiero mencionar un articulo que se publicó hace años en el diario estadounidense *People's Home Journal*, un clásico que ha servido en multitud de conferencias y se ha traducido a numerosos idiomas. Se titula «Papá olvida», escrito por W. Livingston Larned. En el artículo, un padre, en un momento de sinceridad, se disculpa ante su hijo dormido, autoanalizándose por cómo le ha tratado y por sus constantes críticas hacia él. Reproduzco un extracto del texto[12]:

---

12. W. Livingston Larned, *People's Home Journal*, tomo 2, página 24, 1988.

«**Papá olvida**

»Escucha, hijo: voy a decirte esto mientras duermes [...] He entrado solo a tu cuarto. Hace unos minutos, mientras leía mi diario en la biblioteca, sentí una ola de remordimiento que me ahogaba. Culpable, vine junto a tu cama.

»Esto es lo que pensaba, hijo: me enojé contigo. Te regañé porque no te limpiaste los zapatos. Te grité porque dejaste caer algo al suelo. Durante el desayuno te regañé también. Volcaste las cosas. Tragaste la comida sin cuidado. Pusiste los codos sobre la mesa. Untaste demasiado el pan con la mantequilla. Y cuando te ibas a jugar y yo salía a tomar el tren, te volviste y me saludaste con la mano y dijiste: "¡Adiós, papá!", y yo fruncí el entrecejo y te respondí: "¡Ten erguidos los hombros!".

»Al caer la tarde todo empezó de nuevo. Al acercarme a casa te vi, de rodillas, jugando en la calle. Tenías agujeros en los calcetines. Te humillé ante tus amigos al hacerte marchar a casa delante de mí. Los calcetines son caros, y si tuvieras que comprarlos tú, serías más cuidadoso. Pensar, hijo, que esto lo diga un padre.

»¿Recuerdas, más tarde, cuando yo leía en la biblioteca y entraste tímidamente, con una expresión dolida en los ojos? Cuando levanté la vista del diario, impaciente por la interrupción, vacilaste en la puerta.

»"¿Qué quieres ahora?", te dije bruscamente. Nada respondiste, pero te lanzaste en tempestuosa carrera y me echaste los brazos al cuello y me besaste, y tus bracitos me apretaron con un cariño que Dios había hecho florecer en tu corazón y que ni siquiera el descuido ajeno podía marchitar. Y luego te fuiste a dormir, con breves pasitos ruidosos por la escalera.

»Bien, hijo: poco después fue cuando se me cayó el diario de las manos y entró en mí un terrible temor. ¿Qué estaba haciendo de mí la costumbre? La costumbre de encontrar defectos, de reprender: ésta era mi recompensa a ti por ser un niño. No era que yo no te quisiera; era que esperaba demasiado de ti. Y te medía según la vara de mis años maduros. [...]

»He llegado hasta tu cama en la oscuridad, y me he arrodillado, lleno de vergüenza. Es una pobre explicación; sé que no comprenderías estas cosas si te las dijera cuando estás despierto. Pero mañana seré papá de verdad. Seré tu compañero, y sufriré cuando sufras, y reiré cuando rías. Me morderé la lengua cuando vaya a pronunciar palabras impacientes. No haré más que decirme, como si fuera un ritual: "No es más que un niño, un niño pequeñito".

»Me temo que te he imaginado hombre. Pero al verte ahora, hijo, acurrucado, fatigado en tu camita, veo que eres un niño pequeño todavía. Ayer estabas en los brazos de tu madre, con la cabeza en su hombro. Te he pedido demasiado, demasiado...».

Los niños deben sentirse valorados y admirados por sus progenitores.

La autoestima en los niños

No debemos olvidar que para conseguir una amistad es fundamental intentar ponerse en la piel del otro, entenderle. Nuestros problemas, que muchas veces nos nublan la visión, nos impiden ver las dificultades de los otros. Los niños sufren por cosas que a veces pueden parecernos nimias o insignificantes, pero esto no quiere decir que para ellos no sean lo más importante de su vida. Es fundamental tener algo de tiempo para escuchar lo que nos quieren contar, sus anécdotas, sus pequeños dilemas. De esta forma fomentaremos una gran relación con ellos. Aprovecho para puntualizar algo que creo fundamental y que he vivido en mi casa: alimentar la autoestima de los hijos. Un niño pequeño debe crecer sabiendo que sus padres le admiran, le estiman y agradecen sus pequeños progresos, desde aprender a tocar algún instrumento de música, hasta conseguir su primer pastel bien hecho... El estadounidense Daniel Goleman expresa que «la autoestima, la automotivación y las habilidades emocionales influyen en el desarrollo del coeficiente intelectual»[13]. En definitiva, esa amistad tan peculiar que surge con los padres y los pequeños *necesita crecer cercana a la autoestima*.

Cuando yo era pequeña mi padre solía contarnos cuentos los domingos por la noche a mis hermanas y a mí en la cama. Trataban de aventuras fantásticas en las que se entremezclaban personajes de ficción con personas de la vida real. Eran momentos mágicos de la semana, y nos solía preguntar cómo queríamos el cuento, con emoción o de miedo, y él adecuaba su cuento a lo que elegíamos. No olvidaré nunca cómo imitaba algunas voces y cómo nos hacía reír y a veces temblar de miedo cuando inventaba algún personaje-atracador con voz peligrosa. Entonces encendíamos la luz para ver que no era real. Incluso había algunas historietas que nos había contado ya en numerosas ocasiones, pero no nos cansábamos de escucharlas. Al final todo terminaba bien.

Quiero acabar este primer apartado hablando de uno de los primeros libros que leí en el colegio y cuya lectura retomé hace algunos meses. Se trata de *El Principito*, de Antoine de Saint-

---

13. Daniel Goleman, *Inteligencia emocional*, Kairós, Barcelona,1996.

Exupéry. No pude por menos que sonreír cuando releí algunas de las enseñanzas del Principito acerca de la amistad, que aquí reproduzco:

«A los mayores les gustan las cifras. Cuando se les habla de un nuevo amigo, jamás preguntan sobre lo esencial del mismo. Nunca se les ocurre preguntar: "¿Qué tono tiene su voz? ¿Qué juegos prefiere? ¿Le gusta coleccionar mariposas?". Pero en cambio preguntan: "¿Qué edad tiene? ¿Cuántos hermanos? ¿Cuánto pesa? ¿Cuánto gana su padre?". Solamente con estos detalles creen conocerle».

¡Qué sabios son los niños para algunos temas!

Hay que ser primero padres en la adolescencia

¿Qué ocurre a medida que pasan los años? La adolescencia siempre es un momento complicado en la relación de los padres con los hijos. Éstos empiezan a buscar cierta independencia y autosuficiencia y deciden alejarse y conocer el mundo por ellos mismos o a través de los amigos. El padre ya no es el hombre sabio de antes. Como en las frases de casa de mi padrino, que comenté más arriba, empieza a imperar el «me parece que mi padre se equivoca en algunas cosas». El límite entre ser padre y amigo se complica, porque nos encontramos en momentos en los que se experimentan por primera vez ciertos sentimientos o experiencias en la vida, y se va descubriendo el mundo.

La adolescencia no es el momento de buscar ser amigo de los hijos. Es el momento de ser padres más que nunca, pero también es una etapa en la que hay que aspirar a cierta comprensión de los hijos. Hay que intentar hablar de los temas más complejos y peliagudos, sin olvidar que aprenderán ciertas cosas fuera de casa y no querrán saber la opinión de los padres en muchos momentos.

Los padres buscan en ocasiones ser el mejor amigo del hijo, pero lo encuentran dificultoso y se exasperan al ver que no consiguen lo que se habían propuesto. La tensión y el equilibrio entre la autoridad y la libertad hacen complicado que el padre sea el mejor confidente de su hijo. No es imposible, pero tampoco fácil, y el padre no debe obsesionarse con alcanzar ese propósito y menos intentar forzarlo.

El hijo debe saber dónde está el límite (*no todo está permitido)* y los mayores deben poner normas fijas y no ceder. Posteriormente el *aprecio y apoyo* son esenciales. El ser humano de hoy en día se ha acostumbrado a criticar lo que le disgusta y en cambio a mantenerse en silencio cuando algo le agrada[14]. En esta época de la vida del hijo es fundamental encontrar puntos y actitudes que sean apreciadas y valoradas.

La adolescencia puede vivirse de diferentes maneras. Citaré algunos ejemplos:

—Hipersensibilidad a todos los comentarios, a las críticas, especialmente si tienen que ver con las relaciones con amigos.

—Rebeldía a todo lo que viene impuesto.

—Sentimientos de incomprensión («nadie me entiende»).

—Querer probar cosas nuevas.

---

14. Dale Carnegie, *Cómo hacer amigos*, Elipse-Edhasa, Barcelona, 2008.

Por tanto, el trato con un hijo o hija de esta edad cambia y tiene que adecuarse a sus características. Cuando yo tenía dieciséis años, reconozco que me daba la impresión de que lo que a mí me gustaba o todo lo que yo hacía estaba mal o se podría haber hecho mejor. Uno se siente criticado continuamente y los amigos se buscan fuera de casa, en el colegio, el instituto o el barrio, porque donde más nos exigen es dentro de la familia. En el peor de los casos, pero a veces sucede, los padres se convierten en *los enemigos*.

Esto se produce frecuentemente porque el padre adopta con su hijo una actitud de policía y los hijos le perciben como una persona que les controla, vigila o castiga. Lógicamente, es parte de la función de un padre, sobre todo en la adolescencia, pero un padre-policía autoritario debe recordar que también ha de existir un diálogo con el hijo.

En mi casa, al tener dos hermanas en esa franja de la adolescencia, la forma de congeniar de la mejor manera posible consiste en hablar los temas importantes en casa, discutiendo (en el buen sentido de la palabra) todos los asuntos. Mis padres suelen preguntarnos cuando estamos en desacuerdo con algo, o los motivos por los que opinamos tal o cual cosa. También nos piden que defendamos nuestras ideas con razonamientos. Esto implica que en algún momento, al quedarnos sin argumentos de peso, acabamos admitiendo que ellos tenían razón.

Es muy fácil imponer a un hijo unas ideas, pero lo realmente difícil es conseguir convencerle de que el punto de vista de los padres es el correcto. Las conversaciones deben ser diálogos y no sermones o conferencias, y deben girar en torno a las inquietudes del hijo: juegos, aspiraciones, estudios, ilusiones, problemas... No deben esperar a que sus hijos inicien el diálogo. Los padres, respetando la intimidad y personalidad naciente del hijo, deben dar el primer paso en el diálogo. No deben hablar únicamente con él para cuestionarle e indagar si hace los deberes, qué notas trae del colegio, etc., sino también, como mencioné anteriormente, para estimularlo, elogiarlo con prudencia e interesarse por sus proyectos y emociones.

Deben también acompañarle ante cualquier problema que le preocupe, o ilusionarse con él por algún plan o idea. Lógicamente, el padre debe levantar el ánimo de su hijo si se encuentra cansado o fatigado por contrariedades y complicaciones, pero a su vez debe saber frenar con tacto y delicadeza las posibles impertinencias, arrogancias y actitudes altaneras del joven. Es una tarea complicada, pero el padre sabe mejor que nadie cómo enfrentar con prudencia a su hijo a la realidad que todavía ignora y comprenderlo en su edad y personalidad.

A los niños y adolescentes hay que educarlos en voluntad y perseverancia, porque nada en la vida se logra sin esfuerzo y nos encontramos en una sociedad técnicamente casi perfecta, pero humanamente neurótica[15].

Educación de la voluntad

Creo que aprendí la palabra «voluntad» antes que cualquier otro niño de mi edad. Mis padres me decían siempre de pequeña que «una persona con voluntad llega más lejos que una persona inteligente», y con esta sentencia todos entenderán que estuviera entusiasmada con entender qué era esa famosa volun-

15. Enrique Rojas, «Indicators of maduration of the personality», Spanish Institute, New York, 1998. Conferencia pronunciada en la inauguración del curso académico.

tad de la que tanto me hablaban en casa. De forma breve, hablaré del significado de estos dos conceptos, «educación» y «voluntad», ya que de ellos se podrían escribir infinidad de libros.

Educar consiste en transmitir información y formación a la vez que promover ciertas maneras o formas de ser. La finalidad del proceso educativo, en cualquier terreno de la vida, es *aprender* para llegar a dominar conocimientos que nos permitan manejarnos en un campo. La educación es fundamental para que la persona se desarrolle del modo más completo posible en las diferentes vertientes humanas: personal, profesional, sexual, cultural, sentimental... *Educar a alguien es convertirle en una persona más libre e independiente. Toda educación humaniza y crea amor. Intentamos educar para ayudar a la otra persona a encontrar la felicidad.*

La voluntad está íntimamente relacionada con el querer y con la inclinación o la *intención de dirigirse hacia algo*. La voluntad consiste en elegir, en preferir algo a otra cosa. Lógicamente, aquí se plantea una confusión habitual con los significados de desear y querer. Lo primero se da con mayor frecuencia en los adolescentes, es más sentimental o afectivo, mientras que el querer se da en el plano de la voluntad, de la personalidad madura. Albert Einstein incluso tuvo tiempo de hablar del tema señalando lo siguiente: «Hay una fuerza motriz más poderosa que el vapor, la electricidad y la energía atómica: la voluntad».

Educar la voluntad por los padres es un proceso que viene determinado por unas características:

—Educar consiste en entusiasmar al niño con ilusión para crecer, formarse, aprender.

—Hay que ayudarle a pulir su personalidad para que él mismo sepa dominarla.

—Es necesario ofrecerle y asesorarle sobre posibles metas que aumenten su motivación para seguir luchando.

—Debe ejercitar la voluntad a base de cosas pequeñas, orden, constancia...

Quiero sintetizar este apartado insistiendo en que no debe ser amistad lo que se busca durante la adolescencia entre padres e hijos, sino más bien respeto y educación, *viviendo y sintiendo* cerca del hijo. Un exceso de confianza puede nublar el deber fundamental de los padres: exigir al hijo, a la vez que corregirle y castigarle para ayudarle a forjar su personalidad y forma de ser. La frontera entre exceso de confianza y permisividad está delimitada por una línea fina que puede ser perjudicial para la educación del niño.

Hace poco, al hablar con un chico de diecisiete años, rebelde, que se ha escapado de su casa varias veces, le preguntaba yo sobre sus padres. Me contestó: «Me decían que no la primera vez, pero sabía que llegaría un momento en que cederían. Nunca me han puesto los límites claros». Su comentario me abrió los ojos en este aspecto. Muchas veces no nos damos cuenta de que los jóvenes deben saber exactamente hasta dónde se les permite llegar. Lo que a un padre o madre puede parecerle natural u obvio, ellos no lo perciben así. Van comprobando que las puertas acaban abriéndose, e incluso esta ruptura de las *leyes de la casa* se convierte en un reto. Hemos llegado a un punto en las casas con adolescentes en el que se confunde democracia con anarquía.

Tener un hijo no es, como algunos piensan, un compromiso de cuidar y responsabilizarse por otro ser humano durante unos dieciocho años. Más bien se trata de una relación que nunca va a finalizar. Este trato, como todas las relaciones humanas, pasa por diferentes etapas. Es importante que, a pesar de que los padres noten cierto distanciamiento con los hijos, no fuercen un acercamiento a base de aprobar ciertas conductas que no son las apropiadas.

¿Por qué ha cambiado la educación?

¿Han olvidado los padres que son la autoridad? La *autoritas*, que implica lo que te hace crecer, está más relacionada con el reconocimiento, el liderazgo y la capacidad que uno tiene para interaccionar con el entorno, mientras que la *potestas* representa más la imposición del deber. Es el diálogo frente al orden, la comunicación frente a la imposición, convencer frente a vencer, comunidad frente a fuerza.

Nuestros padres y abuelos fueron educados en un ambiente muy estricto, y parece que la solución elegida para las generaciones actuales consiste en una formación más flexible, porque se cree que así serán más felices. Es una postura arriesgada y puede traer consecuencias nefastas, ya que un padre, en la época de formación del hijo, debe exigirle, ponerle normas, a la vez que se va creando un ambiente relativamente sensato en la casa.

Hace poco me decía una madre de familia: «Dile tú a mi hijo que vaya a visitar a su abuelo, a mí no me hace caso». Le pregunté por la edad de su niño: «Ocho años». Creo que sobran los comentarios. Si un padre o una madre deciden que se visita al abuelo o a la abuela una vez cada quince días, los hijos deben obedecer, les guste o no. Las normas no las marcan los hijos, sino los padres. Recientemente, en un programa de televisión, escuché a mi padre comentando cómo la sociedad actual ha pasado del *patriarcado* al *filiarcado*. Las normas las imponen los hijos, ellos deciden y mandan. «Total, somos una generación perdida que ha pasado de esclavos de sus padres a esclavos de sus hijos[16].»

¿Qué se encierra tras esta conducta permisiva de los padres? En primer lugar, cierto miedo al conflicto, al grito, a imponerse. Si uno no marca las pautas desde joven, el niño, a medida que crece, hace su santa voluntad sin querer obedecer. Por tanto, sabe que sus padres, no acostumbrados a exigirle lo suficiente y evitando muchas veces el conflicto directo, obviarán a toda costa la pugna o la disputa. No queremos altercados en casa porque nos acogemos al pensamiento de que «suficientes problemas hay en el trabajo, en la sociedad, en el mundo» como para crear nosotros mismos un ambiente hostil en nuestras propias familias y en el único ámbito en el que los padres no deben conceder o condescender, que es en el núcleo familiar. Es su máxima responsabilidad. Muchas veces son los padres quienes más sufren castigando a sus hijos, pero como escribía en el siglo XIII el Arcipreste de Hita, «castígate castigando y sabrás a otros castigar». Este concepto del miedo a reprender a los hjos se manifiesta desde antiguo, en el Libro de los Proverbios, que me gustaría citar en este apartado: «El que detiene el castigo, a su hijo aborrece; más el que lo ama desde temprano lo corrige»[17] y existe otra sentencia del mismo libro que me parece cuando menos ingeniosa: «La vara y la corrección dan sabiduría; mas el muchacho consentido avergonzará a su madre»[18]. A esta idea se añade otro razonamiento erróneo: pensar que es bueno o saludable evitar que los hijos sufran a causa de las exigencias o de las obligaciones que no son de su agrado. *Todos sabemos que*

16. Emilio Calatayud, magistrado español, juez de menores de Granada.
17. Libro de los proverbios, 13;24.
18. Libro de los proverbios, 29;15.

las mejores lecciones derivan del sufrimiento. El ser humano aprende con el sufrimiento y sale experimentado de él. *La derrota enseña lo que el éxito oculta.*

Cualquiera que se encuentre leyendo estas líneas recordará momentos de su infancia o juventud, cuando un *golpe* le hizo madurar o crecer con mayor rapidez. Por tanto, no hay razón para evitar todos los *golpes* a los hijos. Protegiéndoles del dolor o de la obligación no creamos amigos, sino hijos débiles y sobre todo poco preparados para la vida. Los hijos desarrollan una pésima tolerancia a la frustración porque los padres no saben decir que no, y si lo hacen cambian fácilmente con ciertas manipulaciones. Nos encontramos ante hijos-manipuladores: saben cómo conseguir sus retos y propósitos. Todo reside en cómo lo piden. La educación se convierte en una negociación constante, sobre todo si nos encontramos ante familias desestructuradas, donde los progenitores deben intentar *homogeneizar sus criterios en la formación de sus hijos*. Los padres no dejan de tener una función educativa por el hecho de la separación o el divorcio. Utilizar al hijo de *aliado-amigo* suele desencadenar fuertes conflictos de lealtades, con sentimientos de culpabilidad o rechazo.[19]

¿Qué sucede cuando los padres no ejercen correctamente su función? Estos adolescentes acaban notando un vacío. Se sienten solos e inseguros porque empiezan a percibir que precisan de alguien que los guíe, pero no lo encuentran. Comienza a embargarles un cierto desasosiego ante ese sentimiento de soledad. Los niños, para su buena formación como personas, necesitan disciplina y límites fijados por los padres. Límites claros y nítidos para

19. *El arte de educar*, Javier Urra, La Esfera de los libros, 2006.

crecer y transformar a los hijos en los emprendedores del futuro. Lógicamente, todo ello entremezclado con el afecto.

AFECTO + DISCIPLINA: claves de la buena educación

El hijo o la hija no deben sentir la soledad de ser únicamente amigos de sus padres. Es fundamental que noten esa autoridad, ya provenga del padre o de la madre. Muchos amigos o hermanos de amigos a los que he preguntado en el último año sobre este tema afirman que su padre nunca tiene tiempo de estar con ellos. *El tiempo es cuestión de prioridades*. Si nos fijamos bien en nuestra vida, en general, cuando de verdad nos urge y nos importa un tema, sabemos cómo arreglárnoslas para sacar minutos. Daré varios ejemplos. Hoy en día existen medios de comunicación, carreteras, autopistas o transporte público para llegar antes a nuestro destino, a casa, al trabajo... Este avance, en teoría, debería favorecernos y aumentar el tiempo para disfrutar de la familia. ¿Qué sucede? Uno retrasa su salida del trabajo porque sabe que el trayecto será más breve. Por otra parte, los electrodomésticos, los aparatos de cocina, los teléfonos móviles y la electrónica nos ahorran un tiempo que, no obstante, se acaba dedicando a menesteres que no son, generalmente, una mayor dedicación a los hijos.

La televisión como mejor amiga

Actualmente los hijos parecen estar tranquilos y callados porque se entretienen con la PlayStation, el móvil, viendo un DVD o trasteando con el ordenador. Indudablemente, ese tiempo no puede ser considerado como sustituto de la educación. Mis padres tardaron muchos años en regalarnos un vídeo o DVD porque querían que en nuestro tiempo libre nos dedicáramos a otras actividades. La «caja tonta» se veía poco en mi casa, salvo para los deportes y alguna película que consideraran apropiada. Teníamos un cuarto de juegos donde pasábamos largas horas jugando a las cocinitas, haciendo puzles, o escuchando cintas de cuentos o música. La televisión ni siquiera era un elemento atractivo para nosotras, ya que cuando realmente disfrutábamos era con esas tardes de sábados y domingos donde, casi sin límite, poníamos a prueba nuestra imaginación.

Jacques Leclercq, profesor de la Universidad Católica de Lovaina, escribe unos *Elogios*, en mi opinión geniales y sublimes, sobre diferentes temas. En uno de ellos, *Elogio a la ignorancia*, Leclercq manifiesta cómo se necesita volver a fomentar la *imaginación* en los niños y jóvenes: «Hay que desarrollar al hombre, aprender a reflexionar. Experimentar. Explorar. El hombre debe explorar la vida y explorarse a sí mismo»[20].

La imaginación en la educación

Hay algo que quiero puntualizar. Hace unos años los niños vivían una infancia bañada de ensueños, ilusiones y aventuras. Gozaban de una imaginación que alcanzaba cotas insospechadas, adornadas con historias increíbles y fantásticas. Hoy en día el hecho de vivir en la sociedad actual ha cambiado el concepto de educación, y también la imaginación de los pequeños.

---

20. *L'Eloge de l'ignorance*, pronunciado en Brest, en las «Conférences du Souvenir», 6 de diciembre de 1938.

A los niños se les educa ahora para estar quietos, tranquilos, sin provocar bullicio ni griteríos.

No olvidemos que existe un vínculo entre fantasía y personalidad, a la vez que toda personalidad requiere un mínimo de desorden para su desarrollo. *La vida conlleva algo de desorden.* Por tanto, el conformista no puede adquirir una verdadera personalidad[21]. Por supuesto, tampoco me estoy refiriendo a un exceso de atolondramiento y alboroto que no genere más que caos.

Los jóvenes y los niños deben soñar, ya que el ser humano no es feliz si no cuenta con sueños e ilusiones. *La felicidad consiste en ilusión* (¡cuántas veces habré oído esta frase!). Uno de los mejores medios para que los niños puedan enriquecer, inspirar e impulsar su expresión y su conducta individual pasa por los juegos y la *fantasía*. Hace unos años conocí a una señora que escribía teatro y luego escogía personajes para su actuación. Pude participar en una de sus obras. La función giraba en torno a Goethe, y recuerdo unas palabras que se decían al concluir la obra: «El niño es realista; el muchacho, idealista; el hombre, escéptico; y el viejo, místico». ¡No cortemos las alas de la imaginación a los jóvenes!

Sumado al hecho de vivir en las ciudades modernas, otro de los factores que han disminuido la capacidad de desarrollar la imaginación es la televisión (añadido a las consolas de videojuegos, los ordenadores, etc.). Qué acertadas estas palabras del director de cine y guionista italiano Federico Fellini: «La televisión es el espejo donde se refleja la derrota de todo nuestro sistema cultural». La televisión, y los demás aparatos, se han convertido en una solución para los momentos vacíos y

---

21. Lógicamente, también un exceso de desorden nos aturde. Hay que buscar siempre el equilibrio.

desocupados. En un niño, indudablemente, una herramienta así frena su facultad para interaccionar correctamente con el entorno, así como disminuye sus posibilidades de desarrollar la imaginación para inventar juegos y distracciones constructivas y educativas para los momentos libres.

Siempre me ha parecido ocurrente esta cita de Groucho Marx que ojalá pudiera hacerse realidad hoy en día: «Encuentro la televisión muy educativa. Cada vez que alguien la enciende, me retiro a otra habitación y leo un libro».

Cuando el hijo deja de ser niño y se convierte en adulto

Si nos fijamos, toda educación comienza por el final, con preguntas como: ¿es ésta la mejor manera de que mi hijo sea feliz, de que mi hijo tenga un futuro profesional, de que mi hijo pueda ir a la universidad? La forma más humana de paternidad no es la biológica, como leí hace poco en un artículo, sino, en mi opinión, la procreación ética, espiritual y mental. Es decir, la *educación*, que debe ser enfocada para crear adultos maduros, con confianza en sí mismos.

Cuando los hijos empiezan a estudiar una carrera o buscan salidas profesionales, nos encontramos ante un gran momento para reforzar y consolidar un vínculo de afecto y amistad en la familia. Los padres llegan frecuentemente a esta fase del hijo un tanto *quemados*, tras la etapa adolescente del niño, que suele dejarles exhaustos. Puede acontecer que en ciertos momentos los padres no sepan cómo tratar a los que ya no son tan niños. A medida que transcurren los años, éstos deciden con frecuencia salir a estudiar o trabajar fuera de sus casas, y los padres sienten que empiezan a perderlos cuando más desean su presencia cercana a ellos. Recordemos aquella frase del hijo a los treinta años: «No sé si ir a consultar este asunto con mi padre, tal vez él podría aconsejarme».

Los hijos comienzan tímidamente a buscar la aprobación, el consejo y las recomendaciones de los padres, bien sea en el plano académico, en el profesional, en el económico, e incluso algunas veces —con mayor frecuencia con la madre— en el sentimental.

Como señala el Arcipreste de Hita, «no es dicho amigo el que da mal consejo»[22], pero por otra parte el mejor consejo viene dado por aquellas personas que nos quieren y a quienes importamos. «Prestad oído al consejo de quien sabe mucho, pero sobre todo prestadlo al consejo de quien mucho os ama[23].»

Se comete un error frecuente: a veces sucede que los padres intentan que los hijos, ya adultos, no cometan los mismos errores que ellos, y por tanto tienden a la sobreprotección. Oscar Wilde manifestaba lo siguiente: «Experiencia es el nombre que damos a nuestros errores». Y añado, como puntualiza André Malraux: «Transformar la experiencia en conciencia, en eso estriba ser persona». Los padres tienden a buscar el *yo mejorado* en sus hijos, algo lógicamente bueno, pero con prudencia y moderación, ya que puede surgir un fenómeno de negación ante ciertas actitudes del hijo porque el padre o la madre saben más y han vivido más. Esto deriva en una conducta de los padres que buscan en los hijos una réplica de ellos mismos, pero mejorada.

Los padres no poseen los parámetros a seguir en todos los aspectos de la vida. Esto resulta más sencillo de asumir si uno piensa en sus propios padres. Cuando el hijo se hace adulto,

---

22. Arcipreste de Hita, *Libro de buen amor*, Espasa Calpe, Madrid, 2008.
23. Arturo Graf, *Ecce Homo*, Fratelli Treves, Milán, 1908.

ya no se imponen normas. Los padres entregan cariño y consejo. La amistad es cuestión de dos. Naturalmente, si el padre no se da a conocer, si no se abre, si no se deja tratar por el hijo, nunca podrá surgir un trato o conexión que derive en amistad. Es evidente también que el hijo debe estar abierto a esa opción, y si desea ese trato, ha de permitir que los padres se entremezclen en sus proyectos e ideas, aunque sea guardando una distancia prudencial, la libertad propia de cada persona. Los padres deben aconsejar, no aprobar todo lo que dice el hijo, pero sí dar un margen de espacio. «No necesito amigos que cambian cuando yo cambio y asienten cuando yo asiento. Mi sombra lo hace mejor», como dijo Plutarco.

Un ejemplo muy tratado y comentado por mi padre es el de los profesores y maestros. El profesor sólo imparte una lección, mientras que el alumno quiere parecerse a su maestro por la forma en la que le expone sus enseñanzas. De hecho, los mejores estudiantes acaban muchas veces convertidos en *profesores*. Con el padre y la madre ocurre algo parecido. No se trata de imponer criterios, y menos a esas edades en las que ya está más que finalizada la fase educativa. De lo que se trata es de ir recibiendo de ellos lo que nos atrae de su forma de ser, de su vida personal, activa y profesional.

La mayoría de las relaciones humanas no llegan a lo profundo, a la intimidad, y mientras no llega a ese momento, no prospera la amistad. Con los padres se da por lo general un tiempo de convivencia bastante amplio. Además, ellos desean más que nadie el éxito de sus hijos. El escritor alemán Heinrich von Kleist lo dijo muy claro: «A las personas les interesa nuestro destino exterior; el interior, sólo a nuestros amigos». Así pues, nunca olvidemos que los que más se preocupan por nuestras ilusiones más profundas e íntimas son nuestros padres.

Hoy en día corremos más que nunca, incluso me aventuraría a decir que se trata de una especie de huida de la soledad, buscando la solución en quehaceres que nos llenan la vida de planes, de horarios y de prisas. Sin embargo, suele llegar un momento en el que necesitamos a ese alguien que nos conoce y escucha, o a veces simplemente la compañía silenciosa de esa persona que sabe cómo somos, que nos ha visto crecer. Los padres llevan observando desde hace años nuestra trayectoria. Un buen padre sabe que el hijo es libre de pedirle consejo e intenta no inmiscuirse en su vida. Un amigo es una «persona que nos muestra el rumbo y recorre con nosotros una parte del camino»[24]. Es ahí donde podemos experimentar cómo la relación con un padre o una madre puede aportarnos más de lo que pensamos.

Durante los últimos meses la gente que me rodea ha expresado todo tipo de opiniones sobre este tema. Algunos califican a su padre como amigo, otros consideran rara esta idea, pero muchos ansían lograr ese grado de relación. He escuchado comentarios del tipo: «Me gustaría que tuviera más tiempo para escucharme y asesorarme». Otros, sin embargo, indican que «son tiempos diferentes, se nos hace difícil entendernos. Le respeto, pero amigos, ¡imposible!».

Lo importante es que cada uno sepa qué busca en el otro. La amistad con el hijo adulto es posible y puede aportar grandes alegrías a la vez que servir de apoyo. El hijo comprenderá cada vez mejor al padre y, si lo desean, puede crearse un vínculo próximo y cercano.

Ninguno de los dos tendrá soluciones para todos los pro-

---

24. Francesco Alberoni, periodista italiano del *Corriere della Sera* y catedrático de Sociología.

blemas de la vida, pero siempre será valioso disfrutar de ese alguien que puede escucharnos y sabe sacar un tiempo para nosotros. Las contrariedades o complicaciones pueden solucionarse de manera conjunta. Hay que disfrutar de las alegrías y triunfos del otro, apoyarle en las tristezas y ayudarle cuando lo pide. Lógicamente, ninguno podrá evitar todas las caídas y sufrimientos del otro, pero puede sostenerle cuando lo requiera. En definitiva, en esto consiste tener un amigo.

Hay unas líneas de Albert Camus que me parecen muy sugerentes para concluir estas páginas: «No camines delante de mí, puede que no te siga. No camines detrás de mí, puede que no te guíe. Camina junto a mí y sé mi amigo». Los padres, durante la infancia y adolescencia, se encuentran siempre delante del hijo, mientras que cuando el hijo pasa a ser adulto, resulta más fácil caminar juntos. En esa circunstancia es posible encontrar y disfrutar del *padre amigo*.

Algunas notas sobre la amistad con el resto de la familia

Tener hermanos influye de forma positiva en la educación de los hijos y en el desarrollo de una personalidad equilibrada en el plano sentimental y en el ámbito de la interacción con la sociedad. Al existir más personas en el núcleo familiar surgen, lógicamente, mayor número de choques y complicaciones, pero ayuda a que los niños aprendan a resolver los conflictos sobre la marcha y con mayor facilidad.

Uno sabe que no todo le pertenece, y aprende a compartir su día a día descubriendo cómo hay que respetar el espacio del resto de la familia. Los hermanos pueden llegar a convertirse en grandes amigos. Tengo tres hermanas, además de un hermano en el cielo. De alguna de ellas me separan bastantes años, pero esta diferencia que se observa ahora irá menguando con el paso del tiempo. Discutimos y peleamos en ocasiones porque la convivencia es siempre complicada, pero sabemos que éstas son las personas a las que podemos acudir en cualquier momento. Con ellas compartimos un gran número de aficiones, de momentos, y lo que es más importante, paralelamente en el tiempo. Nuestros padres y los abuelos ya vivieron acontecimientos similares. Nuestros hermanos o primos pueden llegar a ser inestimables compañeros en el camino de la vida.

En las familias de hijo único se suele echar en falta un concepto fundamental: el de *hermandad*. Existe en estos casos el peligro de que los padres no eduquen bien a sus hijos por un exceso de protección, por poner en ellos una atención excesiva. Educar es convertir a alguien en persona, y también sacarle las máximas posibilidades al ser humano según sus capacidades psíquicas y psicológicas. El concepto de hermandad significa la capacidad para compartir, para ayudarse, para dialogar y para ganar en el campo de la comunicación: aprender a ceder, a intercambiar opiniones y a buscar puntos de acuerdo. Uno enseña a los que vienen por detrás y se da cuenta de la importancia de dar un buen ejemplo, sintiendo la responsabilidad del hermano mayor. Los hermanos pequeños, por su parte, quieren imitar a los que van por delante.

La generosidad es uno de los rasgos más bonitos de la convivencia positiva entre los hermanos. Hay que aprender a prestar desde lo que consideramos nuestro. De las primeras expresiones que aprende el niño —«mío»— al «tuyo», que surgirá un tiempo más tarde, se pasa al concepto de heredar: no todo se compra nuevo. Un niño crecerá con mayor facilidad, más solidario, cuando se le eduque rodeado de otros. En las familias de un solo hijo los padres deben atender más a la educación del niño, evitando ser absorbentes o posesivos en exceso. Hay que evitar la sobreprotección e intentar que se rodee de niños sin tratarle como a un adulto, *permitiéndole que viva su infancia.*

Al existir una relación, un lazo o contacto entre las distintas generaciones de una familia, esta circunstancia ayuda a rejuvenecer a los abuelos, a madurar a los nietos y a que los padres se sientan más serenos y tranquilos al observar un buen trato entre la parentela.

La mayoría de las personas tenemos algún familiar o en su defecto a alguna persona a la que nosotros consideramos nuestra familia. Decía Thomas Jefferson: «Los mejores momentos de mi vida han sido aquellos que he disfrutado en mi hogar, en el seno de mi familia». Indiscutiblemente, todos hemos pasado por momentos dolorosos y traumáticos debido a temas relacionados con nuestros familiares. Los disgustos o contrariedades que provienen de ellos son los más amargos, porque ocurren muchas veces de forma inesperada e incomprensible, pero al mismo tiempo las mayores alegrías acontecen frecuentemente por logros y vivencias relacionadas con la familia.

Para que la familia sea un núcleo en el que reinen el afecto y la amistad, debe existir tiempo. Con tiempo conseguimos conquistar y conocer a los demás, compartir alegrías y penas... «Traten de estar más tiempo en casa. Los abuelos están en hogares para ancianos, los padres trabajando y los jóvenes... desorientados», como decía la madre Teresa de Calcuta.

Necesitamos querer a los más cercanos, desvivirnos por ellos, porque son nuestra prioridad de cada día, independientemente de que sean abuelos, padres, esposos, hijos, primos o sobrinos... Plutarco dijo: «Pocos seres humanos son llamados para gobernar ciudades e imperios, pero cada cual está obligado a gobernar sabia y prudentemente su familia y su casa». No importa la ocupación o profesión de cada uno, debemos recordar siempre que la familia es la empresa más importante que tenemos en nuestras manos.

Con cada miembro de nuestra familia disfrutamos de un grado de afecto diferente. Busquemos ese lazo de amistad que nos une al otro. Un abuelo difícilmente será considerado un amigo al separarnos una franja de edad grande, pero siempre podrá convertirse en un soporte, un ejemplo o un maestro.

«La familia es el espejo de la sociedad», afirmaba Víctor Hugo. No hay que olvidar que la familia es la primera escuela de la sociedad, por lo tanto, hay que protegerla en todos sus aspectos, desde el punto de vista personal hasta la visión profesional. Si una empresa, por ejemplo, no lucha por cuidar a sus empleados, con horarios sensatos, existirán más posibilidades de que esa «familia» se debilite. Una sociedad sin valores, con miedos, sin tiempo, todo ello extrapolado al plano familiar, hace peligrar los cimientos de esta institución tan fundamental en la sociedad desde siempre: «Quien ataca a la familia no sabe lo que hace, porque no sabe lo que deshace», indicó Chesterton. Cuidemos a esa familia que nos ha tocado.

Y para terminar, unas líneas del sabio chino Confucio: «Una casa será fuerte e indestructible cuando esté sostenida por estas cuatro columnas: padre valiente, madre prudente, hijo obediente, hermano complaciente».

capítulo
seis

La amistad médico-enfermo

La medicina de ayer y de hoy

En las últimas dos décadas la medicina en general ha cambiado mucho. Mi padre fue uno de los primeros psiquiatras de España. Estudió en Múnich y en Berlín partiendo de la neurología. Hacia 1945 la psiquiatría era una rama de la medicina relativamente incipiente, con poco peso e ir al psiquiatra era raro, sólo para casos extremos de esquizofrenia y pacientes «que perdían la razón». Teniendo yo unos diez años, en mi colegio, los compañeros no entendían que mi padre hubiese escogido una especialidad tan dura, «tratar a gente que estaba loca». Hacia 1960 las grandes películas estadounidenses empezaron a sacar en sus argumentos la figura del psiquiatra, que se fue poniendo de moda poco a poco. Se cambió su concepto y hoy en día el giro ha sido copernicano, hasta convertirse el psiquiatra casi en el médico de cabecera. Los tiempos han cambiado también en esto de forma acelerada.

En la medicina general antes se hablaba con insistencia del olfato clínico, que era una especie de intuición, visión de la jugada o capacidad para captar las manifestaciones del paciente y acertar en el diagnóstico con una precisión extraordinaria. Y al mismo tiempo la relación médico-enfermo estaba llena de humanidad, de cercanía. Las dolencias físicas e incluso las vivencias psicológicas afloraban con naturalidad, porque al médico había que decirle toda la verdad de lo que a uno le pasaba, como se decía entonces con frase emblemática.

La tecnificación de la medicina ha traído grandes progresos, gracias a los cuales la prevención y el diagnóstico han operado avances insospechados. Localizar un cáncer de mama incipiente permite aplicar un tratamiento temprano que lo cura en unas sesiones. Saber la localización y el tamaño de un tumor cerebral, así como el tipo de crecimiento y el tipo de células que existen en su interior, son procedimientos impensables hace tan sólo unas décadas. Las pruebas de exploración en el plano de enfermedades físicas son increíbles. Sin embargo, en ocasiones ese progreso tecnológico no ha ido emparejado de una humanización médica, sino que la medicina ha transitado hacia formas demasiado frías y distantes. Se ha dicho que se ha cambiado la relación médico-enfermo por la de médico-aparato de exploración. Lo que es evidente es que no deben estar reñidas ambas vertientes y que la modernidad y la humanidad deben aunarse, dando de ese modo un salto cualitativo. Hemos transitado de un cierto paternalismo a un modo más democrático.

Freud, en su libro *Estudios sobre la histeria*, nos pone sobre la pista de la enorme importancia que tiene escuchar al paciente atentamente, que cuente lo que le sucede, de forma que el especialista pueda observar y explorar su personalidad. Cada enfermedad es vivida de forma distinta, según el modo de ser de dicho paciente. Saber escuchar es un arte. Hay que dejar que esa persona se exprese y relate los hechos, los recuerdos, las frustraciones, las alegrías y toda su constelación de sentimientos. Por ese vericueto va la psiquiatría. *La psiquiatría es la rama más humana de la medicina*: atiende no sólo a la enfermedad, sino muy especialmente al enfermo. No es la patología el centro de su observación solamente, sino que hay una dirección nueva: la persona que padece, que sufre, que se encuentra mal y busca ayuda médica[1].

En 1973 la Asociación Estadounidense de Hospitales aprobó la «I Carta de los Derechos del Paciente», que significó un enorme paso hacia delante en el reconocimiento oficial del derecho del enfermo a recibir una completa información sobre su diagnóstico, sus posibilidades de curación, así como sobre las posibles opciones de tratamiento, que puede o no elegir asesorado por el médico. El enfermo deja de ser paciente en sentido estricto para convertirse en agente. Este hecho viene de Estados Unidos y tiene muchas repercusiones[2], ya que abarca planos diferentes y complementarios. Se trata de una nueva mentalidad: médico y enfermo asumen sus decisiones y se responsabilizan de ellas. Este procedimiento sirve para conocer la voluntad del enfermo, para no utilizar ninguna herramienta de tratamiento sin decírselo, y también para proteger al médico de posibles denuncias.

---

1. Hemos pasado de la *enfermedad objetiva*, inspirada en el positivismo, que ha tenido una trascendencia indudable, a la *enfermedad subjetiva*, que contempla dos notas decisivas: la personalidad y la biografía, la forma de ser y de reaccionar por una parte, y la trayectoria biográfica por otra. Es la medicina antropológica, que tiene su paternidad en el alemán Von Weizsäcker.

2. Otro rasgo importantísimo es que *la medicina se ha vuelto judicial*, lo que significa que cada acto médico tiene una repercusión jurídica por un lado y penal por otro. La utilización del *consentimiento informado* no es otra cosa que explicar al enfermo cuál es su diagnóstico, qué tratamiento precisa y qué consecuencias tiene. De esta forma el paciente aprende lo que debe hacer por su parte para favorecer la curación. El paciente toma conciencia de la enfermedad. Tras recibir la información, se le presenta un documento que lee, y si está de acuerdo, lo firma. En algunas ramas de la medicina su importancia es decisiva, particularmente en cirugía, oncología y por supuesto psiquiatría.

El médico ha dejado de desempeñar cierto papel paternalista, como sucedió en el pasado, para ejercer otro más científico y riguroso. En las culturas primitivas el médico era una especie de chamán, filósofo, sacerdote o alguien muy especial, privilegiado, respetado, poderoso. Este proceso culminó con el médico de familia, repleto de poder y afectividad, e incluso impune ante la ley. Podría exponer aquí una larga historia de este tema, desde el *Código de Hammurabi* en el antiguo mundo mesopotámico, a las tradiciones griega y romana, sin olvidar la era cristiana, desde la Edad Media hasta llegar a la Ilustración, al Romanticismo o al siglo XX.

Precisamente el siglo XX significó una profunda transformación, con la aparición de los seguros médicos públicos que nacieron en Inglaterra tras la revolución industrial[3]. Poco a poco van naciendo las especialidades y las subespecialidades: el médico cada vez se concentra más en un segmento de su quehacer ante los avances enormes que cada día nos trae la ciencia médica, pues observa la enorme dificultad de abarcar ámbitos y parcelas que albergan excesivos conocimientos. Todos estos cambios que comento de pasada vienen a cuento por las modificaciones que se han dado en la relación médico-enfermo, que ha pasado de ser de admiración y afectividad a otra faceta más tecnológica y racional.

El médico actual sabe el peligro que corre si no ejerce su profesión con rigor. Siempre pende sobre él la posibilidad de la denuncia por parte del enfermo debido a una mala práctica. Las demandas judiciales de los enfermos han proliferado mucho.

---

3. Su origen está entre la vieja beneficencia (que hoy vemos plagada de ingredientes negativos, pero que tuvo su época, cuando la figura del médico era casi la de un semidiós) y la medicina privada.

Pensemos tan sólo en el tema del secreto médico: en los grandes hospitales se diluye entre los componentes del equipo, aunque sea el director el responsable final de cualquier filtración que pudiera darse[4]. El sentido de autoridad del médico en el pasado ha cambiado radicalmente, siendo de mucho más relieve lo que el paciente dice, lo que expresa y quiere y, por supuesto, la aceptación o no de las pautas de tratamiento que el médico selecciona. Esto no debe quitarle al acto médico el tono humano que encierra. El médico debe ver con una mirada afectiva y cordial a la persona que sufre y se duele. Y esto es algo que el enfermo percibe y comenta cuando el profesional moderno de la medicina actúa con los ingredientes actuales y, a la vez, mantiene y cultiva el tono emocional en la forma y en el contenido[5]. *La clásica relación médico-enfermo se ha ampliado y es más bien una relación equipo médico-paciente*, que incluye a enfermeras, auxiliares, médicos —más de uno, en general— que integran ese servicio, y hasta el personal administrativo.

¿Quiénes son los que van al psiquiatra?

En psiquiatría, a menudo los que acuden a la consulta no presentan ninguna enfermedad psíquica, sino que más bien sufren

4. En el pasado, un familiar cercano recogía en un hospital, ambulatorio o consulta privada un informe, sin que acudiera el interesado. Hoy esta práctica es un delito. El informe clínico es recogido por el propio enfermo, y si éste no puede por los motivos que fueren, debe dar autorización por escrito y ante notario a la persona delegada. Es un matiz más, de enorme importancia, de todo lo concerniente al sigilo médico.

5. Todo se puede decir, pero depende de cómo se diga. La clásica expresión latina *suaviter in modo* es digna de tener en cuenta. La importancia de las formas traduce calidad humana.

un conflicto o problema que no puede ser tipificado como una enfermedad propiamente dicha. *La sociedad se ha psicologizado*: todo tiene un sentido o una orientación psicológica. Antes, este tipo de personas y con estas circunstancias iban al amigo, al sacerdote, a la persona de criterio de la familia. Hoy, con las rupturas de familia en cadena, ese soporte se ha perdido en gran medida. El amigo sigue desempeñando un papel clave: capacidad para escuchar, para ser receptor de un mensaje íntimo y, a la vez, emitir un juicio y ofrecer un consejo. La figura del sacerdote ha perdido alguna fuerza, aunque sigue desempeñando un papel relevante.

El psiquiatra sintetiza esas figuras juntas, a las que debe añadirse su preparación para entender situaciones críticas, conflictos y todo el universo problemático hecho de un repertorio de historias fáciles y difíciles, sencillas y complejas, creíbles e increíbles. En Estados Unidos se ha puesto de moda el concepto que emplean los abogados para utilizarlo en la medicina y en la psiquiatría: el «cliente». Personalmente, le veo el inconveniente de reducir al que consulta, sea realmente un enfermo o una persona sana con problemas, a un mero consumidor de servicios sanitarios o psicológicos.

Por supuesto, muchos de los que van al psiquiatra sí padecen una enfermedad psíquica en sentido estricto. Las más frecuentes, estadísticamente hablando, son las depresiones en plural (por su diversidad y riqueza), la ansiedad y las crisis de pánico. En las sociedades modernas también abunda el estrés, que se asocia a un ritmo trepidante de vida. Y otros trastornos más actuales son la anorexia, la bulimia (o una combinación de ambas), y las alteraciones de la personalidad, que se han multiplicado y en cuyo fondo siempre hay manifestaciones depresivas y/o ansiosas que se nutren de ese desorden psicológico. Después vienen otras menos frecuentes y de peor pronóstico, como las esquizofrenias, los trastornos obsesivos o los esquizoafectivos. En todos estos casos es mucho lo que se puede hacer por mejorar o curar al paciente desde el universo de la psiquiatría.

La psiquiatría es la rama más humana de la medicina y la que convierte la historia médica en historia personal. La Seguridad Social en la Unión Europea está ofreciendo cambios muy positivos en este sentido, de modo que llegue su asistencia a todos los ámbitos y rincones, para que no sea una medicina para ricos, sino para gentes de toda condición social y económica. Para que esto sea efectivo es esencial racionalizar la visita al psiquiatra y que éste cuente con tiempo suficiente para que la entrevista pueda llevarse a cabo con calidad y eficiencia.

Caso clínico: un ejemplo de cómo comienza una buena relación médico-paciente

Muchos pacientes míos, que conozco de años, se han convertido en amigos, en personas cercanas, a cuyas vidas me asomo con sigilo y respeto. Cuando necesitan apoyo psicológico, me llaman. El buen psiquiatra es receptor en la distancia corta y debe tener una visión panorámica en las distancias largas. Lo inmediato y lo mediato. Lo cercano y lo lejano. Lo que está a la vuelta de la esquina y aquello que se esconde en el paisaje futuro y que toca aventurar con los datos biográficos que se tienen en la mano. Quiero contar una historia clínica bastante ilustrativa de cuanto vengo diciendo:

Viene a la consulta un hombre de cuarenta y ocho años, abogado, con un despacho propio, aunque no se trata de un gran bufete. Está casado y tiene tres hijos de dieciocho a veinticinco años. Su aspecto es el de un hombre apuesto, vestido de traje y corbata y que habla de forma acelerada, como con prisa, con cierto desorden en la historia personal que cuenta. Su cara traduce ansiedad, inquietud. Sus ojos nerviosos, oscuros y tensos, me inspeccionan y buscan si realmente estoy pendiente de todo lo que me dice. Su mirada, por un momento, resbala por el entorno del despacho en el que nos encontramos y sin hacer ningún tipo de comentario, prosigue su relato. Le digo que se centre en el tema fundamental, lo que más le preocupa, aquello por lo que viene a la consulta. Me dice:

«Estoy en un momento de gran tensión, mi vida está cambiando por las circunstancias que le voy a contar. No sé qué hacer ni qué camino escoger. En mi oficina somos nueve personas, yo incluido. Me dedico a casi todas las ramas del Derecho, se podría decir que soy un generalista. Hace un año aproximadamente ha entrado una chica de veintiséis años, recién licenciada en Derecho, a hacer prácticas. Vino recomendada de un antiguo cliente mío, y por unas cosas y por otras, se quedó. Al principio no pude hacerle mucho caso por lo ocupado que estaba. Cuando llevaba unas tres semanas con nosotros, vino a consultarme un tema profesional algo complicado y yo se lo expliqué: mientras le hablaba ella tomaba nota de todo y me hizo preguntas y observaciones muy sugerentes. Así me di cuenta poco a poco de su valía. Empezó hablándome de usted y así estuvimos unas cuantas semanas. Fueron diversos los momentos en los que vino a charlar conmigo, y siempre eran cuestiones de matiz, pero que requerían un enfoque adecuado si queríamos plantear el asunto de la mejor manera posible. A los tres meses de estar en el despacho, casi a diario hablábamos de Derecho y me sorprendía la forma en que estudiaba los asuntos. Despertaba en mí el deseo de ser docente y explicarle cosas... De ese modo me quedaba horas hablando con ella y pasamos de lo profesional a cosas personales y —¡cómo no!— le fui contando mi vida... En algunos ratos libres nos íbamos a comer juntos y charlábamos de todo. Un buen día me di cuenta de que estaba todo el fin de semana pensando en ella y deseando volver el lunes a trabajar.

»Me he llevado siempre bien con mi mujer. Ella trabaja como profesora en un colegio. Salimos durante tres años y me casé muy enamorado de ella. Desde hace dos o tres años nos hemos enfriado algo, hemos tenido roces relativos a nuestras respectivas familias políticas... Ella dice que dependo mucho de mi madre, que le hago demasiado caso y que a veces se ha sentido en un segundo plano. Por esto he tenido que distanciarme de mi madre o ir a verla o llamarla sin que mi mujer lo sepa. He perdido complicidad y me siento menos atraído física y psicológicamente por ella: ha engordado, se ha abandonado en cultura, lee muy poco y nuestras conversaciones se han vuelto impersonales... En vacaciones he notado que al estar más tiempo juntos, discutimos mucho por pequeñeces».

El contenido de sus palabras se abre paso hacia sus sentimientos. Estar solo y encontrarse solo. Coinciden las realidades física y psicológica. Por eso en la compañía conyugal es central el diálogo, la complicidad, el compartir, el vivir uno las cosas del otro, el mirar en la misma dirección, el hablar con claridad pero sin dureza, el evitar la lista de reproches y agravios... Toda una artesanía clave que evita que la vida en común se torne paralela y cada uno vaya a sus temas. Es un camino resbaladizo. En esta historia contada por mi paciente vemos dónde han estado los errores. Siempre es tiempo de recomponer el mapa conyugal. Es sabio el que escucha y rectifica. La psicoterapia en este caso fue en esa dirección. Él sufrió por tener que dejar la relación con esa chica, pero se le ayudó a tomar esa decisión.

«Me ha costado mucho seguir ese camino, pero a la larga es lo mejor. Sin embargo, a corto plazo yo estoy hundido... Era una ilusión muy fuerte, me he enamorado de ella como un chico de veinte años. Era como una vuelta a la juventud y al mismo tiempo estaba sorprendido de que una chica con esa diferencia de edad se fijara en mí... Todo ha sido como una película.»

La permisividad es un estilo de pensamiento en el que todo vale y cualquier cosa es posible con tal de que a uno le guste. Lo he dicho aquí, en este libro, en más de una ocasión: la permisividad y el relativismo son dos disolventes de la conducta, que hacen que el ser humano quede a merced de los caprichos y sentimientos del momento. Muchos de estos argumentos los expuse a este abogado y fue emocionante ver la dialéctica que funcionó entre nosotros y cómo tuvo la capacidad de escoger el camino mejor para él, para su mujer y sus hijos, aunque fuera el más costoso, duro y empinado.

Donde más se retrata el psiquiatra y el psicólogo es en la psicoterapia. Ese meterse en la piel del otro y en los pliegues de sus sentimientos para tratar de conducirlos hacia lo mejor. Ésa es en definitiva la ética: el arte de dirigirse hacia lo mejor, hacia la excelencia[6]. El tema daría para un debate largo y tendido, pero dejo aquí este apunte moral.

---

6. Acabo de leer el libro *La sociedad de la decepción*, entrevista que le hace Bertrand Richard al pensador francés Lipovetsky, en la que pone sobre el tapete los estragos de la permisividad y el relativismo y su directa conexión con otras dos notas, que por su liviandad terrible ponen al ser humano a los pies de los caballos: el hedonismo y el consumismo. Retrata una sociedad en la que reinan la tristeza, el desasosiego y el pesimismo. Su tesis se aproxima a la de Tocqueville: *escepticismo*

La enfermedad como experiencia

La enfermedad es acompañante del ser humano a lo largo de la vida. Durante ella nos replegamos sobre nosotros mismos. No es lo mismo un padecimiento banal, que dura unos días, que algo de más intensidad, o incluso aquellas enfermedades que sabemos que pueden terminar con la vida. Hay muchos matices en cada una de esas instancias. También debemos distinguir entre la *enfermedad aguda* (que surge de pronto, súbitamente) y la *crónica* (la que se va desarrollando lentamente, de forma gradual). Entre ellas situaría la enfermedad psíquica, que afecta al modo de ser. Es más interior y la mente se puebla de dudas, obsesiones y deformaciones de la percepción de la realidad... En este caso la objetivación resulta más difícil[7].

La experiencia de estar enfermo nos invita a la reflexión sobre la fragilidad de la vida. Siempre es demasiado pronto cuando aparece una dolencia seria que puede terminar con la existencia. *La enfermedad grave nos lleva de la mano a la soledad*[8]. Esa persona, por mayor que sea, se aferra a la vida y hace lo que sea para cambiar la situación, curarse y seguir vi-

---

ante los resultados reales de la democracia, que es el dios intocable... ¿No se habrá convertido la democracia en un bien de consumo?

7. Hoy contamos con instrumentos que traducen las molestias y síntomas psíquicos a un lenguaje cuantitativo, matemático: *escalas de conducta*, *tests*, *protocolos empíricos*, etc.

8. Francisca Expósito ha publicado su tesis doctoral, *Factores psicosociales de la soledad*, en la Universidad de Granada, en 1997. Subraya en su trabajo de investigación algunas de las variables que subyacen en las personas que se sienten solas: vivir esa soledad como algo impuesto, ver a los demás de manera negativa y carecer de apoyo social. Hay dos concepciones: la soledad social (como ausencia de contacto con los demás) y la soledad emocional (ausencia de una persona «especial»). Finalmente, las personas que se sienten solas experimentan tres vivencias: sumisión (que es miedo al futuro), intimidad inhibida (incapacidad para comunicar sentimientos) y socialización inhibida (sentirse desconectado de los demás).

viendo, por malas y difíciles que sean las condiciones de vida. La enfermedad grave significa una rampa deslizante hacia una soledad que puede enriquecer a la persona si sabe aprovecharla. Ese enriquecimiento es provechoso cuando implica un mejor conocimiento, un deseo de rectificar lo que no es positivo de su conducta presente. También es importante hacer examen o balance existencial y cortar lo que no va bien. Entra en este punto la tarea del médico humanista, que además de tratar de mejorar esa dolencia física o psíquica, del orden que sea, va más allá de la mera función clínica. El fundamento de la medicina es ciencia y arte, profesionalidad y amor: debe ser así.

La influencia positiva del buen médico está en su prestigio, en su capacidad mágica para darse a su paciente y en la seriedad profesional con que aborda el caso que tiene delante. Luego vendrá, si se da el caso, una relación cercana, en la que la confianza es la gran aliada, y que si funciona bien puede terminar en una excelente amistad médico-enfermo.

El *médico humanista* posee ingredientes insospechados para influir en su paciente y conducirlo a lo mejor. El *médico físico*, que no es nada o casi nada humanista, puede curar, pero le falta la posibilidad de establecer un vínculo, una relación personal profunda e intensa. Freud habló del primero utilizando una expresión muy afortunada: la transferencia. Una comunicación especial. Hay sobre todo un deseo de salud, de ponerse bien, de volver a ser uno el que era. Si esa relación funciona bien, la figura del médico se agiganta y se vuelve influyente. Y lo que el médico dice o sugiere tiene un enorme valor. No se trata sólo de tener influencia sin más, sino que ésta le lleve a mejorarse como persona, a descubrir un algo especial que le ayude a crecer como ser humano en actitudes y valores.

A veces, en la medicina pública la transferencia no es posible por la ingente cantidad de pacientes que están esperando. El médico, además de tener un tiempo muy limitado, no puede mostrar su faceta más cordial porque todo va demasiado deprisa. En este punto entra de lleno la importancia de la psicoterapia. En ella debemos destacar los siguientes planos: las raíces son la capacidad para comprender, que es ponerse en el lugar del otro y captar lo que realmente le sucede; el tronco, que es arte y oficio, amor y profesionalidad; y las ramas, que son las diversas maneras en que puede expresarse.

La psicoterapia es una forma de amistad particular. Médico y enfermo se entienden, hablan, expresan y ofrecen sus silencios respectivos en un clima de cercanía. ¿Cuáles son los rasgos que debe tener el médico para que este encuentro sea fértil, positivo y humano?

—El médico debe tener una *madurez psicológica y emocional* adecuada, un equilibrio entre los distintos integrantes de su modo de ser. Una buena conjunción entre las facetas más importantes, como son la inteligencia, la afectividad, la voluntad y un sentido coherente de la vida.

—*Una especial sensibilidad psicológica* para acoger y captar todo el mensaje físico y psicológico que su enfermo le transmite. Debe ser capaz de abrirse paso tanto en el lenguaje verbal (las palabras y el contenido de todo lo que dice), como en el lenguaje no verbal (gestos, silencios, expresividad facial).

—*Empatía.* Esto es saber inspirar confianza para que esa otra persona se abra y cuente lo que le sucede y se sienta comprendida y escuchada. Crear una buena sintonía significa acogimiento, atención y respeto.

—*Saber escuchar* es un arte difícil y requiere paciencia y vocación. Muchos enfermos necesitan ir más allá del problema físico o psicológico que sufren. Hay que seguir la dirección del discurso, interrumpir lo justo, con el fin de buscar una aclaración y el matiz de alguna afirmación. Ha de tener los cinco sentidos puestos en esa persona que está delante.

—*Hablar en su momento* y ser capaz de establecer una lista de pautas de conducta apropiadas y específicas para esa persona. Es en este aspecto donde más se va a retratar el psicoterapeuta y donde esa amistad se hace fuerte, rocosa, firme. Ya no es sólo sentirse comprendido, sino ver a la otra persona implicada en ayudarle a cambiar en lo concreto, con una mezcla de realismo y exigencia[9]. Asoma en este punto la formación teórica y práctica del médico. Si es psicólogo o psiquiatra, la cuestión se torna más decisiva, pues hay detrás experiencia y conocimiento de las mejores técnicas según el caso y la circunstancia.

Debemos tener en cuenta que el ejercicio positivo de la psicoterapia debe evitar por parte del terapeuta ideologizar la relación con intransigencias, autoritarismos o dogmatismos propios[10]. La consulta es un observatorio y la entrevista, un diálogo sorprendente y fructífero, abierto

---

9. Hacer atractiva la exigencia es también un arte que requiere conocimiento, buscar el momento y ofrecérselo al paciente como un reto que, aunque de entrada le sea costoso, redundará en su propio beneficio.

10. *La afectividad es un campo magnético que forma una telaraña compleja en donde se cruzan y entremezclan ideas, conceptos, sentimientos y lenguajes subliminales*. Todo ello da lugar a una red de significados en la que se produce una ingeniería de la transferencia que es amistad porque es donación, confidencia y complemento.

para respetar las peculiaridades de la persona que está delante. Por otra parte, la plasticidad afectiva es sobresaliente, y en el terapeuta debe estar muy presente: agilidad, falta de rigidez, atención delicada. Hay que cuidar los gestos y ademanes, que pueden hablar más que las propias palabras.

La relación entre el médico (o psicólogo) y el enfermo va trazando una interacción entre la transferencia y la contratransferencia. En la primera es el terapeuta el que se implica en el otro y traspasa su estilo y concepción al otro, con suavidad, sin presión, buscando lo mejor para él; en la segunda, el paciente crea unos lazos de afecto positivos que enriquecen a ambos. El médico o el psicólogo reciben ese beneficio de sumergirse en la persona que sufre y que abre de par en par las puertas de su intimidad[11] sin ningún tipo de restricciones, sabiendo que existe, por un lado, el secreto profesional y, por otro, la necesidad de contar todo lo que le sucede, para que pueda captar mejor su enfermedad o padecimiento.

11. La intimidad constituye el núcleo oculto de la persona, el rincón más reservado, donde se fraguan las decisiones más trascendentes de la vida. Dejar que otro se cuele por la ciudadela interior es enseñarle lo que allí habita y las claves de lo que se piensa y en lo que se cree. Por eso el médico puede hacer tanto bien a su paciente, no sólo como internista o psiquiatra, sino como observador que con afecto contempla lo que el otro es. En ese contexto, las condiciones para que brote una amistad verdadera son muy favorables.

EPÍLOGO

Aprender a perdonar en una sociedad endurecida

El perdón es un gran acto de amor. No se trata de pedirlo por una pequeñez: un pisotón, un golpe inesperado o una cosa trivial. Hablo de perdonar cuando se ha producido una humillación, una herida en el corazón de otra persona, un desprecio, una injusticia flagrante, un maltrato físico o psicológico, y se ha cometido sabiendo muy bien lo que se hacía. Pienso ahora, mientras escribo estas líneas, en tantas situaciones terribles por las que pasa el ser humano. Por ejemplo, los dramas de matrimonios rotos en los que la dureza, la tortura psicológica y el despecho sistemático hicieron estragos y se llevaron las mejores ilusiones. El análisis está erizado de dificultades. Serpentean en estas masas de pensamientos por los que me abro paso todo tipo de trampas y vericuetos pantanosos.

El inventario de sufrimientos que puede padecer una persona llega a formar un mosaico diverso y frondoso en el que se hospedan una serie conductas que generan sinsabores, tristezas y desencantos. Unas veces de forma clara, otras camufladas, que constituyen un mapa de dolor físico y psicológico lleno de valles y quebradas. Esa lista es el cuento de nunca acabar y, al mismo tiempo, todo está descrito y tipificado.

El escándalo del sufrimiento por el que puede transitar el ser humano es kafkiano, increíble, impensado, una caja de sorpresas para la que debemos estar preparados merced a unos cimientos sólidos, fuertes y resistentes y una visión de la vida natural y sobrenatural, física y metafísica, inmanente y trascendente.

El sufrimiento no superado puede volver a una persona agria, amargada, resentida, dolida, echada a perder. El mismo sufrimiento que a unos hunde y sumerge en el odio, a otros los purifica y los hace más humanos, con más capacidad de amor. El problema es saber darle la vuelta al argumento y aprender a pasar las páginas de esas experiencias negativas, superándolas y mirando hacia delante.

El principal problema que se plantea aquí consiste en quedarse instalado en el *rencor*. Lo que significa *sentirse dolido y no olvidar*. Entonces puede suceder que uno de los motores principales de esa vida sea la combinación de revancha y odio. *Son dos caras de una misma moneda*. En la revancha rige esta fórmula: el que la hace la paga y hay que buscar el momento oportuno para devolver el golpe; hay desquite y actitud de venganza. *El odio es el deseo de destruir al otro o hacerle todo el daño posible, de palabra y de obra*; hay aversión clara hacia esa persona, esperando que le suceda algún mal de importancia.

Son dos actitudes complementarias que funcionan como una tierra seca y requemada, donde se oyen los alaridos de los chacales y se contempla el vuelo de los buitres oteando la presa. Se mueven por esos pasadizos cautelosos para hacerle daño, descalificarlo y no perder la ocasión de hacer algo contra él. El paisaje mental se puebla de sombras de enemistad que se deslizan sembrando frutos de destrucción, tentados por la astucia sutil de buscar los momentos más oportunos para activar la maquinaria dura de la venganza y el odio.

Las heridas no resueltas regresan a nuestra intimidad por la puerta de atrás. Y se cuelan como un ladrón, robando la paz y la tranquilidad interior. El perdón tiene dos notas: una *inmediata* y otra *mediata*, cercana y lejana. Te perdono, me perdonas. Y después aparece otra fase que necesita tiempo: luchar por olvidar. Porque el perdón consiste en renunciar a la venganza y al odio. De este modo la persona no se endurece y de ahí brotará una nueva forma de entender la vida. Insisto: hay que renunciar a las represalias, al ajuste de cuentas, al correctivo, a la ley del talión... Y eso sólo puede hacerlo una persona superior en calidad humana, en la que la reivindicación justiciera no tenga cabida, tras un esfuerzo por superar las heridas y atropellos recibidos.

¿Puede una madre perdonar al asesino de su hijo? ¿Pueden los padres de una joven violada perdonar al agresor así porque sí? ¿Puede una mujer maltratada por su marido, del que se ha separado traumáticamente y que no le pasa una pensión digna, perdonarle? ¿Es posible el perdón tras saber que un sujeto ha buscado dar el golpe seco en la vida de otra persona, en el sitio que más le duele, en el talón de Aquiles, a sabiendas de que tardará en recuperarse? ¿Se puede pasar página y olvidar tras ser difamado, ofendido, ultrajado y casi destruido? Hablamos de un daño objetivo, contundente, que se puede pesar y medir.

¿Qué quiere decir perdonar? Significa aceptar los hechos e intentar comprender la conducta del otro, al tiempo que se intenta que el tema se aleje del escenario mental cada vez más. Hay que ver al que ofende como una persona digna de compasión. *Sin un profundo sentido espiritual no es posible el verdadero perdón.*

Pero tenemos que ser realistas. Las reacciones naturales e incluso lógicas y hasta necesarias, algunas veces, son las ya mencionadas, a las que añadimos la ira, la indignación, la respuesta virulenta y malévola que busca el desagravio. Desquitarse, que el otro escarmiente, que uno sea indemnizado viendo la ruina y el desastre del otro. Todo eso es humano, pero no sobrehumano; es natural, pero no sobrenatural.

Es normal que ante una injusticia padecida y soportada nos quedemos dolidos por la herida que produce y tengamos tendencia a pasar factura. Dice la filósofa alemana Jutta Burggraf que «todo dolor negado retorna por la puerta trasera y permanece largo tiempo como experiencia traumática y puede ser la causa de heridas perdurables».

El acto de perdonar es propio de una sabiduría superior. No es algo que se pueda valorar a corto plazo, sino en las distancias largas. *La venganza y el odio envenenan la vida.* Una persona resentida queda atrapada en el pasado y le cuesta proyectarse de forma sana hacia el futuro. Se produce un pensamiento como: «Yo sufriendo y pasándolo mal por el agravio recibido y, mientras tanto, la otra persona tranquila y reposada, haciendo su vida y ajena a lo que yo estoy pasando». Es algo lógico llegar a la conclusión de que el perdón no compensa.

Por otro lado, hay que tener conciencia de que el resentimiento es intoxicación, repetición mental del acontecimiento que puede llegar a convertirse en algo obsesivo. El pasado se vuelve duro, devastador, como latigazos secos que se cimbrean por los escenarios mentales y producen un incendio de fuegos que piden abrirse paso y destruir a esa persona que nos hizo tanto mal. Los agravios no curados vuelven al individuo neurótico. Y tiende a herir a los que tiene cerca, porque esa llaga, al no estar bien cerrada, destila agresividad, mordacidad, ofensa y ganas de desquite que a menudo se pagan con el que está más cerca.

La capacidad para olvidar y perdonar es propia de las personas maduras y llenas de amor. Aquí, los que pierden ganan. Es más fácil hablar del amor que practicarlo. Una persona psicológicamente sana es aquella que vive en el presente, que ha luchado contra viento y marea por superar las durezas del pasado y vive abierta y empapada de porvenir. Y también lo diría en sentido contrario: el que está atado a los recuerdos negativos y no es capaz de alejar de sí el daño sufrido se va convirtiendo en alguien con un trastorno psicológico que le puede acompañar durante años, como la sombra al cuerpo. Es como instalarse en un estado de tensa duermevela agazapada.

En positivo, el agradecimiento es la memoria del corazón. En negativo, el sufrimiento no superado es la infelicidad instalada en nuestra cabeza. Hay tres ingredientes esenciales que deben vivir en nuestro patrimonio interior si queremos encaminarnos bien hacia la felicidad: *corazón, cabeza y espiritualidad. Sentimientos, argumentos y razones para vivir.*

El perdón no consiste en hacer una especie de borrón y cuenta nueva. No es un «aquí no ha pasado nada». Exige renunciar a la venganza y al odio por un fin superior: si sólo se vive una vez, si la vida es una ocasión única de sacar lo mejor de uno mismo, entonces perdono y olvido, disculpo, no llevo cuentas de esas fechorías que me han dejado maltrecho y me crezco en la adversidad con un corazón de oro. Sé que este comportamiento es heroico, que está muy por encima de la media, pero es el triple salto, la pirueta de practicar la excelencia, el fino licor de la sabiduría más excelsa: ser bueno (no ser tonto, que es lo que dirían muchos), tender la mano al otro sin pedirle explicaciones (aunque se rían de uno y lo tomen por loco) y al mismo tiempo, que no se quede dentro la rabia contenida haciendo estragos, como una reunión de fragmentos dispersos de tragedias que entran a raudales en un ser humano y terminan por inutilizarlo para una vida digna y creativa, empujada por los mejores vientos de una afectividad alada y vertical. Es el misterio de la grandeza de los santos, que alcanzaron una felicidad incomparable porque no teniendo nada, lo tuvieron todo. Jesús de Nazaret es la medida del perdón.

Saber perdonar todo y a todo es sobrehumano. Pero ése es el reto. El cristianismo tiene las mejores respuestas para esto. Perdonar hasta setenta veces siete, dice el texto evangélico. Y eso resulta difícil de practicar, quién lo duda. Sin embargo, es obvio que la exigencia tan grande de perdonar no anula las objetivas exigencias de la justicia. *No hay justicia sin perdón, ni perdón sin misericordia*. El perdón no elimina ni disminuye la exigencia de la reparación. Repito: *el perdón con el esfuerzo por olvidar es la forma más alta de amor gratuito*. No hay otra más elevada. Es la gran salida. Merced al perdón se deshacen los nudos. Llegar a adquirir la cultura del perdón es estar cerca de una de las puertas de entrada al castillo de la felicidad.

Perdonar es borrar la culpa recibida, olvidarla porque el tiempo cura todas las heridas. *La misericordia es superior a la justicia*.

APÉNDICE

Decálogo de la amistad

Llegados a este punto, debemos haber comprendido que el apoyo de la familia y los amigos, la ayuda y comprensión de los demás, son fundamentales para seguir el camino de la vida. *La familia debe ser el recinto privado en donde se aprende a amar y donde mejor se siente uno comprendido.* Cada uno de nosotros es como un terreno de cultivo: lo que se siembra en nosotros, eso es lo que se recoge. Así, si se siembra afectividad, confianza o perdón, eso es lo que se obtiene. Por esos entresijos planea la amistad, que no es otra cosa que donación, confidencia y complementariedad. Saber que en cada persona existe una gama cromática de la amistad, que va desde el conocido al amigo íntimo, y entre uno y otro se abre un abanico de posibilidades y estilos amistosos rico y variado, que cambia en forma, contenido y profundidad.

La amistad es parte de la búsqueda del sentido de la vida. Es un ladrillo más de ese edificio que es nuestra existencia y que vamos construyendo en el día a día, gracias a nuestro propio esfuerzo, pero con la ayuda de los demás. Es necesario descubrir qué es la vida, en qué consiste, para qué vivimos. Este sentido quiere decir tres cosas.

En primer lugar, conocer la dirección, hacia dónde vamos y de dónde venimos. Debemos conocer y amar la verdad, lo que permanece por debajo de ese oleaje rugiente y bravío. Hay que buscar lo que no es transitorio, ni pasajero, ni momentáneo, ni anecdótico. Dios, que es amor, debe estar siempre a la vista, teniendo en cuenta sus dos segmentos: el *microsentido* del día a día, el sacarle el máximo partido a cada jornada, viviendo intensamente el momento, con visión corta de la jugada de la existencia; y el *macrosentido*, descubrir la visión larga, la perspectiva del recorrido vital.

En segundo lugar, hay que tener presente el contenido. Nos desplazamos, nos movemos de aquí para allá, pero debemos albergar en nuestro interior los grandes temas de la vida, vividos a fondo, con la frescura y la lozanía de lo que no se agota: el amor, el trabajo, la cultura, la amistad. Éstos son los platos fuertes del banquete de la vida.

Por último, nunca perdamos de vista la estructura. Debe existir dentro de nosotros el menor número posible de contradicciones internas. Hay que buscar la coherencia de la vida, esa moneda de dos caras complementarias. Tenemos que lograr una buena armonía entre lo que se piensa y lo que se hace, lograr que entre la teoría y la práctica se establezca una relación equilibrada.

En una sociedad con prisas, pero que a menudo no sabe a dónde va, una sociedad que ha perdido lo fundamental en medio de un frenesí hedonista, es necesario perseguir los valores. Para conseguir estos objetivos voy a sugerir diez notas sobre el tema que he tratado a lo largo de estas páginas, como resumen de cuanto he venido exponiendo hasta aquí.

1. *La amistad es un sentimiento de atracción que presenta tres rasgos esenciales: afinidad, donación y confidencia.*

Encuentro profundo con la parcela más privada del otro.

2. *La amistad se inicia a través de una simpatía y estimación recíprocas*. Es contarle a alguien lo más secreto, mostrarle el mapa del tesoro escondido. Es confianza y tranquilidad. Sintonía recíproca de alegría y contento de estar con él y compartir, hablar de cosas sencillas de la vida ordinaria, o de temas profundos. Encuentro de dos vidas y dos realidades: la puerta de entrada es una atracción admirativa; la puerta de salida son los desengaños.
3. *La amistad es una forma de amor sin sexualidad*. En la vida conyugal, para que funcione de modo adecuado, deben darse la amistad, la sexualidad y tener un proyecto común. En ambas, la amistad propiamente dicha y la vida en pareja, para que el edificio sea sólido y consistente, debe planear por sus aledaños la espiritualidad: aquello que busca la trascendencia. Lo humano y lo divino se ven en el horizonte, se juntan y se alimentan recíprocamente. Está volviendo lo espiritual en estos albores del siglo XXI, pero ello nunca será masivo ni estridente, sino gradual y sigiloso, como esa lluvia fina que empapa la tierra y la nutre, pero que cae imperceptible, sin hacer ruido, sin que sea una tromba de agua que inunda el campo y termina perjudicando más que beneficiando.
4. *Hay una escala de la amistad que no debemos perder de vista*. Y que nos hace tener ideas claras sobre el tipo y la manera de amistad que mantenemos con alguien. Las escalas cromáticas de la amistad tienen todas las intensidades posibles: desde el conocido que saludamos con cierto afecto de vez en cuando al amigo íntimo, hay toda una gradación en la que las tres notas apuntadas (afini-

dad, donación y confidencia) presentan distintas profundidades.

El arte de hacer amigos se da en las personas muy comunicativas, que tienen una especial curiosidad por conocer gente nueva. Esto requiere una actitud abierta y es especialmente frecuente en los que buscan ampliar relaciones y conocer los misterios y los muchos matices que se pueden dar en el ser humano.

5. *Son pocas las amistades que llegan a ser íntimas*. Tienen que darse unas condiciones especiales para que esto se produzca: estar en la misma sintonía; tener una filosofía de vida relativamente parecida; albergar razones parecidas para vivir y morir; contar con estrategias similares para afrontar los más diversos conflictos que la vida puede presentarnos; disfrutar de una madurez aproximada; y gozar de una calidad personal probada en el crisol de las derrotas.
6. *Hay dos soledades: la positiva y la negativa.* La positiva es sana, nos hace conocernos mejor y nos ayuda a encontrarnos con nosotros mismos y a rectificar, pulir, limar y corregir todo aquello que no va bien y que merece la pena cambiar. La negativa es insana y significa aislamiento, no conocer gente, no poder hablar con nadie y no encontrar otro ser humano con quien abrirse de verdad. *La felicidad de un ser humano, si no puede compartirla con otro, no es felicidad*. La soledad positiva nos hace crecer como personas, mientras que la soledad negativa nos atrapa en unas redes en las que los tejidos que trazan son de amargura, tristeza e incomunicación. En la positiva nos instalamos con frecuencia; de la negativa debemos salir cuanto antes.

7. *En la amistad queda bien claro el concepto de intimidad.* Hablamos del territorio más privado, al que sólo deben acceder personas contadas con los dedos de una mano. Dejar a esa persona es decirle: «Entra y ve lo que hay en mi casa humana y comparte conmigo lo que soy y a lo que aspiro». En los amigos íntimos se da una misteriosa ecuación entre admiración y seducción. En la admiración lo que se aprecia es la sorpresa positiva que el otro despierta en uno, por su coherencia de vida, grandeza, trayectoria biográfica, sencillez y reflejos de lo mejor, pero viendo también los defectos y carencias. En la seducción hay una especie de imán que nos atrae.
8. *Si no se cuida y cultiva, la amistad primero se enfría, después se aleja y puede terminar rompiéndose.* Por eso es bueno mimarla, atenderla, poner los medios para que esa amistad, del grado que sea, siga adelante e intente progresar hacia esa zona reservada en donde sólo entran los muy especiales. La enemistad es un sentimiento de rechazo, de falta de afinidad, que provoca reacciones frecuentes de malestar cuando se está en cercanía de alguien no deseado o se habla algo acerca de esa persona. Hay enemistades lógicas, que son aquellas que proceden de situaciones y vivencias negativas. Pueden venir de la soberbia, el desprecio hacia el otro, la humillación o el saber que alguien ha hablado mal de uno y ha contado cosas que no son ciertas, buscando desprestigiar y ofender. Las enemistades ilógicas o, por decir mejor, poco racionales son aquellas que tienen poca base real y que arrancan de la deformación de los hechos: los acontecimientos ligeramente negativos se magnifican y originan interpretaciones sesgadas

que van cada vez a más y terminan en una rampa deslizante que al final puede llegar al desprecio e incluso al odio.

9. *Para estar bien con alguien, hay que estar primero bien con uno mismo*. Tener una cierta madurez personal es la condición sine qua non para que pueda nacer esta característica. Uno tiene que saber respetarse a sí mismo, tratarse con dignidad, lo que va a garantizar un mínimo de entendimiento con los demás. Debemos darnos el trato como personas que somos, sabiendo estar de acuerdo con nuestra edad, posición social, cargo que desempeñamos, etc. En una palabra: saber estar a la altura de las circunstancias y de la propia historia personal. A veces una copa de más, un chiste que no procede, una broma de mal gusto... nos descalifican porque en ese contexto no tenía sentido. La palabra «elegancia» procede del latín y significa «elegir», «seleccionar», «priorizar»... Elegir lo mejor: nos respetamos a nosotros mismos y a los demás cuando elegimos la mejor forma de conducta.
10. *Existen también las enfermedades de la amistad*. Una cierta patología que puede ser descrita clínicamente. Una de las más frecuentes es la *instrumentalización*. Utilizar a alguien, servirse de él, aprovecharse de su conocimiento, manejarlo para el propio beneficio y, después, dejarlo tirado. En esta sociedad en que nos ha tocado vivir, de principios del siglo XXI, en ocasiones las personas son tratadas como si fueran cosas, relación tipo kleenex de usar y tirar. También está el instrumentalizar a la otra persona, buscando un beneficio económico o material. Otra patología de la amistad consiste en las personas

esencialmente *egoístas* que no pueden tener amigos de verdad, aunque sí conocidos, relaciones más o menos pasajeras que les permiten pasar un rato divertido con alguien, pero nunca profundizar.

La amistad auténtica hay que trabajarla, cuidarla y alimentarla, si no, se seca.

TESTS

1. La soledad, ¿es su amiga o su enemiga?

Hay personas que detestan estar solas; otras, en cambio, se encuentran mal cuando participan en reuniones sociales, a pesar de que todos los asistentes sean amigos. La soledad atenaza a ciertos grupos de población de la sociedad actual (viudas, adolescentes, tercera edad, etc.); pero hay también grupos de personas que se quejan de no poder estar casi nunca a solas consigo mismas. ¿Es usted un solitario o tiene miedo a la soledad? La respuesta a las preguntas que siguen puede contribuir al esclarecimiento de este problema. Por favor, conteste a las cuestiones que se formulan a continuación marcando una cruz en el lugar correspondiente, según estén de acuerdo (SÍ) o en desacuerdo (NO) respecto de su comportamiento habitual.

	SÍ	NO
1. ¿Se siente usted incomprendido por todos?	☐	☐
2. ¿Le resulta muy difícil comunicarse con los demás?	☐	☐
3. ¿Está más confortable cuando está solo que cuando está en compañía de sus familiares y amigos?	☐	☐

4. ¿Se siente inútil y extraño cuando está solo? ..... ☐ ☐
5. ¿Se siente incómodo hasta el punto de renunciar a comer cuando, por determinadas circunstancias, tiene que almorzar usted solo? .... ☐ ☐
6. ¿Experimenta sensación de alivio cuando, tras abandonar una reunión con numerosos amigos, vuelve usted a encontrarse a solas consigo mismo? .... ☐ ☐
7. ¿Ha experimentado alguna vez una imperiosa necesidad de escapar de la sociedad para estar a solas consigo mismo? .... ☐ ☐
8. ¿Soporta tan mal la soledad que, estando a solas, se inventa algún pretexto para hablar con los vecinos? .... ☐ ☐
9. ¿Se siente atraído por las personas solitarias? ... ☐ ☐
10. ¿Tiene miedo a perder el control sobre sí mismo cuando se encuentra solo? .... ☐ ☐
11. ¿Ha tenido alguna vez necesidad de aislarse de los demás para poder realizar un trabajo creativo? .... ☐ ☐
12. ¿Se percibe como alguien superior a los demás por tolerar con agrado la soledad? .... ☐ ☐
13. ¿Considera displacenteras las situaciones solitarias? .... ☐ ☐
14. ¿Se sintió más confortable la primera vez que abandonó la casa paterna? .... ☐ ☐
15. ¿Lo pasa mal al tomar el ascensor, por no saber qué decir a la persona con la que allí coincide? .... ☐ ☐
16. ¿Experimenta aburrimiento o nostalgia cuando está solo? .... ☐ ☐

17. ¿Siente una especial fascinación por aislarse y zambullirse en sus propios pensamientos? .... ☐ ☐
18. ¿Ha experimentado alguna vez el sentimiento de inutilidad como consecuencia precisamente de encontrarse solo? .... ☐ ☐
19. ¿Se encuentra más contento y seguro de sí mismo precisamente cuando está solo? .... ☐ ☐

Valoración

- *Temor a la soledad:*

Sume un punto por cada una de las siguientes preguntas que haya contestado de modo afirmativo (SÍ): 1, 2, 4, 5, 8, 10, 13, 15, 16 y 18.

Los criterios de valoración son los siguientes:

- *Menos de 4 puntos:* Puede usted considerarse una persona normal que no teme a la soledad.
- *Entre 4 y 6 puntos:* Puede usted tener problemas con la soledad.
- *Más de 6 puntos:* Usted tiene miedo a la soledad y no es capaz de soportarla. Es también muy vulnerable a las situaciones de aislamiento social.

- *Amor a la soledad (solitario):*

Sume un punto por cada una de las siguientes preguntas que haya contestado de modo afirmativo (SÍ): 3, 6, 7, 9, 12, 14, 17 y 19.

Los criterios de valoración son los siguientes:

- *Menos de 3 puntos:* Puede usted considerarse una persona normal que no detesta estar en compañía de otras personas.
- *Entre 4 y 8 puntos:* Puede afirmarse con bastante probabilidad que usted ama la soledad, que es un solitario. Debería comprobar si ese amor por la soledad no está asentado en el retraimiento social, la timidez o algún déficit en habilidades sociales.

© Fuente: *El gran libro de los tests*, Enrique Rojas, Aquilino Polaino-Lorente, Javier de las Heras y María Dueñas, Temas de Hoy, Madrid, 2002.

2. ¿Es usted una persona introvertida o extravertida?

Ser introvertido no es mejor ni más saludable que ser extravertido. Ambas formas de ser tienen ventajas e inconvenientes con respecto a algunas actividades, situaciones y fines. Cada persona ocupa una determinada posición a lo largo de esa dimensión de la personalidad que va de la introversión a la extraversión, sin que pueda afirmarse que existan el extravertido o introvertido puros. ¿Sabe si es introvertido o extravertido?

Por favor, conteste a las cuestiones que figuran a continuación, marcando una cruz en el lugar correspondiente, según considere que su comportamiento habitual es conforme (SÍ) o contrario (NO) a lo que en ellas se expresa.

	SÍ	NO
1. ¿Se lo pasa bien en las reuniones sociales, en un almuerzo o hablando con sus compañeros?	☐	☐
2. Cuando tiene una preocupación, ¿procura no comentarla a nadie y piensa en ella de forma reservada?	☐	☐
3. ¿Le gusta reflexionar valorando los pros y los contras antes de tomar decisiones?	☐	☐
4. ¿Prefiere las amistades a los libros?	☐	☐

5. ¿Confía más en la racionalidad que en los propios impulsos? ☐ ☐
6. ¿Detesta las relaciones sociales, las fiestas y estar con muchas personas poco conocidas? ☐ ☐
7. ¿Es descuidado, indolente y optimista? ☐ ☐
8. ¿Pierde pronto la calma? ☐ ☐
9. ¿Considera que la ocasión hay que aprovecharla y, guiado por este principio, actúa impulsivamente cuando considera que está ante una oportunidad? ☐ ☐
10. ¿Le gusta el orden? ☐ ☐
11. ¿Estima que sus sentimientos no están bien controlados? ☐ ☐
12. ¿Le cuesta manifestar sus emociones? ☐ ☐
13. ¿Da mucha importancia a los valores éticos? ☐ ☐
14. ¿Le gusta hacer bromas y chistes a costa de los demás? ☐ ☐

Valoración

Sume un punto por cada una de las siguientes preguntas que haya contestado de modo afirmativo (SÍ): 1, 4, 7, 8, 9, 11 y 14. La puntuación final resultante es un indicador aproximado de cuál es su nivel de extraversión.

Sume un punto por cada una de las siguientes preguntas que haya contestado de modo positivo (SÍ): 2, 3, 5, 6, 10, 12 y 13. La puntuación final resultante es un indicador aproximado de cuál es su nivel de introversión.

© Fuente: *El gran libro de los tests*, Enrique Rojas, Aquilino Polaino-Lorente, Javier de las Heras y María Dueñas, Temas de Hoy, Madrid, 2002.

3. ¿Tiene seguridad en sí mismo?

¿Hasta qué punto tiene confianza en sí mismo? ¿En muchas situaciones se siente incómodo o no sabe cómo actuar? ¿Duda con mucha frecuencia? ¿Tras una apariencia, tal vez, de demasiada seguridad en sí mismo, se esconde una personalidad insegura?

En las cuestiones que se plantean a continuación elija la respuesta con la que se sienta más identificado.

1. *Cuando alguien expone un punto de vista distinto al suyo:*
   a. Le da la razón, aunque piense que está equivocado, por evitar quedar mal o crear una situación tensa.
   b. Discute con esa persona y defiende enérgicamente su postura, pase lo que pase.
   c. Considera los argumentos del otro y, si le parecen acertados, reconoce que tiene razón.

2. *Cuando tiene que tomar una decisión:*
   a. Le da muchas vueltas, pero no logra encontrar la solución más acertada y, una vez que se decide, a menudo piensa que se ha equivocado.

b. Hace lo primero que le viene a la cabeza, sin más, y no admite que se pueda haber equivocado.
c. Valora los pros y los contras, se decide y se olvida de las otras alternativas posibles.

3. *Cuando alguien hace un comentario desfavorable sobre usted:*
a. Le da mucha importancia y se suele sentir muy mal, a pesar de que, objetivamente, se dé cuenta de que no se trata de nada importante.
b. Suele pensar o decir que las opiniones de esa persona no valen la pena, pero se siente irritado y ofendido.
c. Considera si puede tener razón o no. En caso afirmativo, intenta corregir las causas, y en caso negativo, se olvida fácilmente del suceso.

4. *Cuando algo sale mal:*
a. Casi siempre piensa que ha sido culpa suya, aunque muchas veces los demás le digan que no hay motivos para considerarse responsable, y le cuesta mucho superar esa situación.
b. Siempre piensa que es culpa de los demás.
c. Analiza lo sucedido para descubrir si se debe a algún fallo personal. En tal caso, lo acepta y procura que no vuelva a suceder.

5. *Si tiene que realizar alguna actividad de mucha responsabilidad:*
a. Se angustia pensando que no será capaz de hacerla correctamente, a pesar de que los demás opinen lo contrario y, si es posible, la evita.

b. Siempre acepta, porque sabe que lo hará mejor que nadie.
c. Acepta, considerando las dificultades que puede tener, pensando simplemente que procurará hacerlo lo mejor posible.

6. *Cuando tiene que hacer una elección:*
a. Siempre pide consejo a todo el mundo, a pesar de lo cual no suele saber qué hacer. Muchas veces prefiere que otros decidan por usted.
b. Prefiere no consultar con nadie para evitar que puedan confundirle.
c. Suele consultar con alguien que le merezca confianza y que entienda de ese tema, en caso de tratarse de un asunto importante.

7. *Cuando acude a una reunión social:*
a. Procura pasar lo más inadvertido posible, está en tensión, se comporta con timidez, y evita a toda costa llamar la atención.
b. Le gusta destacar, ser el centro de atención, y que todo el mundo se fije en usted.
c. Se comporta con naturalidad y espontaneidad, suele estar relajado y pasarlo bien.

Valoración

- *Si predominan las respuestas* **a**: Tiene usted poca confianza en sí mismo, es demasiado inseguro. Probablemente se valore menos de lo que es en realidad.

- *Si predominan las respuestas* **b:** Aunque pueda dar la impresión de que es usted una persona muy segura, en el fondo es probable que sea todo lo contrario.
- *Si predominan las respuestas* **c:** Tiene usted suficiente seguridad en sí mismo y probablemente una personalidad adecuada y equilibrada.

© Fuente: *El gran libro de los tests*, Enrique Rojas, Aquilino Polaino-Lorente, Javier de las Heras y María Dueñas, Temas de Hoy, Madrid, 2002.

4. ¿Le agrada conocer gente nueva? ¿Cómo se desenvuelve en ambientes desconocidos?

Ninguna persona es una isla. Todas las personas precisan de los demás. La necesidad de relacionarse socialmente es algo natural que, con toda seguridad, también usted habrá experimentado. Sin embargo, hay personas que inicialmente lo pasan un poco mal cuando tienen que conocer a gente nueva; otras, sin embargo, se desenvuelven muy bien en ambientes y situaciones que hasta ese momento eran desconocidos para ellas. ¿A cuál de estos grupos pertenece usted?

Lea, por favor, las preguntas que aparecen a continuación y procure contestar afirmativa o negativamente (SÍ o NO), en función de que su conducta se adecue o no a lo que en ellas se afirma.

	SÍ	NO
1. Cuando le presentan un nuevo amigo, ¿se pone en tensión?	☐	☐
2. ¿Trata de ser el centro de las reuniones en las que participa?	☐	☐
3. ¿Considera que tiene usted suficiente éxito social?	☐	☐
4. ¿Le resulta fácil manifestar en público alguna de sus habilidades personales como, por ejemplo, cantar, bailar, contar chistes, etc.?	☐	☐

5. ¿Experimenta dificultades cuando tiene que hablar en público? .... ☐ ☐
6. ¿Se siente satisfecho con su propia imagen? .... ☐ ☐
7. ¿Sería capaz de almorzar solo en un restaurante en el que la mayoría de las mesas están ocupadas por otros comensales? .... ☐ ☐
8. ¿Piensa que está suficientemente dotado para las relaciones sociales? .... ☐ ☐
9. ¿Responde alegrándose con naturalidad y franqueza cuando alguien le alaba? .... ☐ ☐
10. En las reuniones con personas desconocidas, ¿tiende más a escuchar que a hablar? .... ☐ ☐
11. ¿Se considera capaz de manifestar sus sentimientos a sus amigos, aunque todavía no los conozca suficiente? .... ☐ ☐
12. ¿Enrojece cuando alguien llama su atención en público? .... ☐ ☐
13. ¿Se siente usted insignificante e indefenso cuando le presentan a una persona socialmente importante? .... ☐ ☐
14. ¿A menudo considera que sus aportaciones a la discusión pueden ser relevantes o enriquecedoras para todos? .... ☐ ☐
15. ¿Experimenta usted temblores de manos, sofoco, palpitaciones, enrojecimiento de la cara, tartamudeo o inseguridad cuando tiene que ser presentado en público? .... ☐ ☐
16. ¿Cree que reúne las condiciones suficientes como para imitar a otra persona cuyas habilidades sociales son notorias? .... ☐ ☐

Sume un punto por cada una de las siguientes preguntas que haya contestado de modo afirmativo (SÍ): 1, 5, 10, 12, 13 y 15.

Sume un punto por cada una de las siguientes respuestas que haya contestado de modo negativo (NO): 2, 3, 4, 6, 7, 8, 9, 11, 14, 16.

Los criterios de valoración son los siguientes:

- *Menos de 6 puntos:* Su capacidad para hacer amigos y establecer nuevas relaciones sociales es aceptable.
- *Entre 6 y l0 puntos:* ¡Cuidado! Es usted una persona que con cierta probabilidad ha tenido, tiene o tendrá serias dificultades para relacionarse socialmente. Es posible que tenga usted demasiado miedo al ridículo.
- *Más de 10 puntos:* Sin duda alguna, conocer gente nueva o desenvolverse en situaciones sociales desconocidas es algo que resulta insufrible para usted. Esta dificultad puede aislarle de los demás más de lo que es conveniente y causarle a la larga muchas contrariedades y frustraciones.

5. ¿Sabe escuchar?

Repetidamente se le da vueltas a la necesidad de comunicación, a la habilidad en el diálogo y a lo beneficioso que es saber expresar los sentimientos. Pero, paradójicamente, poco se habla de saber escuchar. ¿Sabe usted hacerlo?

1. *Un amigo, bastante agobiado, le llama por teléfono para ir a verle y comentarle un problema. A usted no le apetece nada en ese momento. ¿Qué le contesta?*
   a. Hace un esfuerzo y le dice que se pase cuando quiera.
   b. Que en ese momento le es imposible, que le vuelva a llamar en unos días.
   c. Le sugiere que le dé una idea por teléfono a ver si le puede ayudar.

2. *¿Qué le parecen las conversaciones en las que usted no puede participar mucho?*
   a. Un petardo.
   b. Depende del tema, y siempre que no se prolonguen en exceso.
   c. Interesantes, sobre todo si lo son los otros interlocutores.

3. *¿Tendría mucha paciencia con una persona que le pareciese aburrida?*
   a. Según el cariño que le tuviese.
   b. Claro, usted tiene paciencia con todo el mundo.
   c. En principio, no.

4. *¿Se contagia con facilidad del estado afectivo de las personas que le cuentan cosas?*
   a. No, usted evita, con éxito, que esto ocurra.
   b. Muy a su pesar, usted sintoniza de tal forma con la gente que suele afectarle para bien o para mal.
   c. Sólo de aquellos a quienes quiere de verdad.

5. *¿Recurre la gente a usted para contarle cosas o «soltarle rollos»?*
   a. Sí, con agotadora frecuencia.
   b. Nunca o casi nunca, ya saben cómo es.
   c. De vez en cuando, lo normal.

6. *¿Dispone siempre de alguien cuando necesita hablar?*
   a. Normalmente, sí.
   b. Le cuesta, «usted no pide lo que no puede dar».
   c. Sí, siempre.

7. *¿Utiliza usted mucho el recurso de oír, pero sin escuchar?*
   a. Nunca, a no ser que no se dé cuenta.
   b. Sólo cuando le obligan a ello.
   c. Ciertamente, lo hace con frecuencia.

Respuestas	Preguntas 1	2	3	4	5	6	7
a	a	b	c	b	a	c	a
b	b	c	a	a	b	h	c
c	c	a	b	c	c	a	b

- *Predominio de* **a:** Usted atiende a todos y de la mejor forma que sabe y puede. Es de los que siempre están. Se llega a sentir saturado y desbordado. Quizá debiera dosificarse.
- *Predominio de* **b:** Su lema es «por un oído me entra y por otro me sale». Usted es de los que no se entretienen ni pierden el tiempo en escuchar pamplinas. Alguien le puede llegar a llamar egoísta.
- *Predominio de* **c:** A la hora de oír *y* atender, usted es una persona mesurada y correcta. Selecciona a quien escucha, pero el que confía en usted no suele sentirse defraudado.

6. ¿Sabe aceptar las críticas?

Muchas personas tienen dificultades para aceptar con naturalidad las opiniones desfavorables que sobre ellos expresan los demás. Son personas que no admiten las críticas. Algunos, debido a una excesiva susceptibilidad; otros, debido a complejos de superioridad o inferioridad. ¿Sabe usted aceptar las críticas que le hacen los demás?

Responda sinceramente a las afirmaciones que se expresan a continuación. Si considera que se corresponde con lo que le sucede habitualmente, responda «verdadero» (V), y en caso contrario responda «falso» (F).

	V	F
1. Cuando alguien le sugiere que debería modificar algún aspecto de su comportamiento, se pone inmediatamente a la defensiva	☐	☐
2. Le molestan las personas que siempre opinan de todo	☐	☐
3. Le gusta que le adulen	☐	☐
4. Detrás de la mayoría de las críticas se esconde una mala intención	☐	☐

5. Si en su trabajo un superior le dice que no ha hecho algo adecuadamente, se suele sentir ofendido .... ☐ ☐
6. Cuando alguien le critica, usted reacciona, si es posible, criticando también a esa persona .... ☐ ☐
7. Si enseña una compra reciente a una persona y ésta le dice que no le gusta, se siente molesto.
8. Usted es una persona bastante vanidosa .... ☐ ☐
9. Le gustan las personas sinceras, que le dicen lo que piensan, aunque esto a veces le resulte desagradable .... ☐ ☐
10. Las personas le suelen criticar por envidia .... ☐ ☐
11. Si, en su trabajo, un subordinado le sugiere que se puede estar equivocando, lo piensa y le agradece su opinión .... ☐ ☐
12. Las críticas que le han expresado abiertamente no han sido constructivas casi nunca .... ☐ ☐
13. Cuando un amigo le dice que no está haciendo lo que debería en alguna cuestión, le dice que lo deje en paz y se meta en sus cosas .... ☐ ☐
14. Le gusta que los demás le critiquen, porque así le ayudan a ampliar su punto de vista .... ☐ ☐
15. Si alguien le hace una crítica, pasa mucho tiempo dándole vueltas, para descubrir los motivos por los que esa persona le ha hecho ese comentario ☐ ☐
16. Cuando un amigo le dice que cree que usted se está equivocando o se va a equivocar en una decisión, le agradece su sinceridad y su interés ☐ ☐
17. Usted acepta bien las críticas; el problema es que éstas sólo suelen proceder de personas ignorantes .... ☐ ☐

18. Cuando alguien le dice siempre que todo lo hace bien y nada mal, piensa que esa persona puede no ser sincera en algunas ocasiones .... ☐ ☐
19. Los demás le han comentado más de una vez que no se le puede decir nada, porque enseguida se enfada .... ☐ ☐
20. Las personas que, en un momento dado, no advierten a otras de lo que consideran un error grave demuestran no tener verdadero interés por ellas .... ☐ ☐
21. Los aduladores le inspiran poca confianza .... ☐ ☐
22. Cuando alguien le pide opinión sobre una cuestión personal o profesional, usted siempre es sincero, incluso cuando piensa que su opinión puede resultar desagradable .... ☐ ☐

Valoración

Sume un punto por cada una de las respuestas siguientes:

1. F	6. F	11. V	16. V	21. V
2. F	7. F	12. F	17. F	22. V
3. F	8. F	13. F	18. V	
4. F	9. V	14. V	19. F	
5. F	10. F	15. F	20. V	

- *Con 6 o menos puntos:* Usted no sabe aceptar las críticas; con esa actitud se ofenderá injustificadamente ante las opiniones de los demás y provocará que éstos no puedan ser sinceros con usted. Debe cambiar de actitud y comenzar a ser más receptivo, aprovechando mejor las opiniones de los otros.

- *Entre 7 y 13 puntos:* Es usted una persona normal, a veces acepta las críticas bien y otras mal, probablemente según el momento en que las reciba y de la persona que procedan. No olvide que saber aceptar las críticas no supone tener un criterio propio menos firme, sino que casi siempre es todo lo contrario.
- *Con 14 o más puntos:* Usted sabe aceptar bien las críticas de los demás, lo cual es siempre muy positivo, excepto en aquellos casos en los que esto se debe a una excesiva ingenuidad, sumisión o dependencia de los otros.

7. ¿Respeta a los demás?

El respeto a los demás es una norma esencial de la convivencia, tanto a nivel personal como social. Muchas personas no son conscientes de que faltan al respeto a otros, lo cual siempre termina siendo una fuente de problemas. ¿Usted respeta verdaderamente a los demás?

A continuación conteste sinceramente a las afirmaciones que se exponen marcando la respuesta correspondiente en la columna A, en la B, en la C o en la D, según el siguiente criterio:

Columna A: Cuando es algo muy frecuente en usted.
Columna B: Cuando es algo bastante frecuente en usted.
Columna C: Cuando es algo poco frecuente en usted.
Columna D: Cuando es algo nada frecuente en usted.

Debe responder en relación con el significado de cada columna y ser lo más objetivo posible.

	A	B	C	D
1. Interrumpo a las personas cuando están hablando	☐	☐	☐	☐
2. Cuido las normas de buena educación	☐	☐	☐	☐

3. Me han dicho que a veces mis bromas no son de buen gusto .... ☐ ☐ ☐ ☐
4. Procuro ayudar con discreción a los demás a salir bien de una situación embarazosa .... ☐ ☐ ☐ ☐
5. Escucho atentamente a los demás cuando me están hablando .... ☐ ☐ ☐ ☐
6. Siempre valoro las opiniones de otras personas, incluso siendo contrarias a las mías .... ☐ ☐ ☐ ☐
7. Cuando me enfado, insulto a los demás .... ☐ ☐ ☐ ☐
8. Procuro no humillar a nadie con lo que digo o hago .... ☐ ☐ ☐ ☐
9. Muchas personas no son dignas de respeto ... ☐ ☐ ☐ ☐
10. Los demás me han comentado que me tomo demasiadas confianzas con la gente .... ☐ ☐ ☐ ☐
11. A veces no hay más remedio que dar un par de voces .... ☐ ☐ ☐ ☐
12. Me parece intolerable que algunos atenten contra la dignidad humana .... ☐ ☐ ☐ ☐
13. A veces me gusta ridiculizar a algunas personas ☐ ☐ ☐ ☐
14. No me muestro despectivo o despreciativo con nadie .... ☐ ☐ ☐ ☐
15. Cuando he de amonestar a alguien, procuro tener firmeza por todos los medios, pero no herir los sentimientos de esa persona .... ☐ ☐ ☐ ☐
16. Procuro crear un clima adecuado para que mi compañía resulte grata a los demás .... ☐ ☐ ☐ ☐
17. Ser respetuoso con las personas que tratamos es el mejor modo de conseguir que también ellas nos respeten .... ☐ ☐ ☐ ☐
18. Las convenciones sociales suelen ser una tontería .... ☐ ☐ ☐ ☐

19. Para hacerse respetar por los demás hay que recurrir a menudo a amenazas y conductas agresivas .... ☐ ☐ ☐ ☐
20. A menudo me gusta hacer preguntas indiscretas .... ☐ ☐ ☐ ☐

Valoración

Obtenga la puntuación total sumando cada uno de los puntos correspondientes a las respuestas que ha ido eligiendo en cada columna.

Preguntas

Respuestas	1	2	3	4	5	6	7	8	9	10	11	12	13	14	15	16	17	18	19	20
A	0	3	0	3	3	3	0	3	0	0	0	3	0	3	3	3	3	0	0	0
B	1	2	1	2	2	2	1	2	1	1	1	2	1	2	2	2	2	1	1	1
C	2	1	2	1	1	1	2	1	2	2	2	1	2	1	1	1	1	2	2	2
D	3	0	3	0	0	0	3	0	3	3	3	0	3	0	0	0	0	3	3	3

- *Con 20 puntos o menos:* Usted no respeta a los demás y es difícil que se haga querer por ellos. La convivencia con usted es probable que pueda llegar a ser insoportable. Es imprescindible que comience a plantearse seriamente rectificar su modo de tratar a los demás.
- *Entre 21 y 39 puntos:* Es usted una persona normal. Respeta a los demás moderadamente. Sería preferible que intentase respetarlos un poco más.
- *Con 40 o más puntos:* Usted sabe respetar a los demás. Seguro que los demás aprecian su compañía, lo respetan y lo quieren.

8. ¿Es una persona cariñosa?

Conteste las preguntas que se formulan a continuación eligiendo como respuesta Sí o No. Utilice la interrogación sólo en caso de que le resulte verdaderamente difícil elegir una respuesta afirmativa o negativa.

	SÍ	?	NO
1. ¿Le molesta la proximidad de los demás en casi todas las situaciones, aunque se trate de personas queridas?	☐	☐	☐
2. ¿Procura ser afectuoso por teléfono?	☐	☐	☐
3. En muchas ocasiones, aunque quiere, ¿le cuesta encontrar el modo de expresar sus sentimientos?	☐	☐	☐
4. ¿Le irritan los sentimentalismos hasta el grado de sacarle de sus casillas?	☐	☐	☐
5. Cuando alguien le cuenta alguna desgracia, ¿suele sufrir y ponerse en su caso?	☐	☐	☐
6. ¿Cree que la ternura es uno de los ingredientes de la convivencia, incluso de la vida?	☐	☐	☐
7. ¿Cree que los abrazos, el contacto físico, es importante para niños y adultos, cuando se trata de mostrarles nuestro afecto?	☐	☐	☐

8. ¿Le dicen con frecuencia que es una persona muy seca, fría y distante? ☐ ☐ ☐
9. ¿Se preocupa de tener pequeños detalles con las personas que más aprecia? ☐ ☐ ☐
10. ¿Se acuerda de decir a sus seres queridos lo bueno que tienen o las cosas que hacen bien, tanto como sus defectos o lo que hacen mal? ☐ ☐ ☐
11. ¿Significa mucho para usted una simple caricia? ☐ ☐ ☐
12. ¿Suele dar un beso o la mano a las personas que viven con usted cuando llega a casa? ☐ ☐ ☐
13. ¿Se emociona fácilmente al ver algunas películas? ☐ ☐ ☐
14. ¿Piensa que el verdadero cariño se demuestra en las cosas importantes, cumpliendo con las obligaciones, y que lo demás está fuera de lugar? ☐ ☐ ☐
15. ¿Le resulta vergonzoso o le da miedo expresar sus sentimientos a las personas a las que quiere? ☐ ☐ ☐
16. ¿Se preocupa de felicitar a las personas que conoce cuando han tenido algún éxito, o simplemente por su cumpleaños? ☐ ☐ ☐
17. ¿Le gusta dejar notas cariñosas a las personas a las que quiere? ☐ ☐ ☐
18. ¿Cree que un gesto cariñoso soluciona cualquier cosa? ☐ ☐ ☐
19. ¿Cree que la sociedad actual es demasiado fría, que está deshumanizada? ☐ ☐ ☐
20. ¿Le parecen ridículas y fuera de lugar las manifestaciones de ternura, aunque sea en privado? ☐ ☐ ☐

Sume un punto por cada una de las siguientes respuestas:

1. NO	6. SÍ	11. SÍ	16. SÍ
2. SÍ	7. SÍ	12. SÍ	17. SÍ
3. NO	8. NO	13. SÍ	18. NO
4. NO	9. SÍ	14. NO	19. SÍ
5. SÍ	10. SÍ	15. NO	20. NO

- *Con más de 10 puntos:* Es usted una persona muy cariñosa. En general, les resultará muy grato a los demás, aunque debe tener cuidado de no exigir esas mismas muestras de cariño a todas las personas, ya que existen otros modos de ser menos afectuosos y que no implican que sientan menor afecto por usted esas personas.
- *Entre 5 y 10 puntos:* Es usted una persona normal, ni mucho ni poco cariñosa.
- *Con menos de 5 puntos:* Es usted demasiado frío. Muchas personas pueden interpretar su comportamiento como falta de cariño hacia ellos. Debe procurar demostrar más a menudo sus sentimientos hacia las personas que quiere y cuidar más las formas.

9. ¿Es una persona egoísta?

La cuestión es clara y siempre viva, pero hoy quizá más que nunca. Nos referimos a la actitud y conducta resultante de egoísmo, avaricia, ambición, narcisismo y una importante disminución del respeto por el otro, y también a las características opuestas. ¿Es usted de esas personas que por principio ayudan a los demás? O ¿es de los que se ayudan sólo a sí mismos, caiga quien caiga? Entre una postura y otra hay un amplio espacio, ¿en qué punto se encuentra usted?

Elija la contestación que más se adecue a sus sentimientos y su comportamiento habitual:

1. *Se entera de una magnífica oferta de trabajo que le atrae y que también le gustaría a un amigo suyo, pero podrían seleccionarle a él en vez de a usted, ¿se lo diría?*
   a. Claro, que gane el mejor.
   b. Después de presentarse usted y sin dar importancia a la oferta.
   c. Difícilmente; una cosa es su amistad y otra, su trabajo.

2. *Un familiar quiere hablarle de un problema que tiene y que le agobia bastante. ¿Le atendería usted?*
   a. Según su tiempo disponible y la prisa que le corriese a esa persona.
   b. No, no sólo por el tiempo que le llevaría, sino porque le desagrada involucrarse en problemas ajenos y más aún familiares.
   c. Por supuesto, es alguien que le pide ayuda y además de su familia.

3. *No es una de sus mejores épocas, pero su pareja está atravesando un bache bastante importante (mucho peor que el suyo). ¿Cuál sería su actitud?*
   a. Es un momento malo y ahora le toca a usted esforzarse más.
   b. Usted está dispuesto a colaborar siempre y cuando su pareja haga lo mismo.
   c. Considera que un ligero distanciamiento sería beneficioso hasta que al menos su propia situación mejorase.

4. *Imagínese que alguna de las personas con las que convive ha dejado la cocina hecha un desastre. ¿La recogería y la limpiaría?*
   a. Sólo si se lo pidiesen expresamente.
   b. Seguramente sí; usted suele tener detalles de ese estilo.
   c. No, la tiene que recoger quien la haya desordenado.

5. *Suponiendo que usted sea de esas personas que de vez en cuando hacen favores a los otros, ¿por qué los hace?*
   a. Para conseguir algo que le interesa: siempre hay una finalidad en cualquiera de sus acciones, aunque no sea evidente.
   b. Simplemente por hacerlos.
   c. Porque en el futuro tendrán que corresponder si usted lo necesita.

6. *Un compañero de trabajo le ruega que le supla un día de trabajo que queda en medio de un puente y que usted había librado, ¿lo haría?*
   a. Para nada. No está dispuesto a fastidiarse un puente, aunque no tenga planes especiales.
   b. Si es tan importante para su compañero, cedería a cambio de otra fecha similar.
   c. Sí, a fin de cuentas, a usted le da lo mismo.

7. *¿Cuál es su actitud ante el progresivo deterioro medioambiental?*
   a. Se esfuerza en seguir diariamente las normas que conoce para evitarlo.
   b. Comparte en teoría todas las propuestas ecologistas, pero le cuesta tanto llevarlas a la práctica...
   c. Piensa que es cuestión de las grandes empresas contaminantes solucionar el problema; comparado con eso, lo que usted pueda contaminar es insignificante.

Valoración

Respuestas	Preguntas 1	2	3	4	5	6	7
a	0	1	0	1	2	2	0
b	1	2	1	0	0	1	2
c	2	0	2	2	1	0	1

- *Hasta 3 puntos:* Es usted una persona ciertamente desprendida, el egoísmo no tiene espacio entre sus sentimientos. Los demás son muy importantes para usted y les ayuda de forma permanente. Es usted bueno o buena. El riesgo está en que los demás confundan a una persona buena con una persona tonta, pero ése es un error de apreciación por parte de los otros.

- *De 4 a 10 puntos:* Navega en el terreno de nadie. Ni es egoísta ni es desprendido, ni es avaricioso ni deja de serlo, su ambición aparece o puede no hacerlo. Piensa usted en los otros, les ayuda o les apoya, sabe olvidarse de usted mismo por rachas, a veces más y a veces menos.
- *A partir de 11 puntos:* Caray, usted va sólo a lo suyo. Su propia persona y sus intereses son su único objetivo. Los demás son medios que hay que utilizar o estorbos que esquivar. Existe un conglomerado de características en su personalidad que dan un resultado que se resume en una palabra: egoísmo.

10. ¿Es usted una persona rencorosa?

Las personas rencorosas son aquellas que persisten en una actitud de enfado o resentimiento hacia otras por las que se sienten ofendidas. El rencor no es un buen sentimiento, termina amargándonos la vida. Algunas personas son rencorosas sin darse cuenta. ¿Está seguro de ser o no ser rencoroso?

Conteste las preguntas que se proponen a continuación, eligiendo la respuesta que más se acomode a su habitual modo de sentir o proceder, procurando ser lo más objetivo y sincero posible.

1. *Cuando considera que alguien le ha hecho un desplante:*
   a. Procura buscar una situación propicia para poderle hacer a él uno mayor.
   b. Intenta quitarle importancia al asunto, pero procura tratar lo menos posible con esa persona para no dar lugar a que se pueda repetir una situación parecida.
   c. Tiende a buscar una explicación razonable de lo ocurrido, procurando ser todo lo objetivo y comprensivo posible. La mayor parte de las veces no suele dar demasiada importancia al suceso.

2. *Si alguien le causa algún perjuicio:*
 a. No lo olvida jamás y, si puede, se vengará.
 b. Procura perdonarlo, pero nunca logrará olvidarlo.
 c. Hace lo posible por olvidarlo, aunque si se encuentra en una situación parecida, intenta que esto no vuelva a suceder.

3. *Cuando descubre que una persona le ha mentido o engañado:*
 a. No vuelve a creer nada de lo que le diga y, si surge la ocasión, usted también le miente en cuestiones parecidas.
 b. Desconfía de lo que le diga a partir de entonces. Le resulta difícil creerla, particularmente cuando se trata de cuestiones curiosas o un poco inverosímiles.
 c. Se asegura plenamente de que esa persona sabía que no decía la verdad. Valora su mala o su buena intención objetivamente, y procura comprender los motivos profundos que pudieron llevarle a esa situación. Actúa de un modo similar en el futuro, sin mayores perjuicios.

4. *Si en algún momento una persona de su confianza le falla:*
 a. Pierde toda su estima para siempre, haga lo que haga y diga lo que diga.
 b. Si encuentra alguna disculpa medianamente razonable, la acepta, pero se lo está recordando toda la vida o, al menos, en situaciones tensas o comprometidas.
 c. Procura comprenderla y, si decide perdonarla, no saca el tema nunca más.

5. *Si alguna persona le traiciona:*

a. Nunca lo olvida y espera pacientemente el momento en que puede vengarse pagándole con la misma moneda.

b. Evita volver a confiar en ella y procura perdonarla, aunque no olvida la traición.

c. Analiza los móviles que han podido llevarla a ese comportamiento, aclara el problema con esa persona y, si lo cree oportuno, vuelve a confiar en ella en otra oportunidad.

6. *Cree que perdonar una ofensa...*

a. ... es de tontos que se merecen que les hagan una faena detrás de otra.

b. ... es lo mejor, siempre que procuremos por todos los medios posibles que no nos la puedan repetir.

c. ... es propio de personas con un gran corazón, que están por encima de esas debilidades o caprichos de los demás.

7. *Generalmente considera que lo mejor es:*

a. La ley del ojo por ojo y diente por diente y, si hace falta, tomarse la justicia por su mano.

b. Que cuando alguien hace algo que usted considera inadecuado, aprenda experimentando él mismo la consecuencia de su acción, aunque no suele hacer gran cosa para que esto se cumpla en la vida real.

c. Seguir haciendo lo que considera más correcto, sin preocuparse de que los demás no hagan siempre otro tanto.

Obtenga la puntuación total mediante la suma correspondiente a la siguiente valoración de sus respuestas:

Cada respuesta A, 2 puntos.
Cada respuesta B, 1 punto.
Cada respuesta C, 0 puntos.

- *Con más de 8 puntos:* Es usted muy rencoroso. Debe comenzar a ser un poco más tolerante con los demás y no ser tan drástico en sus actitudes y en sus reacciones.
- *De 4 a 8 puntos:* Es usted una persona un poco rencorosa, aunque dentro de la normalidad. Si elimina un poco de rencor, su vida será más grata.
- *Con menos de 4 puntos:* No es usted rencoroso. Las personas así se hacen querer por los demás y, a la larga, son las personas más satisfechas.

11. ¿Es fácil convivir con usted?

El mejor negocio del mundo sería comprar a las personas por lo que realmente valen y venderlas por lo que cada una cree que vale. Guiado por esta idea universal, es muy posible que piense que convivir con usted es una tarea fácil. Pero acaso su opinión no esté bien fundada. ¿Es fácil, realmente, convivir con usted?

Por favor, conteste a las cuestiones que figuran a continuación, marcando una cruz en el lugar correspondiente, según considere que su comportamiento habitual es conforme (SÍ) o contrario (NO) a lo que en ellas se expresa.

	SÍ	NO
1. ¿Acepta con facilidad las opiniones de las personas con las que convive, aunque no coincidan con las suyas?	☐	☐
2. ¿Saluda cordialmente dando los buenos días a las personas que conoce?	☐	☐
3. ¿Acepta a las personas con sus defectos?	☐	☐
4. ¿Procura ocultar a los demás sus defectos personales?	☐	☐

5. ¿Disculpa amablemente la impuntualidad, cuando está justificada, de las personas con las que trabaja? .... ☐ ☐
6. ¿Afirman las personas que mejor le conocen que su habitación parece una leonera? .... ☐ ☐
7. ¿Considera usted que es verdadera la afirmación «Piensa mal y acertarás»? .... ☐ ☐
8. ¿Hay que pensar muy bien las palabras para no herir su sensibilidad? .... ☐ ☐
9. ¿Exige que todas las tareas que encarga estén perfectamente acabadas? .... ☐ ☐
10. ¿Corrige rápidamente cualquier error en las personas que con usted conviven sin dejarles pasar una? .... ☐ ☐
11. ¿Se enfada con facilidad? .... ☐ ☐
12. ¿Se considera, por su excesiva susceptibilidad, el blanco de todas las burlas? .... ☐ ☐
13. Ante un conflicto, ¿considera que sus compañeros le elegirán para resolverlo por su serenidad, comprensión y tolerancia? .... ☐ ☐
14. ¿Se considera una persona aburrida y sin temas de conversación? .... ☐ ☐
15. ¿Le molesta compartir con otra persona sus cosas, sus proyectos, su vida? .... ☐ ☐

Valoración

Sume un punto por cada una de las siguientes respuestas que haya contestado de modo afirmativo (SÍ): 1, 2, 3, 4, 5 y 13. Es usted realmente un encanto si ha obtenido 6 puntos. Por debajo de 3 puntos hay que pensar que la persona que conviva con usted puede tener ciertas dificultades. Si ha obtenido 0 puntos, es que ciertamente es usted un maleducado.

Sume un punto por cada una de las siguientes respuestas que haya contestado de modo afirmativo (SÍ): 6, 7, 8, 9, 10, 11, 12, 14 y 15. Su convivencia con otras personas será presumiblemente muy normal si ha obtenido aquí entre 0 y 3 puntos. Las relaciones con las personas con las que convive estarán afectadas de ciertas dificultades si la puntuación conseguida oscila entre 3 y 6 puntos. Si el resultado obtenido se sitúa entre 6 y 9 puntos, hay que concluir que, si no cambia, es usted insoportable.

12. ¿Se conoce a sí mismo?

Una necesidad, y por lo tanto objetivo, de toda persona es conocerse a sí misma. Para ello es preciso mirar hacia dentro con realismo, calma y sin miedo. Ese saber quién es uno y cómo es facilita el camino y lo hace —¡qué duda cabe!— más gratificante. ¿Se conoce usted a sí mismo?

Elija una contestación en cada una de las siguientes preguntas:

1. *Un amigo más o menos íntimo le hace un comentario, que puede considerarse crítico, acerca de su forma de ser. ¿Cómo reacciona?*
   a. Hace caso omiso. La gente critica a veces porque no tiene otra cosa en que entretenerse.
   b. Intenta entender la crítica y encontrar su causa.
   c. Le da vueltas, habla con su amigo y puede llegar a preocuparse.

2. *Supongamos que reacciona usted de forma agresiva, incluso un poquitín violenta. ¿Qué es lo que normalmente haría?*
   a. Seguramente justificaría, ante usted mismo y ante los otros, su conducta.

b. Vería el porqué y la consecuencia y puede que adoptase una nueva forma de conducirse.

c. Primero pediría disculpas, luego seguramente se sentiría culpable, para acabar embargado en dudas acerca de su comportamiento.

3. *¿Son sus ideas firmes y claras en cuanto a esos pocos temas fundamentales de la vida?*

a. Sí, en su mayoría.

b. Ni lo uno ni lo otro, depende de muchas cosas.

c. A veces le parece que sí, pero de pronto se descubre con todo vuelto del revés.

4. *¿Sabe usted lo que busca o espera encontrar a lo largo de su vida?*

a. En este tema suele atacarle el desconcierto: busca cosas que luego no le interesan y, en ocasiones, se sabe tras objetivos equivocados.

b. Sí, ahora cree tener esto claro, aunque le ha costado esfuerzo.

c. No, no sabe bien qué es lo que quiere, así que se va encontrando con las cosas.

5. *¿Le inquieta la posibilidad de reaccionar inadecuadamente, de tener una conducta extraña, de perder el control de sí mismo, etc.?*

a. No, puede que esto ocurra, pero usted no se lo plantea.

b. Sí, constantemente. Son ideas que no puede quitarse de la cabeza ni controlar.

c. En principio usted sabe cómo va a reaccionar o conducirse y es capaz de mantener el control. No, esto no le inquieta.

6. *¿Le gustaría conocerse mejor e incluso iría a un profesional para ello?*
   a. Sí, lo haría o lo hace.
   b. Cree conocerse de forma adecuada, pero si pensase que le era necesario, no lo dudaría.
   c. Se conoce lo suficiente y no piensa que necesite más.

7. *¿Coinciden la persona que usted cree que es y la que los demás dicen que es?*
   a. Tienden a hacerlo la mayoría de las veces.
   b. No se ha parado a pensar en ello, tampoco le importa.
   c. Cuando no coinciden, usted invierte su tiempo en descubrir quién tiene razón.

Respuestas \ Preguntas	1	2	3	4	5	6	7
a	a	a	b	c	a	c	b
b	b	c	a	b	c	b	a
c	c	b	c	a	b	a	c

- *Predominio de* **a:** Parece que *pasa* usted bastante de su propia persona, evita la introspección, y la conclusión lógica es que se conoce poco y/o mal.
- *Predominio* de **b:** Usted conoce bien su forma de ser y de actuar, tanto sus puntos positivos como los negativos. Incluso parece motivado para aumentar ese conocimiento.
- *Predominio de* **c:** Usted se conoce y se desconoce al mismo tiempo. ¡Qué lío! Lo que le ocurre es que su forma de ser tiende a ser obsesiva, lo cual le confunde.

13. Test de exploración de la personalidad

Veamos a continuación un ejemplo de cuestionario periodístico que sondea la forma de ser del entrevistado. El requisito del mismo es que se responda en una sola línea a las preguntas o indicaciones propuestas. Aunque puede ser susceptible de un trabajo estadístico riguroso, su objetivo es observar de forma desenfadada las claves de una persona:

—¿Cuáles son los tres rasgos que mejor definen tu personalidad?
—¿Qué es lo que más te gusta de tu forma de ser?
—¿Qué es lo que menos te gusta de tu forma de ser?
—Menciona dos de tus modelos de identidad.
—¿Cuál ha sido el día o el hecho más feliz de tu vida?
—¿Cuál ha sido el día o el hecho más desgraciado de tu vida?
—¿Cuál es tu libro de cabecera?
—¿A quién te gustaría parecerte?
—Escribe cinco sustantivos relacionados con la palabra «autoestima».
—Escribe cinco sustantivos relacionados con la palabra «felicidad».

—¿Con quién te irías a una isla desierta?
—¿Qué entiendes por madurez de la personalidad?
—Termina la frase: «La peor tragedia es...».
—¿Quién es el héroe del mundo literario que más aprecias?
—¿Qué porcentaje tienes en tu personalidad de corazón y cabeza?
—Termina la frase: «Veo mi futuro...».
—¿Cuáles son las faltas que más perdonas?
—¿Cuántas horas necesitas dormir para estar bien?
—Termina la frase: «La muerte significa...».
—¿Cómo te gustaría morirte?

BIBLIOGRAFÍA CITADA

ALAS CLARÍN, LEOPOLDO, *La Regenta*, Espasa Calpe, Madrid, 2006.

— *Su único hijo,* Espasa Calpe, Madrid, 1999.

ALBERCA DE CASTRO, FERNANDO, *Las complicaciones del corazón: la afectividad en la adolescencia*, Almuzara, Córdoba, 2008.

ALIGHIERI, DANTE, *Vida nueva*, Cátedra, Madrid, 2003.

ARISTÓTELES, *Ética a Eudemo*, Espasa Calpe, Madrid, 1976.

CARNEGIE, DALE, *Cómo hacer amigos*, Elipse-Edhasa, Barcelona, 2008.

CERVANTES, MIGUEL DE, *Rinconete y Cortadillo*, Alianza, Madrid, 2007.

— *El ingenioso hidalgo don Quijote de la Mancha*, Madrid, Gredos, 1987.

CICERÓN, *Sobre la amistad: Ética a Nicómano*, vol. 2, Folio, Barcelona, 2006.

COMTE-SPONVILLE, ANDRÉ, *El amor, la soledad*, Paidós, Barcelona, 2005.

ECKERMANN, JOHANN PETER, *Conversaciones con Goethe*, Acantilado, Barcelona, 2005.

ESQUILO, *La Orestiada*, Lumen, Barcelona, 1984.

Finkielkraut, Alain, *La humanidad perdida: ensayo sobre el siglo XX*, Anagrama, Barcelona, 1998.

Frankl, Victor, *El hombre en busca de su sentido*, Herder, Barcelona, 2005.

Freud, Sigmund, *Estudios sobre la histeria*, RBA, Barcelona, 2002.

García Lorca, Federico, *Romancero gitano*, Espasa Calpe, Madrid, 2006.

— *Doña Rosita la soltera*, Espasa Calpe, Madrid, 2007.

— *Poeta en Nueva York*, Espasa Calpe, Madrid, 2008.

— *La casa de Bernarda Alba*, Espasa Calpe, Madrid, 2006.

— *Bodas de sangre*, Espasa Calpe, Madrid, 2006.

Goethe, Johann Wolfgang von, *Los sufrimientos del joven Werther*, Planeta, Barcelona, 2002.

— *Fausto*, Espasa Calpe, Madrid, 2003.

Goleman, D., *Inteligencia emocional*, Kairós, Barcelona, 1996.

Graf, Arturo, *Ecce Homo*, Fratelli Treves, Milán, 1908.

Guitton, Jean, *Silencio sobre lo esencial*, Edicep, Valencia, 1988.

Hegel, Georg Wilhelm Friedrich, *Lecciones sobre la filosofía de la historia universal*, Alianza, Madrid, 2008.

Hernández, Miguel, *El rayo que no cesa*, Espasa Calpe, Madrid, 2007.

Hesse, Hermann, *El lobo estepario*, Alianza, Madrid, 2006.

Homero, *Ilíada; Odisea*, Espasa Calpe, Madrid, 1999.

Joubert, M., *Recueil des pensées*, Le Normant, París, 1838.

Kafka, Franz, *La metamorfosis*, Alianza, Madrid, 2006.

— *El castillo*, Alianza, Madrid, 2006.

Kant, Emmanuel, *Antropología en sentido pragmático*, Alianza Editorial, Madrid, 2004.

Laín Entralgo, Pedro, *Sobre la amistad*, Círculo de Lectores, Barcelona, 1994.

Lewis, C. S., *Los cuatro amores*, Rialp, Madrid, 2007.

Livingston Larned, W., *People's Home Journal*, tomo 2, página 24, 1988.

Marx, Karl y Engels, Friedrich, *La Sagrada Familia o Crítica de la crítica crítica contra Bruno Bauer y consortes*, Akal, Madrid, 1981.

— *Manifiesto comunista*, Alianza, Madrid, 2008.

Morey, Miguel, *Pequeñas doctrinas sobre la soledad*, Sexto Piso, Madrid, 2007.

Nguyên Van Thuân, François Xavier, *Testigos de esperanza*, Ciudad Nueva, Madrid, 2008.

— *Cinco panes y dos peces*, Ciudad Nueva, Madrid, 2008.

Orwell, George, *Burmese days*, Harvest / H.B.J Books, New York, 1974.

Pérez Galdós, Benito, *Fortunata y Jacinta*, Espasa Calpe, Madrid, 2008.

— *Miau*, Espasa Calpe, Madrid, 2007.

— *Misericordia*, Akal, Madrid, 2003.

— *El abuelo*, Alianza, Madrid, 2007.

Racionero i Graú, Lluís, *Oriente y occidente: filosofía oriental y dilemas occidentales*, Anagrama, Barcelona, 2001.

Ruiz, Juan, Arcipreste de Hita, *El libro del buen amor*, Espasa Calpe, 2008.

Schiller, Friedrich, *Kallias: Cartas sobre la educación estética del hombre*, Anthropos, Barcelona, 1990.

— *Sobre poesía ingenua y poesía sentimental*, Verbum, Madrid, 1995.

— *Guillermo Tell*, Planeta-De Agostini, Barcelona, 2003.

SCHOPENHAUER, ARTHUR, *Estética del pesimismo*, Labor, Barcelona, 1976.

SOLZHENITSYN, ALEXANDR, *Archipiélago Gulag*, 3 vols., Tusquets, Barcelona, 2005-2007.

SPINOZA, BENITO, *Ética*, Aguilar, Madrid, 1961.

STENDHAL, *Rojo y negro*, Alianza, Madrid, 2001.

TAYLOR, CHARLES, *La ética de la autenticidad*, Paidós, Barcelona, 2002.

VALERA, JUAN, *Pepita Jiménez*, Alianza, Madrid, 2007.

— *Juanita la Larga*, Alianza, Madrid, 2006.

— *Doña Luz*, Espasa Calpe, Madrid, 1990.

VALLADARES, ARMANDO, *Contra toda esperanza*, Plaza & Janés, Barcelona, 1987.

VIRGILIO MARÓN, PUBLIO, *Las Geórgicas*, Cátedra, Madrid, 1994.

— *La Eneida*, Gredos, Madrid, 1999.

ÍNDICE TEMÁTICO